EL RECETARIO DE LA DIETA SOUTH BEACH

Dr. Arthur Agatston

Autor de *La dieta South Beach*

RODALE

© 2005 por el Dr. Arthur Agatston

Título original de la obra: *The South Beach Diet Cookbook*

Publicado originalmente en inglés en 2004
Las recetas de las páginas 38, 42, 44, 48, 50, 52, 56, 57, 58, 62, 66, 69, 71, 74, 76, 82, 86, 89, 94, 99, 106, 108, 113, 116, 119, 129, 133, 135, 138, 140, 141, 145, 152, 156, 157, 158, 159, 160, 162, 163, 164, 165, 166, 182, 192, 193, 202, 203, 208, 212, 216, 217, 224, 226, 230, 239, 240, 244, 256, 262, 263, 264, 266, 268, 272, 277, 280, 296, 304, 312, 313, 316, 319, 320, 322, 334, 335, 336, 339, 340, 342 © Rodale Inc.
Fotografías © 2004 por Rodale Inc.

Impreso en los Estados Unidos de América

Diseño de Carol Angstadt
Estilismo de platos de Diane Vezza
Estilismo de accesorios de Melissa DeMayo
Fotografías de Mitch Mandel

ISBN-0-7394-5450-1

Distribuido en las librerías por Holtzbrinck Publishers

RODALE
VIVA PLENAMENTE LA VIDA™

Para mis hijos, Evan y Adam, quienes siempre han apoyado

mi trabajo con interés y entusiasmo. Les deseo que también encuentren

pasión y satisfacción en las profesiones que han elegido.

Y, como siempre, para mi esposa y compañera Sari,

por sus consejos, apoyo y amor.

RECONOCIMIENTOS

Antes que nada y sobre todo quiero dar las gracias a mis pacientes y a todos los lectores de *La dieta South Beach*. Ayudaron a hacer del primer libro un éxito tremendo y sus ideas y retroalimentación han sido inestimables para mí. Además, su entusiasmo aún vivo ha ayudado a promover un importante debate nacional acerca de la alimentación saludable.

También quiero dar las gracias de manera muy especial a mi esposa, Sari, quien trabajó muy arduamente y por mucho tiempo en la creación de este libro, así como a Marie Almon, nuestra nutrióloga, por su enorme ayuda al desarrollar las recetas y supervisar el aspecto alimenticio del proyecto.

Mi correctora de estilo, Margot Schupf, ha sido una auténtica compañera en este esfuerzo y me ha dado mucho gusto colaborar con ella en la redacción de este libro. Jennifer Reich, Carol Angstadt, Mitch Mandel y Diane Vezza fueron muy importantes en lo que se refiere al diseño y la producción. También quiero dar las gracias a todo el equipo de Rodale, incluyendo a Tami Booth, Amy Rhodes, Cindy Ratzlaff y Cathy Gruhn. Asimismo a Lee Brian Schrager y Terry Zarikian, por su ayuda en ganar la colaboración de los grandes *chefs* de South Beach para este proyecto.

Por último, gracias a Heidi Krupp, mi publicista, por su tremendo entusiasmo, así como a Richard Pine, mi agente literario, por sus buenos consejos y amistad.

ÍNDICE

INTRODUCCIÓN

La dieta South Beach se hizo pensando en las personas a quienes les encanta comer.

Este hecho le resultará obvio a cualquiera que se mantenga al tanto de las tendencias culinarias y alimenticias actuales. Sin embargo, no hay que ser un *chef* de comida *gourmet* para saber a qué me refiero, pues la realidad salta a la vista en todas las cartas de restaurantes, todos los artículos de revistas y periódicos y todos los programas de televisión de cocina actual. Las mejores cocinas contemporáneas utilizan una amplia variedad de alimentos frescos, saludables y deliciosos, todos preparados de maneras interesantes.

De forma semejante, la dieta South Beach anima a las personas a comer una gran variedad de alimentos y a cocinarlos de forma saludable. Con esta dieta es posible disfrutar cantidades abundantes prácticamente de cualquier tipo de carne o pescado, así como de verduras y frutas. Y en vista de que el programa South Beach no es bajo en carbohidratos ni en grasa, usted saboreará muchos de los platos que otras dietas le exigen abandonar por completo. Con nuestro plan usted degustará comidas que saciarán su hambre; incluso se le instará a comer meriendas (refrigerios, tentempiés) entre las comidas, además de postres. De hecho, el tipo de recetas que ofrecemos en este libro puede hallarse en cualquier recetario popular.

Otra razón por la que afirmo que esta dieta es para los amantes de la comida se halla en uno de sus principios más importantes: nos hemos convertido en una sociedad obesa por comer un exceso de alimentos procesados. Tales alimentos contienen carbohidratos "malos" —como la harina o el azúcar blancas—, cuya digestión en gran parte empieza en las fábricas en lugar del estómago. Por esta causa el cuerpo almacena un exceso de grasa, sobre todo en la región del abdomen. Además, al consumir carbohidratos malos se nos antoja ingerir más alimentos poco saludables; por lo tanto, en lugar de saciar el hambre, de hecho la agravan. En cambio, cuando se reduce el consumo de carbohidratos procesados y se comen más platos hechos de ingredientes buenos y saludables, de manera casi automática se baja de peso y se mejora el estado de salud en general. Usted también comerá bien, quizá mejor que en mucho tiempo. He ahí otra buena razón para publicar un recetario de la dieta South Beach. Espero que usted esté de acuerdo una vez que haya probado algunas de las recetas.

Mientras escribo estas palabras, *La dieta South Beach*, basada en el plan alimenticio que desarrollé, se encuentra a la cabeza de las listas nacionales de bestséllers. Más adelante en este libro, explicaré la dieta misma y cómo nació. Por ahora basta con indicar que el programa se creó a partir de mi preocupación, como cardiólogo, por la salud y el bienestar de mis pacientes.

Si usted ya conoce la dieta South Beach, sabrá que se divide en tres fases. Para ayudar a facilitarle las cosas, en cada receta del libro se indica a qué fase de la dieta corresponde; las recetas marcadas como "Primera Fase" pueden disfrutarse desde el principio. Las recetas señaladas como "Segunda Fase" pueden degustarse una vez que se llegue a este punto de la dieta. Por su parte, las recetas correspondientes a la "Tercera Fase" pueden consumirse una vez que la dieta se haya integrado totalmente en el estilo de vida. También hay 25 recetas de destacados *chefs* que le harán agua la boca. ¡Y lo mejor de todo es que *todas* caben en la dieta!

Otro recurso que este libro pone a su alcance es la lista de compras que empieza en la página 17. Le ayudará a decidir qué comprar y qué pasar por alto en el supermercado. En el capítulo "Pregúntele al Dr. Agatston", en la página 26, hallará respuesta a las preguntas que con más frecuencia se hacen acerca de la dieta South Beach. También se incluyen consejos e historias verdaderas del éxito que diferentes personas han obtenido con la dieta South Beach; todos ellos han publicado sus relatos muy motivadores en los foros de mensajes de la dieta South Beach, en www.prevention.com. Espero que lo inspiren a alcanzar el mismo éxito.

El éxito de la dieta ha rebasado en mucho mis expectativas. Por ella millones de estadounidenses han bajado de peso de manera saludable y fácil y se han mantenido más delgados, mejorando al mismo tiempo la composición química de su sangre. Mi meta es llevar los beneficios de la dieta South Beach a un número aún mayor de habitantes de los Estados Unidos. Hay varias formas de lograrlo. He observado los mejores resultados a largo plazo en las personas que comprenden muy bien los pocos principios básicos de la dieta. Tal conocimiento les permite ser flexibles y aplicar su buen juicio a la selección de alimentos en las diversas situaciones que todos enfrentamos:

al viajar, en fiestas, en momentos de estrés o fatiga y al comer fuera. El otro factor que asegura que se siga la dieta a largo plazo es la variedad de alimentos y recetas disponibles. De esta manera se combate el carácter repetitivo por el que muchas personas se aburren con las dietas. La meta que hemos tenido en mente para nuestros pacientes enfermos del corazón, así como para todos los demás lectores, ha sido que logren un estilo de vida más saludable en general que pudiera producirles muchos beneficios permanentes.

Mientras tanto, espero que este recetario le brinde la calidad y variedad en los platos que usted necesita para adoptar la dieta South Beach como estilo de vida, tal como ha sido nuestra intención.

¿EN QUÉ CONSISTE LA DIETA SOUTH BEACH?

La buena comida es un placer.

Desde luego hace falta comer para sobrevivir, pero también se trata de uno de los grandes gozos de la vida. Comer nos encanta tanto que le adjudicamos una función social. Nos gusta reunir a familiares y amistades en torno a mesas cargadas de deliciosos alimentos.

Sin embargo, este placer se ha convertido en un peligro para nosotros. La relación que sostenemos con la comida —mejor dicho, el exceso de apetito por ciertos alimentos— en muchas ocasiones perjudica nuestra salud. Si usted ha leído revistas y periódicos recientemente, ya sabrá a qué me refiero: la incidencia de obesidad anda por las nubes a causa de hábitos alimenticios poco saludables, los cuales producen enfermedades cardíacas, cáncer, derrames cerebrales y diabetes.

Por muchos años los expertos nos enseñaron que había que sacrificarse para mantener un peso adecuado; según ellos, para estar siempre delgados debíamos renunciar para siempre a muchos de los alimentos que nos encantan. Fueron millones los que se lanzaron al desafío de lograr un buen estado de salud, pero no todos lo lograron. Por su parte, la meta de muchas dietas

1

populares sólo ha sido facilitar la pérdida de peso a corto plazo; definitivamente no sirven para controlarlo por mucho tiempo. En cambio, la dieta South Beach fue diseñada para prevenir ataques cardíacos y derrames cerebrales, ya que mejora la composición química de la sangre además de aplanar la panza. Para lograrlo hay que adoptar un estilo de vida saludable en lugar de optar por una simple curita.

El *verdadero* problema

¿Por qué se ha dado tanta confusión en torno a las dietas? La principal causa es que investigaciones recientes han revelado datos que han modificado nuestra comprensión del proceso por medio del cual el organismo humano aprovecha la comida. La fibra, el índice glucémico (la velocidad con la que un alimento hace que se eleve el índice de azúcar en la sangre), las grasas buenas y el síndrome de la prediabetes influyen de manera importante en el peso y la salud, de maneras que hasta hace poco sencillamente no se apreciaban.

Otra razón por la que las dietas no funcionaban era por no tomar en cuenta la forma en que la persona común vive. Muchos de los regímenes para bajar de peso eran poco prácticos, complicados, poco naturales y demasiado rigurosos. Nos obligaban a abandonar para siempre la alegría de degustar una amplia variedad de alimentos buenos en cantidades suficientes para satisfacer el hambre y complacer al paladar.

Tuve la oportunidad de conocer de primera mano la forma en que las ideas equivocadas acerca de la nutrición y la pérdida de peso pueden llevarnos por mal camino. Soy cardiólogo y antes que nada me interesa prevenir las enfermedades cardíacas. De todas las cosas que he hecho en mi vida profesional, la obra de la que estoy más orgulloso ha sido mi intervención en el desarrollo de un protocolo para el escaneo cardíaco basado en la tecnología de escaneo de la tomografía de haz electrónico (o *EBT* por sus siglas en inglés). Esta tecnología es capaz de detectar, de manera sencilla, sin dolor y en cuestión de minutos, la aparición de arteriosclerosis en las paredes de las arterias, años antes de que la misma llegue a provocar un ataque cardíaco o derrame cerebral. En todo el mundo, la medida del calcio coronario (o placa, como también se le conoce) se llama "puntuación de Agatston".

Dicha tecnología ha salvado muchas vidas al detectar problemas que de otro modo hubieran pasado desapercibidos y con suficiente anticipación para tratarlos con métodos no quirúrgicos. No obstante, si bien la prueba es capaz de detectar tales problemas en una fase temprana de la enfermedad cardíaca, en sí no la previene. Lo que sí impide un ataque cardíaco es cambiar el estilo de vida al adoptar, por ejemplo, un régimen adecuado de alimentación y ejercicio, así como ciertos medicamentos. En este aspecto realmente no sabía qué hacer. Al igual que otros cardiólogos instaba a mis pacientes a bajar de peso y a reducir sus niveles de colesterol por medio de la dieta baja en grasa recomendada por la Asociación Estadounidense del Corazón y otros expertos. Sin embargo, no lograba los resultados deseados. Algunos pacientes redujeron su consumo de grasa pero casi no bajaron de peso. Otros se pusieron a dieta de manera rigurosa e hicieron ejercicio según las instrucciones, bajaron de peso y se sintieron muy bien. Sin embargo, luego se cansaron de estar siempre con hambre, extrañaban sus alimentos favoritos o simplemente se les agotaba la fuerza de voluntad. Al llegar a este punto empezaban a salirse de la dieta de vez en cuando, hasta que el exceso de peso volvía de nuevo. En muchos casos terminaban con más peso que antes de ponerse a dieta. De hecho bajar de peso de manera demasiado rápida, tal como sucede con los regímenes drásticos, retarda el metabolismo y predispone a bajar y luego volver a subir de peso una y otra vez. El fracaso tanto de los planes alimenticios bajos en grasa y altos en carbohidratos como de las estrategias para adelgazar rápidamente se ha documentado en un sinnúmero de estudios científicos.

Sin embargo, a pesar de la falta de pruebas científicas de que funcionara, el régimen bajo en grasa se convirtió en la doctrina nacional para bajar de peso. Nos sermonearon acerca de los males de la carne, los huevos, el queso e incluso el aceite para aliñar (aderezar) ensaladas. A manera de respuesta, los fabricantes de alimentos empezaron a desarrollar una nueva categoría de productos a los que llamaron "bajos en grasa" o "bajos en colesterol"; había de todo, desde galletitas y *hot dogs* hasta aliños para ensalada y papitas fritas. En efecto, los alimentos eran más bajos en grasa o colesterol, tal como se afirmaba comercialmente. Sólo había un problema: la grasa y/o el colesterol fueron sustituidos por carbohidratos "procesados", la mayoría de las veces por varias formas de azúcar, desde el azúcar blanca misma o bien el sirope de maíz alto en fructosa hasta la miel, el melado (melaza) y las féculas desprovistas de fibra y nutrientes.

Por si fuera poco, las personas se sentían en plena libertad de consumir estos productos. Desafortunadamente fui uno de los que consumía golosinas bajas en grasa sin imponerme límite alguno. ¡Vaya error! No teníamos la menor idea de que estábamos consumiendo más azúcares y féculas que nunca, lo cual provocaba unas oscilaciones rápidas y muy amplias en el nivel de azúcar en la sangre y por lo tanto producía una sensación de hambre al poco tiempo de haber terminado una comida o merienda. De ahí resultó la epidemia nacional —y ahora internacional— de la obesidad y la diabetes.

Las "grasas buenas"

La frustración que me causó el enfoque alimenticio bajo en grasa y alto en carbohidratos, además de algunos casos que observé cuyo éxito se logró por medio de regímenes altos en grasa saturada y bajos en carbohidratos, me llevaron a iniciar mi propio análisis de las publicaciones sobre nutrición y cómo bajar de peso. Deseaba encontrar un plan alimenticio saludable para ofrecerles a mis pacientes, algo que les permitiera comer bien y al mismo tiempo bajar de peso y mejorar la composición química de su sangre.

Al poco tiempo quedó muy claro que el plan bajo en grasa contenía fallas irremediables. Las grasas "malas" —las llamadas "saturadas", que existen principalmente en productos animales como las carnes grasas, la mantequilla, la crema y los quesos— *en efecto* contribuían a producir obesidad, hasta cierto punto. . . pero no tanto como nos habían inducido a pensar. El principal problema de salud que ocasionaban era fomentar un alto nivel de colesterol y de triglicéridos, lo cual a su vez redundaba en enfermedades cardiovasculares. Eso me interesaba como cardiólogo.

Sin embargo, también hay grasas buenas, particularmente los aceites mediterráneos como el de oliva extra virgen y el de *canola*, los ácidos grasos omega-3 y los aceites que se encuentran en la mayoría de los frutos secos. Esas grasas no son malas. Tampoco son neutras. De hecho nos sirven. Ayudan a prevenir ataques cardíacos y derrames cerebrales además de facilitarle al metabolismo procesar el azúcar y la insulina, lo cual permite controlar mejor el peso a largo plazo.

Los "carbohidratos buenos"

Conforme estudiaba las publicaciones me enteré de que no es posible asignar una sola clasificación a todos los carbohidratos, de la misma forma en que no es posible hacerlo con las grasas. De la misma manera en que existen grasas buenas y grasas malas, también hay carbohidratos buenos y carbohidratos malos. Para ser más preciso, existe todo un espectro de carbohidratos desde los muy malos hasta los no tan malos, los bastante buenos y, por último, los muy buenos. Un régimen alimenticio bien diseñado sabe aprovechar los carbohidratos buenos.

Nunca han existido dudas acerca de los beneficios de consumir carbohidratos como las verduras, los frijoles (habichuelas) y las frutas. No obstante, cuando la doctrina antigrasa aún estaba en pleno auge, se nos instruyó que incluso los carbohidratos refinados más feculentos —el pan blanco, las pastas blancas, la papa y el arroz instantáneo— eran saludables. Pero en realidad esos alimentos minaban nuestros esfuerzos para bajar de peso.

Todos los carbohidratos, incluso las verduras más saludables, contienen azúcares. Las féculas, tales como se encuentran en la papa, el arroz y la harina de trigo, simplemente son cadenas de moléculas de azúcar. En el curso del proceso de digestión, el cuerpo extrae estos azúcares y los aprovecha, proporcionándonos la energía que necesitamos. Sin el azúcar nos moriríamos.

No obstante, antes de lograr el acceso a esos azúcares, el sistema digestivo debe separarlos de la fibra que los carbohidratos también contienen. La fibra retarda el proceso de digestión, lo cual es bueno. Significa que los azúcares se liberan de manera gradual en el torrente sanguíneo. Cuando esto sucede, el páncreas recibe la señal de empezar a producir insulina. A la insulina le corresponde el trabajo de transportar el azúcar en la sangre a las células, donde se quema para obtener energía de inmediato o bien se almacena para utilizarse después.

No obstante, sucede algo muy distinto cuando consumimos carbohidratos que contienen poca o nada de su fibra original. Cuando esto sucede, el sistema digestivo empieza a procesar los azúcares de manera muy rápida. El resultado es que el nivel de azúcar en la sangre, también conocido como glucosa, experimenta una elevación brusca, lo cual estimula al páncreas para liberar una gran cantidad de insulina de golpe. De hecho es posible que el páncreas exagere su reacción y mande más insulina de la que hace falta. Eso a su vez provoca un fuerte descenso en el nivel de glucosa.

Usted no está consciente de que todo esto sucede dentro de su cuerpo, pero la verdad es que lo percibe de manera indirecta. Dicha elevación brusca y la rápida caída posterior del nivel de glucosa provoca el antojo de más comida. El hambre no es más que una reacción a los cambios en la composición química de la sangre producidos por la acción del metabolismo. La sensación nos impulsa a desear más alimentos antes de lo que hubiera sido el caso de otro modo. Y el antojo es de más carbohidratos.

La propensión de un alimento a provocar fluctuaciones en el nivel de azúcar en la sangre se conoce como el índice glucémico (IG). El IG fue desarrollado en los años 80 por el Dr. David Jenkins, Ph.D., de la Universidad de Toronto. Las personas que diseñaron sus dietas antes de esta fecha no contaron con tan importante concepto. El IG es un sistema que clasifica los alimentos de acuerdo con la rapidez con la que provocan un aumento en el nivel de azúcar en la sangre, en comparación con 50 gramos de glucosa, que tienen un IG de 100. Si el IG de un alimento X es del 50 por ciento, significa que al consumirlo el azúcar en la sangre sólo se eleva la mitad de rápido que en el caso de la glucosa. Si bien siempre supusimos que el azúcar de mesa elevaba el nivel de glucosa de manera más rápida que una papa blanca, el índice glucémico del Dr. Jenkins nos enseñó que no es así. ¿Por qué tiene este dato tanta importancia? Entre más rápido se eleva el nivel de glucosa después de haber comido, más rápido volverá a descender. De hecho, después de haber consumido una comida con un alto índice glucémico, es muy probable que el nivel de glucosa se dispare rápidamente y luego caiga en picada hasta un punto más bajo que el inicial. Esta montaña rusa de la glucosa da por resultado diversas sensaciones, como antojos irresistibles, fatiga extrema, soñolencia, dolores de cabeza y ansiedad.

Una vez que se da este fenómeno, el cual se conoce como "hipoglucemia reactiva", se suele devorar el primer carbohidrato capaz de elevar el nivel de glucosa que se cruce en el camino. Los alimentos que elevan el nivel de glucosa más rápido son los que alivian los síntomas con mayor rapidez, por lo que solemos recurrir a ellos. De tal forma se da inicio al círculo vicioso. El cuerpo tarda un poco en darse cuenta de que el nivel de glucosa se ha normalizado, tiempo durante el cual se sigue comiendo porque aún no se produce la sensación de saciedad. Por lo tanto, sin darse cuenta uno come de más, lo cual provoca más fluctuaciones en el nivel de glucosa, y el ciclo se repite. Este patrón es la causa de la epidemia de obesidad y diabetes que se padece en los Estados Unidos.

Estos hechos del metabolismo humano siempre han sido ciertos. No obstante, la forma en que el cuerpo humano procesa la comida se contrapone al énfasis comercial en técnicas culinarias rápidas, cómodas y fáciles. Por ejemplo, a todos los productos hechos de harina blanca se les ha extraído prácticamente toda la fibra. Eso incluye la mayoría de los panes, las galletas y los *muffins* de preparación comercial: todos los productos panificados. Lo mismo sucede con respecto a los cereales de caja, incluso algunos que afirman ser saludables, como la avena instantánea. Todos los dulces también pertenecen a esta categoría: los pasteles (bizcochos, tortas, *cakes*), las galletitas, los *donuts* (donas) y todo lo demás. También los panqueques (*hot cakes*) y los *waffles*. Incluso el arroz suele procesarse para facilitar su cocimiento: queda listo tan rápido por haberse eliminado toda la fibra.

La fibra contiene vitaminas y minerales importantes; cuando se elimina, también se eliminan estos nutrientes. Por eso se les ha llamado "calorías vacías" a este tipo de carbohidratos. Aparte de calorías no nos brindan nada que el cuerpo requiera para funcionar de manera óptima. La fibra también es el elemento que retarda la digestión de los carbohidratos. Alienta el suministro lento y constante de azúcar (energía) al cuerpo, lo cual nos permite funcionar bien por largos períodos de tiempo sin padecer síntomas de hipoglucemia.

Cómo revertir la tendencia

¿Cómo hacerle para revertir la epidemia de la obesidad? Hay que adoptar un régimen alimenticio basado en carbohidratos buenos, además de vitaminas y nutrientes naturales en abundancia, así como grasas buenas y saludables. Dicho de otra manera, hay que adoptar la dieta South Beach.

Según lo señalé, los carbohidratos malos están en todas partes. Se encuentran en los alimentos de acceso más cómodo, en todas las meriendas (refrigerios, tentempiés) que se han convertido en un ingrediente inevitable de los hábitos alimenticios contemporáneos. Algunas personas sienten debilidad por las meriendas saladas, como las papitas fritas o los *pretzels*, que contienen muchos carbohidratos malos. El gusto de otros por los dulces los impulsa a comer chocolate, helado o productos panificados. A otros más el pan, la pasta, las papas o el arroz se les antojan irremediablemente. Sea cual sea el antojo, el resultado es el mismo: sobrecargamos el cuerpo frecuentemente con carbohidratos muy procesados; a su vez, el cuerpo responde exigiendo más. Es extraño el fenómeno en el sentido de que el alimento que consumimos provoca más hambre en lugar de satisfacerla.

Una vez que estas realidades fisiológicas se revelaron con claridad, algunos expertos en dietas lanzaron una campaña anticarbohidratos. De repente empezaron a acusar a todos los carbohidratos de ser la principal causa de obesidad. La verdad es que a una dieta demasiado baja en carbohidratos le faltarán nutrientes, vitaminas naturales y fibra dietética: ingredientes imprescindibles para gozar de un estado óptimo de salud.

Es más, a la gente le encanta los alimentos ricos en carbohidratos. Parecía un error terrible renunciar a alimentos como el pan, la pasta, el arroz e incluso las frutas y algunas verduras. Además, a esas alturas todos habíamos sufrido ya bastante con los planes para adelgazar que nos exigían renunciar a los alimentos que nos encantan. Es posible comer alimentos ricos en carbohidratos, incluso pan, arroz y otros semejantes, siempre que estos no provengan de granos que sean demasiado procesados. Si el grano integral sigue presente es posible disfrutar un alimento rico en carbohidratos aunque uno esté a dieta.

Si se consumen las grasas correctas, como las que se encuentran en el aceite de oliva, los frutos secos, el aguacate (palta) y los ácidos grasos omega-3 del pescado, es posible bajar de peso y mejorar el estado de salud. Además, las grasas buenas le dan un buen sabor a la comida. Esta es otra razón por la que representan una parte tan importante de la dieta South Beach.

La dieta South Beach: equilibrio alimenticio

Al llegar a esas alturas caí en la cuenta de que una dieta saludable no debía ser baja en grasas ni tampoco baja en carbohidratos. Esos extremos habían causado el problema de la obesidad, en lugar de curarlo. Un plan razonable para bajar de peso distinguiría entre las grasas y los carbohidratos buenos y malos. Les permitiría a las personas ingerir los buenos en cantidades suficientes para no extrañar los malos.

En eso consistió el primer principio de la dieta South Beach.

Recurriría ampliamente a alimentos que saben ricos y sacian el hambre: la carne, las aves, los pescados y mariscos y las verduras, todo preparado con las grasas "buenas", como las que se encuentran en el aceite de oliva extra virgen, y sazonado con las salsas y las especias indicadas.

Otro principio sería que la comida debería servirse en porciones lo bastante grandes para saciar un hambre normal. Nadie puede soportar toda una vida de sentir punzadas constantes de hambre. Por eso la dieta South Beach sugiere incluir meriendas estratégicas a lo largo del día.

Soy adicto al chocolate, por lo que entiendo la importancia de los postres. La dieta South Beach está pensada para permitir que se coma de la manera más natural posible, por lo que incluye postres aun durante la fase más estricta. Creo que hemos incluido unas recetas excelentes de postres en este libro, platos que saben deliciosos y que pueden disfrutarse sin traicionar el propósito de bajar de peso. Muchas de las recetas de postres recurren a las frutas como ingrediente básico y cambian el azúcar por un sustituto de azúcar sin calorías. En la medida de lo posible, las grasas que emplean son saludables, en lugar de las grasas saturadas o transgrasas que pueden causar problemas de salud.

Como ya lo saben todos los lectores de *La dieta South Beach*, el programa se divide en tres fases. La Primera Fase, que impone el mayor número de restricciones, dura 2 semanas. Elimina todas las féculas, incluyendo el pan, el arroz, la pasta y los productos horneados. También restringe los azúcares, incluyendo todas las frutas, además de prohibir el alcohol por completo (¡lo siento!). La Segunda Fase se alarga hasta que se haya alcanzado el peso inicialmente fijado como meta. Se reintroducen féculas en forma de cereales integrales, azúcares en forma de frutas con un bajo índice glucémico y bebidas alcohólicas junto con los alimentos. Una vez que se alcanza el peso fijado como meta, se pasa a la Tercera Fase, que es la del mantenimiento. A estas alturas la dieta se ha convertido en un estilo de vida, en una nueva forma de comer que permite disfrutar los alimentos que a cada quien le encanten a la vez que se mantiene un buen estado de salud y no se vuelve a subir de peso. Se sigue aplicando lo aprendido durante las primeras dos fases, al elegir una batata dulce (camote) en lugar de una papa blanca, por ejemplo, arroz integral en lugar de arroz blanco y pan integral en lugar de pan blanco. Dicho de otra manera, se ha aprendido a clasificar los diversos tipos de carbohidratos y cómo aplicar estos conocimientos a la vida diaria.

Una clave importante para convertir la dieta South Beach de un régimen especial en un estilo de vida permanente es disponer de una gran variedad de alimentos y recetas sencillas y deliciosas. El presente recetario le proporcionará más de 200 opciones para que sus menús sigan siendo novedosos y emocionantes.

Va por su salud, y ¡buen provecho!

CÓMO ABASTECER SU COCINA A LO SOUTH BEACH

Cambiar la forma de comer también implica aplicar algunos cambios a las compras que usted realiza. De hecho su cocina se transformará, porque ahí es donde se cocina el éxito o el fracaso de una dieta. (Iba a decir que ahí es donde se gana o se pierde, ¡excepto que en esta contienda en particular cuando se pierde —peso, desde luego— se gana!). Como sea, su despensa (alacena, gabinete), refrigerador y congelador se verán muy diferentes —mejores, desde luego— una vez que haya empezado la dieta South Beach.

Es sumamente importante tener los alimentos correctos en casa y olvidarse de los equivocados. Al hablar con las personas que se han salido de la dieta, escucho la misma historia una y otra vez: "Llegué tarde del trabajo, me estaba muriendo de hambre y no había verduras en el refrigerador, así que metí una bolsa de papas a la francesa congeladas al horno de microondas". O bien: "No había gelatina sin azúcar, así que me comí una magdalena (mantecada, panquecito, *cupcake*)". Otra versión de lo mismo: "Se me acabaron las almendras, por lo que comí unos *pretzels* y me tomé un refresco (soda)". La dieta South Beach admite una amplia variedad de alimentos deliciosos. Usted no tendrá que contar las calorías ni medir las cantidades que consume. Pero no deja de ser importante evitar los alimentos realmente malos para la salud que sabotearán sus esfuerzos.

Aunque se esfuerce, no siempre será fácil. Por ejemplo, cuando un miembro de una pareja se pone a dieta y el otro no, una cosa simple como una hogaza de pan puede convertirse en un campo de batalla: la persona que está a dieta quiere que desaparezca, pero la otra lo necesita para su sándwich (emparedado) diario. En el caso de un matrimonio que conozco, la esposa prohibió que hubiera pan, por lo que el marido sale todas las tardes a comprar un solo panecillo fresco para su almuerzo. El desafío es mayor para los padres de familia que se ponen a dieta: nadie quiere privar a los pequeños de sus golosinas, pero tal vez el frasco de las galletitas le resulte irresistible a usted. Desde luego usted también necesita fuerza de voluntad para seguir la dieta. Sin embargo, tal vez podría matar dos pájaros de un tiro: si acostumbra a los niños a las paletas sin azúcar, por ejemplo, beneficiará su salud y al mismo tiempo la suya al eliminar las golosinas peligrosas de la casa.

De todos modos, resulta esencial surtir la cocina de acuerdo con los lineamientos de la dieta South Beach si se pretende adoptar hábitos alimenticios saludables y perder el exceso de peso. Este capítulo le servirá de guía para que antes de comenzar con la dieta pueda comprar los comestibles que le harán falta. La lista contiene los alimentos aceptables para la Primera Fase —la inicial y más estricta— así como para las otras dos fases, que restringen menos sus opciones. Quiero ayudarlo a crear una cocina saludable, equilibrada y bien puesta, un lugar donde pueda comer bien *y también* bajar de peso a lo largo de las próximas semanas o meses.

No necesita salir a comprar todos y cada uno de los artículos que se indican aquí; déjese guiar por sus gustos personales. Su meta debe ser, simplemente, surtirse de los alimentos que le gusta comer. Si se llena con alimentos buenos, no tendrá necesidad de comer (ni le cabrá) otra cosa. Todos los productos deben estar disponibles en cualquier supermercado bien surtido. Si no encuentra algún artículo en particular en la tienda que frecuenta, puede saltárselo y sustituirlo por otra cosa.

Cómo despejar su despensa

No obstante, antes de salir de compras es posible que necesite desocupar un poco de espacio en su cocina. Para empezar, revise su despensa (alacena, gabinete), refrigerador y congelador y saque los alimentos que no quepan dentro de la dieta South Beach. Algunos productos los podrá guardar en otra parte durante las primeras 2 semanas de la dieta y después se le permitirán nuevamente. Otras golosinas —las realmente problemáticas— probablemente deberán desaparecer para siempre. Le prometo que después de la Primera Fase de la dieta no las extrañará.

La lista que sigue contiene muchos de los alimentos que deberá eliminar durante la Primera Fase de la dieta South Beach, así como algunos que estarán prohibidos también durante la segunda. Aunque se trate de una lista muy completa, ha sido imposible incluir todos los alimentos que deben evitarse al seguir esta dieta. Una buena regla general sería la siguiente: si entre los tres primeros componentes de una lista de ingredientes descubre el azúcar en cualquiera de sus formas —es decir, el azúcar misma o bien *fructose* (fructosa), *maltose* (maltosa), *dextrose* (dextrosa) o cualquier ingrediente que termine en *-ose*—, es casi seguro que ese alimento no le conviene. Durante la Primera Fase, cualquier producto que contenga harina será tabú. Después de eso, cualquier producto que contenga harina blanca enriquecida estará prohibido. La harina de trigo integral es mejor para la salud, pero aun tratándose de esta no debe comer productos panificados que contengan menos de 3 gramos de fibra dietética por ración.

Por lo tanto, antes de empezar con la Primera Fase de la dieta, revise su cocina y deshágase de los siguientes artículos:

Aceites y grasas: Al limpiar su cocina, deshágase de cualquier tipo de manteca vegetal sólida o manteca de cerdo.

Arroz: Todas las variedades de arroz, incluso el integral, estarán prohibidas durante las primeras 2 semanas de la dieta.

Bebidas: Todos los jugos de fruta estarán prohibidos durante las primeras 2 semanas del plan. Lo mismo cabe decir de todos los refrescos (sodas) y cualquier otra bebida que contenga azúcar, fructosa o sirope de maíz (*corn syrup*).

Durante la Primera Fase tampoco se permitirá ninguna bebida alcohólica. En esta categoría se incluye la cerveza, los cócteles premezclados, el *whisky*, el vino y el *cooler* de vino.

Carne y carne de ave: La dieta South Beach recurre a abundantes cantidades de carne y carne de ave, pero algunas variedades no deberán consumirse. Cualquier producto procesado con azúcar —el jamón horneado con miel o curado con sirope (almíbar, miel) de arce (*maple*), por ejemplo— quedará fuera de todas las fases. Se permitirán la mayoría de las carnes frías (tipo fiambre), pero siempre revise los ingredientes al comprar productos envasados. Si encuentra azúcar en cualquiera de sus formas, no lo compre.

Durante la Primera Fase no deberá incluir carnes grasas de ave como pato o ganso en sus menús. El paté también estará prohibido. Las partes oscuras del pollo o del pavo (chompipe) contienen más grasa y colesterol y tampoco se permiten. Cualquier carne procesada de ave, como los *nuggets* o las tortitas de pollo que se venden envasados, estará prohibida en todas las fases de la dieta. El tocino y la salchicha para desayunar tampoco deberán consumirse en ninguna fase de la dieta, debido a las grasas saturadas que contienen.

Deshágase de cortes grasos de carne como el *beef brisket*, el hígado o los bistecs de costilla. Lo mismo cabe decir del pecho de ternera.

Cereales: Todas las variedades de cereales estarán prohibidas durante las primeras 2 semanas de la dieta. Eso incluye los saludables con alto contenido de fibra y sin azúcar adicional, como el salvado de avena y los cereales de la marca *Kashi*. Los carbohidratos contenidos en muchos cereales comerciales provocan una elevación brusca en el nivel de glucosa, y esa elevación estimula el antojo de más carbohidratos. Los cereales saludables altos en fibra reaparecerán en la Segunda Fase.

Condimentos, aliños (aderezos) y sazonadores: Se prohíbe la salsa *barbecue*, la mostaza con miel, la *catsup (ketchup)* y cualquier otro condimento o salsa hecha con sirope de maíz, melado (melaza) o azúcar. Incluso los condimentos bajos en grasa o sin grasa, como algunas salsas *barbecue*, mayonesas, aliños para ensalada y otros semejantes, no deberán consumirse. ¿Sorprendido? En tales productos, la grasa por lo general ha sido sustituida por carbohidratos refinados.

La mayoría de las salsas *teriyaki* comerciales también están prohibidas debido a su contenido en azúcar. Tampoco se deberán comer pepinillos dulces ni *relish*.

Deshágase de cualquier aliño comercial para ensalada que contenga azúcares (incluyendo la fructosa) o carbohidratos, aunque no tenga grasa. Los aliños hechos con aceite de oliva extra virgen y vinagre están perfectos. También es posible comer aliños sin azúcar ni carbohidratos.

Edulcorantes: Todos los edulcorantes, con excepción de los sustitutos de azúcar, quedarán prohibidos durante la Primera Fase. En ello se incluye el azúcar blanca, el azúcar morena (mascabado), la miel, el melado y el sirope de maíz.

Fruta: Todas las frutas estarán prohibidas durante la Primera Fase. Podrá reintroducirlas a su alimentación dentro de 2 semanas, pero por el momento tendrán que desaparecer. Además de contener mucha azúcar, estimulan el hambre. Lo mismo sucede con los productos de la fruta: jalea, mermelada y frutas secas, incluyendo las pasas. Desde luego cualquier alimento congelado que contenga fruta o jugos de fruta estará prohibido durante la Primera Fase.

Harina: Todas las harinas son tabú durante la Primera Fase. Lo mismo aplica a la mezcla comercial para preparar panqueques (*hot cakes*) o *waffles*. Tampoco se permite la harina de maíz.

Meriendas: Todas las meriendas (refrigerios, tentempiés) envasadas estarán prohibidas, tanto las saladas —*cheese puffs*, palomitas de maíz (rositas de maíz, cotufo) papitas fritas, *pretzels*, totopos (tostaditas, nachos) y demás— como las dulces, entre ellas magdalenas, galletitas, etcétera.

Con tan sólo eliminar todos los alimentos procesados de nuestra alimentación bajaríamos de peso y mejoraría nuestro estado de salud en general. Cuando se trata de adelgazar, los carbohidratos procesados son problemáticos porque se les han extraído la fibra, los minerales y las vitaminas.

El tipo de carbohidrato contenido en dichas meriendas saladas o dulces provoca una elevación brusca en el nivel de glucosa, lo cual estimula el antojo de más carbohidratos. Los carbohidratos procesados con frecuencia llevan la indicación "fortificado" o "enriquecido con vitaminas" debido al intento de los fabricantes de reponer algunos de los nutrientes perdidos. Sin embargo, no es posible sustituir vitaminas naturales por artificiales y pretender recibir los mismos beneficios para la salud. Además, muchas meriendas comerciales contienen transgrasas.

Pasta: Cualquier tipo de pasta se eliminará durante la Primera Fase, incluso la de trigo integral.

Pescados y mariscos: No hay necesidad de olvidarse de ningún pescado. Todos están bien, tanto de lata como frescos. Los grasos —la anchoa, la caballa (macarela, escombro), el salmón y las sardinas— se recomiendan de manera especial por los saludables ácidos grasos omega-3 que contienen.

Productos lácteos: La leche entera está prohibida en todas las fases de la dieta South Beach debido a las grasas saturadas que contiene. Los quesos hechos con cualquier cosa excepto leche descremada al 2 por ciento, semidescremada o descremada tampoco deberán consumirse durante la Primera Fase. Definitivamente hay que evitar el queso tipo *brie* y otros quesos cremosos. La cantidad de mantequilla se restringirá mucho.

Productos panificados: Con ello me refiero a todos los panes, pasteles (bizcochos, tortas, *cakes*), galletas, galletitas, magdalenas, pastelillos y *waffles*. Incluso los panes más saludables hechos con harina de trigo integral deberán desaparecer durante la Primera Fase. También los *muffins*, ya sean ingleses u otros.

Sopa: Durante las primeras 2 semanas haga desaparecer de su cocina todas las mezclas comerciales de sopas en polvo, porque muchas de ellas contienen una gran cantidad de transgrasas. Durante cualquier fase de la dieta podrá consumir sopa de frijoles (habichuelas) de grasa reducida de lata o consomés.

Verduras: Aunque usted no lo crea, incluso algunas verduras tendrán que eliminarse durante la Primera Fase. La papa encabeza la lista, aunque sea hervida nada más. El sistema digestivo descompone las féculas en azúcares inmediatamente, las cuales terminan almacenadas como exceso de peso. La papa también produce antojos de más carbohidratos malos. Estas indicaciones se refieren básicamente a la papa blanca, pero también incluyen la batata dulce (camote) y la variante de esta conocida como *yam*.

Por ahora el maíz (elote, choclo) tampoco deberá consumirse, al igual que la remolacha (betabel), el *butternut squash* y el *acorn squash*. Todas estas verduras se transforman en azúcares rápidamente y producen punzadas de hambre. Incluso la zanahoria estará prohibida durante las primeras 2 semanas. Revise su congelador y deshágase de cualquier alimento congelado envasado que contenga estas verduras.

(*Nota*: Los *squash* son tipos específicos de calabaza que se encuentran en los Estados Unidos en los supermercados según la temporada. Tanto el *acorn squash* como el *butternut squash* se consiguen durante el invierno).

La lista de compras de la dieta South Beach

A continuación conocerá los alimentos que podrá disfrutar al seguir la dieta South Beach. He dividido la lista en dos secciones. La primera incluye los alimentos que podrá degustar durante la Primera Fase, las 2 semanas en que la dieta le impondrá más restricciones. La segunda señala los alimentos que podrá consumir durante la Segunda Fase.

No le hará falta una lista para la Tercera Fase. Esta etapa corresponde a la forma en que se alimentará durante el resto de su vida, y para entonces sabrá lo suficiente acerca del plan como para tomar las decisiones correctas.

Las compras para la Primera Fase

Aceites: Durante las tres fases es posible consumir aceite de *canola*, aceite de oliva extra virgen, aceite de semilla de lino (linaza, *flaxseed*), aceite de cacahuate (maní), aceite de sésamo (ajonjolí) y aceite de nuez, tanto para cocinar como para aliñar (aderezar) las ensaladas.

Arroz: No se permite ningún tipo de arroz durante la Primera Fase.

Bebidas: Se permitirá consumir café normal con cafeína, pero no más de 2 tazas al día, pues se ha descubierto que la cafeína estimula la producción de insulina. El café descafeinado se permitirá sin límite alguno. El té estará permitido con las mismas restricciones.

Desde luego el agua está perfecta. Las aguas de sabores también están bien, siempre y cuando no contengan calorías. Revise las etiquetas para asegurarse de ello. La *club soda* y el agua de Seltz (*seltzer*) están bien. Si las prefiere de sabor, revise la lista de ingredientes para asegurarse de que no se les haya agregado azúcar.

No hay ningún problema con los refrescos (sodas) de dieta, los tés helados y las bebidas en polvo bajas en calorías. Algunas personas a las que les encanta el jugo de naranja (china) a la hora del desayuno lo sustituyen por una bebida en polvo sabor naranja baja en calorías, como la de *Crystal Light*. También se permitirá el jugo de ocho verduras (*V8*) o algún otro cóctel de verduras.

Carne y carne de ave: La mayoría de las carnes pueden consumirse. Representan una fuente importante de proteínas; además, si las selecciona con cuidado no consumirá un exceso de grasas saturadas. Asimismo, la carne es buena porque sacia el hambre. Sin embargo, siempre debe prepararse con métodos saludables, como a la parrilla, al horno, asada al horno, asada o sofrita, nunca frita. Para saltearla utilice cantidades moderadas de grasas saludables, como aceite de oliva extra virgen o aceite de *canola*, en lugar de mantequilla u otros tipos de aceite.

En lo que se refiere a la carne de res, se permiten los siguientes cortes: el bistec *sirloin* (también molido), el lomo (*tenderloin*), el *top loin*, el *round tip*, el *bottom round*, el *eye round* y el *top round*, pues se trata de los cortes más magros. En cuanto a la carne de cerdo, las chuletas magras, con la grasa bien recortada, o el lomo (*tenderloin*) son aceptables. El jamón cocido también se permite durante esta fase. El tocino canadiense es preferible a su versión estadounidense, porque es más magro. Las chuletas, los filetes y el *top round* de ternera están bien, al igual que la pierna de cordero con la grasa recortada.

Al comprar carnes frías (tipo fiambre), básicamente todo lo que sea sin grasa o bajo en grasa está bien. El jamón cocido está perfecto, pero evite cualquier jamón curado o procesado con miel. Aunque usted no lo crea, el *pastrami* puede ser aceptable, siempre y cuando encuentre una versión magra. La salchicha de Bolonia (*bologna*) y el *salami* están permitidos mientras sean bajos en grasa. También están muy bien la pechuga de pavo (chompipe) en rebanadas, los *hot dogs* de pavo y el salami de pavo.

En cuanto a la carne de ave, la pechuga de pollo o de pavo y la gallina de Cornualles están bien. Las piezas de carne oscura se permiten en cantidades limitadas durante la Segunda Fase.

Por lo que se refiere a los productos cárnicos para desayunar, el tocino canadiense y el tocino de pavo están bien. El tocino normal sólo se permite con moderación debido a su contenido de grasa saturada. Lo mismo cabe decir de las salchichas para desayunar: las versiones hechas de pavo (ya sea en forma de salchicha o de torta) son mejores que las tradicionales.

Si utiliza sustitutos de carne, podrá consumir *tofu*, *tempeh* y cualquier otro producto basado en la soya. Elija las variedades suave, baja en grasa o *lite*. La "nuez" de soya tostada (frijoles de soya tostados para merienda) está permitida, al igual que las hamburguesas vegetarianas.

Cereales. No se permitirán cereales durante la Primera Fase.

Condimentos, aliños (aderezos) y sazonadores: Súrtase de especias a las que no se les haya agregado azúcar. También los extractos, como el de almendra o el de vainilla, son muy buenos para dar sabor a los alimentos. Cualquier tipo de pimienta también está muy bien: negra, de Cayena, roja o blanca.

Prácticamente todas las especias y sazonadores se permiten con esta dieta. De hecho le recomiendo que utilice lo que usted quiera para mejorar el sabor de la comida. Si sus platos saludables saben deliciosos, se sentirá menos tentado a consumir los poco saludables. ¿Por qué no prueba el sinnúmero de especias y sazonadores que su tienda de comestibles ofrece?

Empiece por los más comunes, como la albahaca, el orégano o el perejil, o agregue un poco de picante con comino, *curry* o pimienta roja. El ajo es algo a lo que podrá sacar mucho provecho y se consigue fresco, en polvo o picado en trocitos. La nuez moscada, la canela (¡la molida nada más, no la mezcla de azúcar con canela!) y el clavo entero o molido son condimentos muy aromáticos y reconfortantes, mientras que el eneldo, la menta (hierbabuena) y el romero agregarán mucha frescura a sus platos. Ya sea que los use solos o combinados, los sazonadores le darán un aire novedoso a cualquier plato que quiera preparar.

Durante todas las fases de la dieta South Beach, incluso la primera, puede disfrutar las mostazas de todo tipo (excepto con miel), la mayonesa (la normal, no la que no contiene grasa), la salsa chimichurri, la salsa picante o la salsa *Tabasco*, el rábano picante, la salsa tipo mexicano, la salsa de soya *light* (baja en sodio) o la salsa *Worcestershire*. En las recetas a partir de la página 154 encontrará varios condimentos para preparar en casa que le encantarán.

Para aliñar (aderezar) sus ensaladas, elija cualquiera de los aceites permitidos (como los de *canola*, semilla de lino, de oliva extra virgen, cacahuate/maní, sésamo/ajonjolí y nuez) y mézclelo con vinagre (por ejemplo, balsámico o de vino). En lo que se refiere a los aliños comerciales, las vinagretas *Newman's Own Light Balsamic Vinaigrette* o *Newman's Own Olive Oil and Vinegar* están permitidas, al igual que el aliño para ensalada César *Cardini's Original Caesar Salad Dressing*. De hecho, prácticamente cualquier aliño sin azúcar ni carbohidratos está bien.

Edulcorantes: Puede usar cualquier sustituto de azúcar sin calorías que quiera.

Fruta: Evite todas las frutas y los jugos de fruta durante la Primera Fase.

Harina: Evite la harina por completo durante la Primera Fase.

Huevos: Los huevos incluso se permitirán durante la Primera Fase, a menos que padezca un nivel peligrosamente alto de colesterol. De hecho los huevos definitivamente no hacen tanto daño como antes lo pensábamos: hacen que aumente el nivel del colesterol bueno al igual que el del malo y son una excelente fuente de vitamina E natural. Si su médico le ha sugerido que no coma huevos, pregúntele si puede consumir un sustituto de huevo.

Meriendas: Durante la Primera Fase, limite las golosinas dulces a 75 calorías diarias. Opte por caramelos duros sin azúcar; cacao en polvo para hornear sin edulcorante; paletas de *fudge* sin azúcar adicional; *Creamsicle Pops* sin azúcar adicional; gelatina sin azúcar y chicle (goma de mascar) sin azúcar.

Todo tipo de fruto seco está bien durante la Primera Fase, incluso la nuez de macadamia, que siempre pensamos era poco saludable. La mejor opción son las almendras, por los nutrientes que contienen, pero realmente debe limitar el consumo de frutos secos a más o menos ¼ de taza al día.

Pasta: No se permite ningún tipo de pasta durante la Primera Fase.

Pescado y mariscos: Se permiten el hipogloso (*halibut*), el arenque, el salmón, la trucha (arco iris o común), el atún, la caballa (macarela, escombro) y cualquier otro pescado fresco. También están bien el salmón ahumado (*smoked salmon, lox*), el salmón de lata, el atún de lata, las sardinas frescas o de lata y el pescado blanco ahumado. La dieta permite todos los mariscos, como la almeja, el cangrejo, la langosta, el camarón, etcétera. Al igual que la carne, hay que preparar el pescado de manera saludable, es decir, no empanado (empanizado) y mucho menos frito en freidora. Es posible cocer el pescado al vapor, asado, a la parrilla, sofrito (salteado) y al horno. El caviar contiene mucho colesterol, pero no hay problema en comer una o dos cucharadas de vez en cuando.

Productos lácteos: Evite todos los helados de grasa entera, así como la leche entera y el yogur de grasa entera. Puede disfrutar leche semidescremada al 1 por ciento o descremada, requesón o yogur sin grasa, pero no más de dos raciones al día. También puede utilizar leche de soya baja en grasa sin saborizantes como sustituto lácteo. En lo que se refiere al queso, puede consumir prácticamente todas las variedades de grasa reducida. Una buena regla general es limitarse a los quesos que no contengan más de 6 gramos de grasa por ración. Está muy bien el queso amarillo preparado con leche semidescremada al 2 por ciento, en rebanadas, al igual que el queso *ricotta* semidescremado, el queso *mozzarella* semidescremado o el requesón hecho de leche semidescremada al 1 o al 2 por ciento. El queso *feta* de grasa reducida es una buena opción. Sin embargo, si no lo encuentra de grasa reducida puede comer el normal, ya que es de sabor tan fuerte que no necesitará comer mucho.

Productos panificados: Evite todos los productos panificados durante las 2 semanas que durará la Primera Fase.

Sopas: Los consomés y las sopas de frijoles (habichuelas) de grasa reducida de lata están muy bien durante la Primera Fase.

Verduras: La mayoría de las verduras están permitidas en todas las fases de la dieta. Esto aplica a todas las verdes. No hay ningún problema con la espinaca y las otras verduras de hojas color verde oscuro. Lo mismo cabe decir del aguacate (palta), la alcachofa, el apio, la berenjena, la berza (bretón, posarmo, *collard green*), el brócoli, el brócoli *rabe*, los brotes (germinados), la castaña de agua, la cebolla, el cebollín (cebolla de cambray), la coliflor, el comelotodo (arveja china, *snow pea*), el chalote, los espárragos, los frijoles (habichuelas) —entre ellos el chícharo (guisante) partido, el frijol colorado, el frijol italiano, el frijol negro, el frijol de soya, el gandul, el garbanzo, el haba blanca (*lima bean*), el haba blanca seca, la habichuela amarilla (ejote amarillo, *wax bean*), la habichuela verde (ejote) y la lenteja—, el hinojo, los hongos (de todo tipo), la lechuga (todas las variedades), el nabo, el pepino, el pimiento (ají, pimiento morrón), el puerro (poro), el rábano, el repollo (col), el *spaghetti squash* (un tipo de calabaza que se consigue durante el invierno) y el *zucchini* (calabacita). Los tomates son aceptables durante la Primera Fase.

Las compras para la Segunda Fase

Al cabo de las primeras 2 semanas con la dieta South Beach, pasará al régimen alimenticio de la Segunda Fase. Durante esta Segunda Fase podrá disfrutar todos los alimentos de la primera y algunos más.

Siempre les recomiendo a las personas que reintroduzcan los carbohidratos poco a poco, quizá una fruta al día o una taza de arroz o pasta una o dos veces a la semana. Si lo que quiere comer es pan, debe optar por las variedades auténticas de granos integrales (*whole-grain bread*).

Si reintroduce más carbohidratos a su alimentación y se da cuenta de que deja de bajar de peso, probablemente exageró. Por otra parte, si puede comer un trozo de pan todos los días sin echar a perder los logros por los que tanto se ha esforzado, adelante.

En la Segunda Fase puede salir a comprar los siguientes productos:

Aceites: Durante la Segunda Fase siga usando los mismos aceites que durante la Primera Fase consumió en cantidades limitadas.

Arroz: El arroz blanco se prohíbe durante todas las fases; le irá mejor con el arroz *basmati*, el integral o el silvestre (*wild rice*), el cual en realidad no es arroz, sino una semilla. Siempre evite el arroz instantáneo.

Bebidas: Siga evitando todos los jugos de frutas y los refrescos (sodas) con azúcar durante la Segunda Fase. Está bien tomar una o dos copas diarias de vino tinto o blanco. Lo mejor es tomar el vino con el alimento, porque así su nivel de glucosa se elevará más lentamente. Sin embargo, siga evitando la cerveza. Provoca una elevación mucho más rápida en el nivel de glucosa que el azúcar de mesa. Incluso la cerveza *light* está prohibida. El *whisky* también se convierte en azúcar y debe evitarse, al igual que cualquier cóctel premezclado.

Carne y carne de ave: Las mismas carnes y carnes de ave que consumió durante la Primera Fase son buenas opciones para la segunda. Siga evitando las carnes grasas de ave como el pato o el ganso, así como el paté.

Cereales: Evite la avena instantánea o para prepararse en el microondas, pero puede disfrutar la tradicional que se cocina en la estufa. Algunos cereales de caja están bien —*Kellogg's All-Bran with Extra Fiber* es uno de ellos—, pero la mayoría contienen demasiada azúcar y muy poca fibra para hacerle bien a nadie. Incluso la *granola*, a pesar de su fama de ser saludable, por lo general contiene un exceso de azúcar. Verá cereales que indican "sin grasa", pero la grasa nunca fue un problema con los cereales sino el hecho que contienen los carbohidratos malos y el azúcar.

Incluso durante la Segunda Fase, evite los *cornflakes*.

Condimentos, aliños (aderezos) y sazonadores: Siguen prohibidos la salsa *barbecue*, la *catsup* (*ketchup*), la mostaza con miel y cualquier otro condimento o salsa hecha con azúcar, sirope de maíz o melado; la mayonesa sin grasa, los aliños para ensalada sin grasa, las salsas *barbecue* sin grasa embotelladas y otros productos semejantes; así como los pepinillos dulces y el *relish*.

Edulcorantes: Después de la Primera Fase es posible reintroducir miel y melado con moderación, pero cualquier otro tipo de azúcar debe reservarse sólo para ocasiones especiales.

Fruta: Ya puede disfrutar las frutas. Opte por albaricoques (chabacanos, damascos), arándanos, cantaloup (melón chino), cerezas, ciruela, fresa, kiwi, mango, manzanas, melocotón (durazno), naranja (china), pera, toronja (pomelo) y uvas. Incluso durante la Segunda Fase evite la fruta de lata en jugo o almíbar (sirope), la pasa, la piña (ananá), el plátano amarillo (guineo, banana), la sandía y todas las mermeladas o jaleas con azúcar.

Harina: Puede reintroducir la harina de trigo integral durante la Segunda Fase. Las harinas de trigo integral, alforjón (trigo sarraceno), centeno y cebada son sólo unas cuantas de las muchas variedades disponibles en los supermercados. También hay harinas hechas de frijol (habichuela) de soya o de garbanzo, las cuales son sumamente saludables. Por si fuera poco se venden muchas mezclas comerciales para preparar panqueques (*hot cakes*), *waffles*, panes y otros productos que utilizan los cereales mencionados en lugar de harina blanca enriquecida. Sólo debe revisar la lista de ingredientes para asegurarse de que las mezclas no contengan "*hydrogenated oils*" (aceites hidrogenados).

Meriendas: Durante la Segunda Fase puede reintroducir el chocolate a su dieta en cantidades muy medidas y sólo el semiamargo (en inglés, *bittersweet* o *semi-sweet*). También puede disfrutar pudines (budines) sin azúcar ni grasa. Las palomitas (rositas) de maíz (cotufo) hechas a presión son una excelente merienda que podrá agregar durante la Segunda Fase. Evite las galletitas, las magdalenas, las papitas fritas, los *pretzels* y otras meriendas saladas y dulces.

Pasta: Si está hecha con harina de trigo integral está bien después de la Primera Fase.

Pescado y mariscos: Sigue siendo buena idea disfrutar mucho pescado y mariscos, preparados de manera saludable.

Productos lácteos: Aplican las mismas reglas que durante la Primera Fase. Puede agregar una ración diaria de 4 onzas (112 g) de yogur de sabor sin grasa y con edulcorante artificial.

Productos panificados: Es posible que se trate del pasillo que más confusión causa en el supermercado. Verá panes de 7 granos, 9 granos e incluso de 12 granos, lo cual quizá lo induzca a pensar que se trata de algo saludable. No obstante, al leer la lista de ingredientes tal vez encuentre *"enriched white flour"* (harina blanca enriquecida) en primer lugar. . . y eso definitivamente está prohibido. Trate de encontrar pan de granos integrales, el cual sin falta se vende en las tiendas de productos naturales. Además de eso, busque pan cuyo primer ingrediente sea *"100 percent whole wheat flour"* (harina de trigo integral al 100 por ciento). También puede probar *"multigrain bread"* (pan multigrano), *"oat bread"* (pan de avena), *"bran bread"* (pan de salvado), *"rye bread"* (pan de centeno) o *"whole wheat bread"* (pan de trigo integral). El pan debe contener por lo menos 3 gramos de fibra dietética por *cada* rebanada. (Ponga mucha atención a este punto, porque algunos fabricantes proporcionan la información por ración, es decir, por *dos* rebanadas).

Hay muchos panes delgados y planos hechos sin levadura (*flatbreads*) y galletas de grano integral de trigo que están muy bien durante la Segunda y Tercera Fase. El pan árabe (pan de *pita*) también es aceptable después de las primeras 2 semanas. Busque las variedades molidas por piedra (*stoneground*) o de trigo integral (*whole wheat*). Los *bagels* pequeños de granos integrales están muy bien durante la Segunda Fase.

En términos generales sugiero no consumir más de una o dos féculas al día. Puede tratarse de una rebanada de pan de cereal integral a la hora del almuerzo y de una ración de arroz integral para cenar. Quizá una pasta de trigo integral en una comida y puré de batata dulce (camote) en otra. Procure acompañar este tipo de carbohidratos con alguna proteína saludable, como carne, pescado o queso. Las grasas retardarán la velocidad con la que su cuerpo procesa los carbohidratos, lo cual es bueno.

Al comprar panes y productos panificados, revise la lista de ingredientes

Cuando se rompen las reglas

Tal vez se sorprenda al comprobar que un puñado de las recetas incluidas en este libro piden pequeñas cantidades de ingredientes "prohibidos" durante una de las fases en particular o para toda la dieta en general. Algunos ejemplos de tales casos son la cucharada de jerez seco que se requiere para preparar una ensalada de carne de res y pimientos (ajíes, pimientos morrones) correspondiente a la Primera Fase, una taza de harina blanca para un pan sin levadura de la Tercera Fase o ½ taza de azúcar blanca en una tarta de queso, también de la Tercera Fase. Cuando incluimos este tipo de alimentos se debe a que mejoran mucho el sabor o la textura de un plato; además, en vista de que la cantidad, de por sí pequeña, se reparte entre varias porciones, nadie consume la cantidad total.

Asimismo, esas recetas nos recuerdan —lo cual resulta igualmente importante— que para adoptar la dieta South Beach como estilo de vida resulta muy útil mantener cierta flexibilidad. Si uno se ciñe a los lineamientos alimenticios de la fase en la que se encuentre, salirse de las reglas un poco de vez en cuando no debería afectar su pérdida de peso u objetivos generales de salud de manera duradera.

y evite comprar cualquiera que contenga *"hydrogenated oils"* (aceites hidrogenados).

Siga evitando los *bagels* y los panes de harina blanca de trigo, el pan blanco y los panecillos para cenar.

Sopa: Durante la Segunda Fase puede consumir sopa de frijol (habichuela) de lata, siempre y cuando no incluya pasta ni otra fécula. Las sopas en polvo siempre son una mala idea, pues contienen un exceso de carbohidratos.

Verduras: En este punto puede reintroducir la batata dulce (camote), la zanahoria y la variante de batata dulce conocida como *yam* a su alimentación. Siga evitando la remolacha (betabel), el maíz (elote, choclo) y la papa blanca. De nueva cuenta empiece poco a poco y observe de qué forma el consumo de estas verduras afecta su dieta y sus antojos.

(*Nota*: Si no conoce algunos de los términos utilizados para los alimentos mencionados en este capítulo, véase el glosario en la página 347).

PREGÚNTELE AL DR. AGATSTON

Ya se imaginará que recibimos muchas preguntas acerca de diversos alimentos y métodos de preparación. A continuación reproducimos algunas de las más comunes.

¿Puedo desayunar las sobras de la cena? No me gusta mucho el huevo.

Está muy bien recalentar los alimentos para la comida que sea, siempre y cuando correspondan a la fase de la dieta en la que usted se encuentre. Sin embargo, probablemente no sea buena idea empezar el día con fruta, pasta o arroz. Estos alimentos pueden provocar antojos de más carbohidratos más adelante. Por el contrario, el pescado, la carne y las verduras son excelentes opciones para desayunar.

¿Se permite cualquier tipo de frijol (habichuela) en todas las fases de la dieta?

La mayoría de los frijoles se permiten en todas las fases, y son deliciosos. También se trata de buenas fuentes de nutrientes y proteínas.

¿No hacen daño algunos mariscos —como la langosta, por ejemplo— cuando se está a dieta, o a las personas que tenemos un alto nivel de colesterol?

¡No! Siempre se ha exagerado la cantidad de colesterol que contienen los mariscos, porque se interpretaban mal los esteroles vegetales que contienen: su composición química se parece a la del colesterol, pero de hecho ayudan a bajar los niveles de colesterol. La langosta tiene la misma cantidad de colesterol que la pechuga de pollo sin pellejo. Todos los mariscos son bajos en grasa saturada y esta dieta no restringe su consumo.

¿Qué debo usar en lugar de mantequilla para cocinar y para untar en el pan o aliñar (aderezar) las verduras al vapor?

Tanto para cocinar como para untarle en el pan, sugerimos el aceite de oliva extra virgen, el cual se sirve con el pan en la mayoría de los restaurantes mediterráneos. Para darle sabor al aceite puede agregarle ajo, un poco de queso rallado o pimientos (ajíes, pimientos morrones) asados. Pruebe sus verduras con aceite de oliva extra virgen y jugo de limón en lugar de mantequilla. También recomendamos los aceites antiadherentes en aerosol sin grasa. Por otra parte, hay varias buenas pastas para untar hechas de verduras que se pueden utilizar en lugar de mantequilla, con el pan o como uno quiera. Algunas marcas populares son *Benecol*, *Take Control* y *Smart Balance*.

He probado otras dietas que ajustan los carbohidratos, pero siempre me han provocado estreñimiento. ¿Puedo evitar este problema con esta dieta?

Sí, lo puede hacer. Necesita aumentar su consumo de fibra al máximo comiendo muchos cereales integrales, frutas en su estado natural (no en lata ni un producto derivado de estas) y verduras. Durante todas las fases de la dieta también puede tomar suplementos de fibra o *psyllium* sin restricción alguna para evitar el estreñimiento. Al tomar suplementos de fibra con los alimentos de hecho se contribuye a controlar los niveles de glucosa y de insulina y también es posible que ayuden a bajar el nivel de colesterol.

¿Pueden los niños someterse a la dieta South Beach sin riesgo alguno para su salud?

La epidemia de obesidad y diabetes que se padece en los Estados Unidos afecta también a los adolescentes y preadolescentes. La dieta South Beach es la solución a esta epidemia y sus principios pueden aplicarse de manera idéntica a los niños. Las grasas buenas, particularmente los ácidos grasos omega-3, son esenciales para el desarrollo de los jóvenes sistemas nerviosos, mientras que las transgrasas son peligrosas. Los carbohidratos buenos, incluyendo los cereales integrales, las frutas en su estado natural y las verduras, proporcionan las vitaminas, los minerales y los nutrientes que particularmente los niños necesitan. Creo que la mayoría de los niños deberían empezar con el régimen alimenticio de la Segunda Fase, y siempre hay que consultar con el pediatra del pequeño antes de someterlo a dieta.

¿Está permitido comer tomates?

Sí, se permiten los tomates (jitomates) en todas las fases, aunque, hablando estrictamente, no son verduras sino frutas. Incluso sugerimos tomar jugo de tomate o de ocho verduras (*V8*) a la hora del desayuno. El tomate y las salsas de tomate contienen licopeno, una sustancia que según se cree ayuda a prevenir el cáncer de próstata.

¿Qué edulcorantes pueden usarse para cocinar y hornear?

Después de la Primera Fase está bien la compota de manzana (*applesauce*), siempre y cuando no se le haya agregado azúcar. Los jugos de fruta también se permiten para cocinar, pero en cantidades moderadas. Puede utilizar un poco de miel o melado (melaza) por su sabor y humedad, a partir de la Segunda Fase, pero debe combinarlos con un sustituto de azúcar.

¿Hay alguna diferencia entre las verduras congeladas y las frescas?

Desde el punto de vista de la dieta no hay diferencia alguna. De hecho algunas verduras congeladas contienen más nutrientes que las frescas, porque se escaldan y congelan recién recogidas, mientras que los productos "frescos" a veces pasan varios días en camiones o en los estantes de las tiendas antes de que se consuman.

¿De qué forma podré saber (aparte de pesarme) si estoy exagerando el consumo de carbohidratos buenos una vez que los reintroduzca a mi dieta? ¿Hay otras señales o síntomas?

La indicación fundamental de que se está teniendo éxito con la dieta South Beach es que los antojos desaparecen. Así sucederá relativamente pronto durante la Primera Fase. Si durante la segunda reaparecen fuertes antojos de pan, papas y otros alimentos semejantes, lo más probable es que se haya comido un exceso de carbohidratos y sea necesario reducirlos. Durante la Segunda Fase se debe bajar entre 1 y 2 libras (450 y 900 g) por semana. Si ya no se está bajando de peso, probablemente se deba a un exceso de carbohidratos malos.

¿Permite esta dieta comer carne de cordero?

La carne de cordero contiene más grasa saturada que la de res o pollo, pero está permitida siempre y cuando se le recorte bien la grasa. Una pierna de cordero asada es la mejor opción; las chuletas sólo deben comerse en ocasiones especiales.

Soy adicto a los sándwiches (emparedados). También me gustan porque son muy prácticos. Pero no quiero exagerar el consumo de pan almorzando dos rebanadas diarias. ¿Hay alguna alternativa?

Es posible preparar sándwiches sin pan; tome sus ingredientes, como pavo (chompipe), jamón o lo que sea, agregue la mostaza o la mayonesa, el tomate (jitomate) y los sazonadores, y envuélvalo todo con unas hojas de lechuga. Puede optar por una solución intermedia al utilizar sólo una rebanada de pan integral o un pan árabe (pan de *pita*) pequeño de trigo integral.

¿Están permitidas las cremas de frutos secos?

Sí, todas están permitidas e incluso se recomiendan, porque son saludables y saben ricas. Sin embargo, compre las que no tengan ingredientes adicionales; las tiendas de productos naturales e incluso la mayoría de los supermercados actualmente venden cremas de almendra, nuez de la India (anacardo, semilla de cajuil, castaña de cajú) y cacahuate (maní) que consisten en el fruto seco sin azúcares ni grasas adicionales.

¿Cuáles pepinillos y tipos de *relish* está bien comer?

Las versiones agrias están muy bien, pero las dulces no. Contiene azúcar el vinagre con el que se preparan los *gherkins* y otros pepinillos dulces así como el *relish* dulce de pepinillo.

¿Está permitido el *sushi* con esta dieta?

Debido al arroz pegajoso, el *sushi* se reserva para la Tercera Fase. No obstante, durante las primeras dos fases no tiene ningún inconveniente el *sashimi*, que es igual al *sushi* pero sin arroz.

¿Qué diferencia hay entre la leche entera, las leches semidescremadas al 2 o al 1 por ciento, la leche descremada (*fat-free milk* o *nonfat milk*) y la leche de soya, desde el punto de vista de la dieta?

El azúcar de los productos lácteos adopta la forma de lactosa, que no perjudica la dieta como lo hace el azúcar de mesa normal. No obstante, los productos lácteos de leche entera también contienen grasa saturada, que le hace daño al corazón. En vista de que la leche es una buena fuente de calcio, le conviene más consumir productos lácteos bajos en grasa (semidescremados) o sin grasa (descremados). La leche de soya es una buena fuente de proteínas y es perfecta para las personas que son intolerantes a la lactosa o a las que no les gusta la leche de vaca. No obstante, revise la etiqueta del producto, pues algunas marcas agregan más azúcar que otras.

¿Qué es mejor como postre, el yogur congelado o el helado hecho de leche descremada (*ice milk*)?

Son igualmente malos. Ambos contienen mucho azúcar. Mejor pruebe las congeladas (*ice pops*) o las paletas de *fudge*, en ambos casos sin azúcar. Está permitido salirse de la dieta de vez en cuando para saborear una pequeña bola de helado de verdad, el cual no le producirá la impresión equivocada de estar comiendo bien. Pruebe mezclarlo con productos saludables, como fruta, o agréguele almendras, cacahuates (maníes) o nueces.

¿Puedo preparar mi propio sorbete (nieve) con hielo triturado, jugo de limón y sustituto de azúcar?

Suena muy bien, pues con esos ingredientes no puede fallar. Sin embargo, probablemente deberá comérselo enseguida de haberlo preparado, porque puede convertirse en una roca sólida de hielo de limón al dejarlo sólo un rato en el congelador.

¿Cuándo puedo volver a comer chocolate y cómo debo reintroducirlo a mi dieta?

Incluso en la Primera Fase se incluye un postre hecho de cacao en polvo sin edulcorante y queso *ricotta* de grasa reducida, cuya receta se encuentra en el primer libro. En la Segunda Fase puede probar pequeñas cantidades de chocolate oscuro, de preferencia combinado con otras cosas, como fresas. Pruebe un pequeño toque de chocolate para completar un postre, como por ejemplo dos o tres frijoles (habichuelas) de chocolate y café encima del postre de cacao y queso *ricotta*, o unos pocos cuadritos de un chocolate oscuro realmente bueno. (El oscuro contiene menos azúcar que el chocolate con leche). La clave está en mantener bajo control las cantidades.

¿Están permitidas las aceitunas? ¿Con pimiento (ají, pimiento morrón)?

Están muy bien, pues las aceitunas son tan saludables como el aceite de oliva extra virgen, que es una buena fuente de grasa monoinsaturada. Los pimientos no son más que eso, y también están permitidos.

¿Puedo comer un cereal de caja comercial (sin edulcorante) con leche semidescremada al 2 por ciento?

No durante la Primera Fase. Durante la segunda podrá comerlo, pero limítese a las presentaciones más altas en fibra y más bajas en azúcar. Los cereales integrales son los mejores. Evite los cereales hechos de maíz.

¿Está permitida la pasta de hojaldre u hojaldrada?

Cualquiera de las dos tiene un contenido relativamente bajo de carbohidratos y puede utilizarse en cantidades limitadas para cocinar y hornear a partir de la Segunda Fase. Normalmente se untaría cada capa de pasta con mantequilla, lo cual *sí* es un problema. En cambio, pruebe un aceite en aerosol con sabor a mantequilla para ver si le gusta.

Vivo en el suroeste y me encanta la comida mexicana. Pero sé que contiene muchos carbohidratos. ¿Hay alguna manera de evitarlos?

Claro, si es capaz de resistirse a los totopos (tostaditas, nachos) que le sirven en cuanto uno se sienta a la mesa, así como de no pedir un burrito, una enchilada, un taco, un tamal o una tortilla. El arroz tampoco se recomienda durante las primeras dos fases. Pruebe una salsa con verduras en lugar de totopos y limítese a los platos que no contengan nada parecido a la tortilla. La cocina mexicana tiene unos platos excelentes de carne y pescado acompañados de ricas salsas.

Me encantan las meriendas (refrigerios, tentempiés) comerciales saladas, como las hojuelas de maíz (elote, choclo), las palomitas (rositas) de maíz (cotufo), las papitas fritas, los *pretzels* y todo lo demás. ¿Cuál es la peor cuando se está a dieta?

Desde el punto de vista de los carbohidratos malos, los *pretzels* son los peores, seguidos por las hojuelas de maíz, las papitas fritas y las palomitas de maíz envasadas. Tenemos una receta magnífica de garbanzos asados (véase la página 83), que pueden sustituir esos productos malos. Es posible comer palomitas de maíz hechas a presión sin mantequilla como merienda durante la Segunda Fase.

DESAYUNOS

En mi consulta médica he observado que muchos de los pacientes que afirman que nunca desayunan también padecen de obesidad. ¿Habrá alguna conexión? Es muy posible. Estar demasiado tiempo sin comer puede convertirse en un problema, porque el hambre que se produce posteriormente muchas veces induce a comer de más, y por lo común los peores alimentos. Tan sólo por esta razón es importante dar comienzo al día con una comida que sacie el hambre.

También es posible que los malos hábitos para desayunar causen problemas a la hora del almuerzo o más tarde. Un estudio importante comprobó que al empezar el día con carbohidratos procesados —como un *bagel*— se estimula el antojo de comer más de lo mismo durante todo el día. La misma investigación demostró que un desayuno que consiste en proteínas y grasas buenas —como un *omelette* de queso y verduras— de hecho previene tales antojos. Los huevos (o el sustituto de huevo), las verduras y las carnes magras (bajas en grasa) son formas saludables de comenzar el día.

(*Nota*: Si no conoce algunos de los términos utilizados para los alimentos mencionados en este capítulo, véase el glosario en la página 347).

Batido de avena

Si no le gustan las fresas, puede cambiarlas por la baya que prefiera para preparar este batido (licuado) rápido y delicioso.

2½ tazas de fresas partidas a la mitad

1 taza de yogur natural sin grasa

½ cucharadita de sustituto de azúcar

¼ taza de leche descremada en polvo

¼ taza de nueces picadas

3 cucharadas de salvado de avena

2 cucharadas de almíbar (sirope, miel) sin azúcar para panqueques (*hot cakes*)

½ taza de cubitos de hielo

Ponga las fresas, el yogur, el sustituto de azúcar, la leche en polvo, las nueces picadas, el salvado de avena, el almíbar y los cubitos de hielo en una licuadora (batidora) o procesador de alimentos. Muela hasta obtener una consistencia uniforme y espumosa.

Rinde 4 porciones

VISTAZO NUTRICIONAL

Por porción: 130 calorías, 6 g de grasa, ½ g de grasa saturada, 7 g de proteínas, 19 g de carbohidratos, 3 g de fibra dietética, 0 mg de colesterol, 70 mg de sodio

Muffins de albaricoque

En lugar de optar por un muffin *lleno de azúcar de la panadería cuando el antojo de algo dulce le resulte irresistible, disfrute de vez en cuando de esta alternativa saludable a la hora del desayuno al llegar a la Tercera Fase. La soya que estos* muffins *contienen le proporcionará fitoquímicos, proteínas y fibra dietética y se ha comprobado que este alimento reduce el colesterol "malo".*

2 tazas de harina integral de trigo o de harina pastelera de otro cereal integral

¼ cucharadita de sustituto de azúcar

¼ taza de azúcar

⅓ taza de harina de soya

1 cucharada de polvo de hornear

1 cucharadita de canela en polvo

½ cucharadita de nuez moscada en polvo

1 pizca de sal

1 huevo batido

¾ taza de leche de soya

¾ taza de compota de manzana (*applesauce*) sin edulcorante

3 cucharadas de aceite de *canola*

⅓ taza de albaricoques (chabacanos, damascos) picados

Precaliente el horno a 400°F (206°C). Rocíe un molde antiadherente para 12 *muffins* con aceite en aerosol o forre los moldes individuales con capacillos de papel para hornear.

Revuelva muy bien la harina pastelera, el sustituto de azúcar, el azúcar, la harina de soya, el polvo de hornear, la canela, la nuez moscada y la sal en un tazón (recipiente) grande. Haga un hueco en el centro de esta mezcla seca y agregue el huevo, la leche de soya, la compota de manzana, el aceite y los albaricoques picados, revolviendo todos los ingredientes hasta humedecerlos. Vierta la masa en los moldes para *muffin* ya preparados.

Hornee los *muffins* 14 minutos o hasta que un palillo de madera introducido en el centro de un *muffin* salga limpio. Deje enfriar los *muffins* unos 10 minutos en el molde, sáquelos y colóquelos sobre una rejilla para que se terminen de enfriar.

Rinde 12 muffins

VISTAZO NUTRICIONAL

Por *muffin*: 140 calorías, 5 g de grasa, ½ g de grasa saturada, 4 g de proteínas, 22 g de carbohidratos, 3 g de fibra dietética, 20 mg de colesterol, 160 mg de sodio

Muffins saludables de avena

Estos muffins *saludables son tan deliciosos que los querrá disfrutar a la hora del desayuno todos los días. Prepare el doble de la cantidad que indica la receta y congele la mitad para después.*

¾ taza + 2 cucharadas de avena

1 taza de suero de leche

1¼ tazas de harina blanca de trigo integral o de harina integral normal

1½ cucharaditas de polvo de hornear

½ cucharadita de bicarbonato de sodio

¼ cucharadita de canela en polvo

¼ cucharadita de sal

⅔ taza de nueces picadas

⅓ taza de aceite de *canola*

1 huevo batido

⅓ taza de sustituto de azúcar morena (mascabado)

1 cucharadita de extracto de vainilla

Precaliente el horno a 425°F (220°C). Rocíe un molde antiadherente para 12 *muffins* con aceite en aerosol o forre los moldes individuales con capacillos de papel para hornear.

Mezcle ¾ taza de avena y el suero de leche en un tazón (recipiente) pequeño. Deje la avena en remojo unos 30 minutos.

Mezcle la harina, el polvo de hornear, el bicarbonato de sodio, la canela, la sal y las nueces en un tazón mediano.

Revuelva el aceite, el huevo, el sustituto de azúcar morena y el extracto de vainilla en un tazón grande hasta incorporar bien todos los ingredientes. Añada la mezcla de la avena y revuelva. Añada la mezcla de la harina apenas hasta incorporarla. No la revuelva demasiado.

Divida la masa de manera uniforme entre los moldes para *muffin* ya preparados, llenándolos más o menos a dos tercios de su capacidad. Espolvoree los *muffins* con las 2 cucharadas restantes de avena. Hornéelos de 11 a 15 minutos o hasta que un palillo de madera introducido en el centro de un *muffin* salga limpio. Ponga el molde a enfriar 5 minutos en una rejilla. Saque los *muffins* y colóquelos sobre la rejilla hasta que se terminen de enfriar.

Rinde 12 muffins

VISTAZO NUTRICIONAL

Por *muffin*: 180 calorías, 10 g de grasa, 1 g de grasa saturada, 4 g de proteínas, 21 g de carbohidratos, 3 g de fibra dietética, 20 mg de colesterol, 191 mg de sodio

Muffins de manzana y nuez

La manzana fresca picada, en lugar de la compota de manzana de siempre, es lo que les da su sabor a estos muffins de textura húmeda. Si realmente le gusta la canela puede agregar de ¼ a ½ cucharadita más para lograr un toque más condimentado. Incorpore estos muffins de manera ocasional a su menú de desayunos durante la Tercera Fase.

1½ tazas de harina integral de trigo o de harina pastelera de otro cereal integral

2 cucharaditas de polvo de hornear

1 cucharadita de bicarbonato de sodio

1 cucharadita de canela en polvo

¼ cucharadita de sal

¾ taza de suero de leche

3 cucharadas de aceite de *canola*

2 cucharadas de azúcar morena (mascabado) bien apretada

2 cucharadas de sustituto de azúcar

1 huevo batido

½ manzana mediana, pelada y picada finamente

½ taza de nueces picadas

Precaliente el horno a 400°F (206°C). Rocíe un molde antiadherente para 12 *muffins* con aceite en aerosol o forre los moldes individuales con capacillos de papel para hornear.

Mezcle la harina, el polvo de hornear, el bicarbonato de sodio, la canela y la sal en un tazón (recipiente) mediano.

Mezcle el suero de leche, el aceite, el azúcar morena, el sustituto de azúcar y el huevo en un tazón grande. Añada la mezcla de la harina apenas hasta incorporarla. No la revuelva demasiado. Añada la manzana y las nueces picadas.

Divida la masa de manera uniforme entre los moldes para *muffin* ya preparados, llenándolos más o menos a dos tercios de su capacidad. Hornéelos unos 12 minutos o hasta que un palillo de madera introducido en el centro de un *muffin* salga limpio. Ponga el molde a enfriar 5 minutos en una rejilla. Saque los *muffins* y colóquelos sobre la rejilla hasta que se terminen de enfriar.

Rinde 12 muffins

VISTAZO NUTRICIONAL

Por *muffin*: 150 calorías, 8 g de grasa, 1 g de grasa saturada, 4 g de proteínas, 18 g de carbohidratos, 3 g de fibra dietética, 20 mg de colesterol, 260 mg de sodio

Pan de trigo integral

Si en la tienda de comestibles de su localidad le cuesta trabajo encontrar un pan que quepa dentro de los lineamientos de su nueva dieta, tal vez quiera probar este pan sencillo de trigo integral. Es muy fácil de preparar y los resultados son deliciosos.

1½ tazas de agua (a temperatura ambiente)

2½ cucharadas de aceite de oliva extra virgen

2 cucharadas de sustituto de azúcar

3 a 3½ tazas de harina integral de trigo para pan

2 cucharadas de harina de gluten

½ taza de nueces picadas

1½ cucharaditas de sal

1½ cucharaditas de levadura de acción rápida

Revuelva el agua, el aceite, el sustituto de azúcar, la harina de trigo integral para pan, la harina de gluten, las nueces picadas, la sal y la levadura en un tazón (recipiente) grande con una procesadora de alimentos (mezcladora) eléctrica hasta obtener una masa gruesa. Déjela reposar de 15 a 20 minutos.

Pase la masa a una tabla ligeramente enharinada y amásela unos 10 minutos, hasta que quede lisa y elástica.

Coloque la masa en un tazón untado con aceite y cúbrala con un trapo húmedo. Deje subir la masa en un sitio cálido más o menos una hora, hasta que su tamaño se duplique.

Precaliente el horno a 350°F (178°C).

Pase la masa a una tabla y moldee un pan rectangular. Rocíe un molde para hornear pan de 8½" (22 cm) × 4½" (11.5 cm) con aceite en aerosol. Ponga la masa en el molde. Hornee el pan de 40 a 45 minutos. Sáquelo del horno e invierta el molde sobre una rejilla; retire el molde y deje que el pan se enfríe.

Rinde 16 rebanadas

VISTAZO NUTRICIONAL

Por rebanada: 130 calorías, 5 g de grasa, ½ g de grasa saturada, 4 g de proteínas, 19 g de carbohidratos, 3 g de fibra dietética, 0 mg de colesterol, 220 mg de sodio

Guía de cereales y productos horneados

El cambio que la mayoría de las personas sienten más fuerte con respecto a la dieta South Beach es la necesidad de modificar su relación con los carbohidratos, en particular los envasados y muy procesados. Sería imposible seguirlos comiendo con la misma frecuencia que antes y pretender bajar de peso. El proceso de fabricación les ha eliminado casi toda la fibra y los nutrientes, dejando sólo los azúcares y las féculas. Hacen que se almacene el exceso de peso y producen antojos de más carbohidratos malos.

Sin embargo, reconozco que una dieta normal probablemente también debe tomar en cuenta el pan e incluso los *muffins* o panqueques (*hot cakes*) de vez en cuando. Afortunadamente el plan South Beach permite que se sigan comiendo estos alimentos. Muchas veces es posible seguir preparando las recetas tradicionales favoritas de productos panificados. Simplemente se requieren ciertas adaptaciones para cambiar los cereales malos y bajos en fibra por otros mejores.

Considere el pan, por ejemplo. El que se compra en los supermercados e incluso en la mayoría de las panaderías se prepara con harina blanca enriquecida multiuso, a la que se le ha extraído el grano entero. Una sola rebanada de pan blanco afecta el nivel de glucosa de la misma forma que una cucharada de azúcar blanca pura que se coma directamente de la azucarera. Mucha gente acompaña el desayuno, el almuerzo y la cena con ese pan. Ya se imaginarán la manera en que seis o más rebanadas al día afectan el intento de bajar de peso.

Si toma cualquier receta y sustituye por lo menos una parte de la harina blanca por harina de trigo integral, harina de centeno o harina de soya, aumentará la cantidad de fibra y disminuirá la elevación que el alimento habrá de causar en su nivel de glucosa. De todas formas no podrá consumir seis rebanadas diarias, pero el pan podrá volver a su plan de alimentación sin echar a perder su dieta. Lo mismo es cierto con respecto a los *muffins* y los panqueques.

Normalmente se encuentran varios tipos de harina en el supermercado, y casi todas son mejores para la salud que la tradicional harina blanqueada multiusos. Ahora le diremos cómo reintroducir el pan y los productos panificados a su dieta una vez que llegue a la Tercera Fase. En la Segunda Fase debe seguir evitando la harina blanca.

Pan: Puede tomar cualquier receta de pan blanco y cambiar la mitad de la harina por harina de trigo integral. Así de sencillo. También puede probar la harina de centeno, que se vende en tres variedades: ligera, mediana y oscura. La harina de centeno le da al pan un sabor interesante, ligeramente agrio. Es más densa que la blanca, por lo que se tiene que aumentar la cantidad de levadura para que el pan suba como debe. Si va a utilizar harina de centeno ligera, puede sustituir la mitad de la harina blanca. Si va a utilizar harina de centeno mediana, puede sustituir la tercera parte de la harina blanca. Si va a utilizar harina de centeno oscura, no sustituya más que la cuarta parte de la harina blanca indicada en su receta de pan. Incluso hay una harina especial de centeno llamada *dark rye meal*, la cual da el pan *pumpernickel*, un pan oscuro, denso y muy sabroso.

También puede preparar pan con harina de alforjón (trigo sarraceno) o harina de avena. Cambie la cuarta parte de la harina blanca por harina de avena y también aumente un poco la cantidad de levadura.

El pan sin levadura y los *muffins*: Para preparar el pan sin levadura se utiliza polvo de hornear o bicarbonato de sodio. No se pone la masa a subir, sino simplemente se hornea. Es posible sustituir la mitad de la harina blanca por harina de trigo integral. La harina de trigo integral es más gruesa que la blanca, así que no trate de cernerla. Cuando este tipo de pan se prepara con harina de trigo integral adquiere un sabor a frutos secos y es posible que su volumen se reduzca un poco en comparación con el pan preparado con harina blanca.

Los *muffins* pueden prepararse con salvado de avena en lugar de harina. También es posible utilizar harina de cebada, la cual tiene un sabor suave, o harina de avena, que queda particularmente bien en las galletitas.

Panqueques (*hot cakes*): Es fácil encontrar mezclas comerciales para preparar panqueques de alforjón (*buckwheat pancakes*). Tal vez le tome un poco de tiempo acostumbrarse a su sabor, pero son bastante ricos cuando se sirven con sirope (almíbar, miel) de arce (*maple*) sin azúcar, así como con uno de los sustitutos de mantequilla buenos para el corazón (es decir, sin transgrasas). Si va a preparar los panqueques sin recurrir a las mezclas comerciales, puede cambiar hasta la quinta parte de la harina blanca de su receta favorita de panqueques por harina de alforjón.

También puede preparar panqueques caseros con harina de trigo integral. Incluso el salvado de avena da unos panqueques riquísimos.

Popovers con queso parmesano

Este pan para desayunar le encantará. Para variar la receta puede cambiar el queso parmesano por otros, como un queso romano o un asiago recién rallado.

½ taza de sustituto líquido de huevo

1¼ tazas de harina de un cereal integral

1 taza + 2 cucharadas de leche en polvo

1 cucharada de margarina sin transgrasas, derretida

3 cucharadas de queso parmesano rallado

Precaliente el horno a 375°F (192°C). Rocíe 8 flaneras o moldes individuales en una bandeja para hornear *popovers* con aceite en aerosol.

Bata el sustituto de huevo a mano en un tazón (recipiente) mediano. Añada la harina, la leche y la margarina y bátalo todo a mano hasta que se incorporen bien todos los ingredientes. Incorpore el queso.

Divida la masa de manera uniforme entre los moldes ya preparados. Coloque los moldes sobre una bandeja de hornear grande.

Hornee los *popovers* durante 30 minutos o hasta que se inflen y se doren. Sáquelos de sus moldes y sírvalos calientes.

Rinde 8 popovers

VISTAZO NUTRICIONAL

Por *popover*: 110 calorías, 2½ g de grasa, ½ g de grasa saturada, 6 g de proteínas, 15 g de carbohidratos, 2½ g de fibra dietética, 0 mg de colesterol, 95 mg de sodio

Panqueques de compota de melocotón

Esta combinación deliciosa sin duda tendrá mucho éxito en la mesa del desayuno.

Compota

- 1 melocotón (durazno) en rebanadas o 1 taza de melocotones en rebanadas de lata (pero no en almíbar/sirope), escurridos
- ¼ taza de jugo de naranja (china)
- 3 cucharadas de confituras de albaricoque (chabacano, damasco) sin azúcar
- 1 cucharadita de jengibre cristalizado, finamente picado
- ½ cucharadita de canela en polvo
- 2 tazas de zarzamora o arándano

Panqueques (*hot cakes*)

- 2 tazas de harina integral de trigo o de harina pastelera de otro cereal integral
- 1 cucharadita de bicarbonato de sodio
- ½ cucharadita de polvo de hornear
- ½ cucharadita de sal
- 1 huevo
- 1 clara de huevo
- 2 tazas de suero de leche
- 1 cucharada de extracto de vainilla
- 2 cucharaditas de aceite de *canola*

Para preparar la compota: Ponga el melocotón, el jugo de naranja, las confituras, el jengibre y la canela en una sartén pequeña. Póngala a calentar 5 minutos a fuego mediano, revolviendo de vez en cuando, hasta que la fruta se suavice. Agregue las bayas y cocínelas 2 minutos más. Mantenga tibia la mezcla a fuego muy bajo.

Para preparar los panqueques: Mezcle la harina, el bicarbonato de sodio, el polvo de hornear y la sal en un tazón (recipiente) grande.

Bata el huevo y la clara de huevo a mano en un tazón mediano, hasta que quede muy espumoso. Batiendo a mano, incorpore el suero de leche, el extracto de vainilla y el aceite. Incorpore esta mezcla a la de la harina hasta apenas mezclarla y obtener una masa que se pueda verter.

Rocíe una sartén antiadherente grande con aceite en aerosol y póngala a calentar a fuego mediano. Vierta ⅓ de taza de la masa en la sartén para formar un panqueque de 4" (10 cm). Fríalo de 2 a 3 minutos o hasta que se dore por abajo. Voltéelo y fríalo de 1 a 2 minutos más o hasta que se dore. Páselo a un plato y manténgalo caliente. Repita estos pasos para preparar 12 panqueques en total. Sírvalos acompañados de la compota tibia.

Rinde 12 panqueques

VISTAZO NUTRICIONAL

Por panqueque: 130 calorías, 2 g de grasa, 0 g de grasa saturada, 5 g de proteínas, 24 g de carbohidratos, 3 g de fibra dietética, 20 mg de colesterol, 280 mg de sodio

"Pan rápido" de nuez

A este pan se le dice "pan rápido" porque se prepara sin levadura. Puede modificar la receta fácilmente y darle el sabor que usted prefiera realizando unos sencillos cambios de ingredientes. El pan se deja hornear prácticamente en cualquier recipiente que aguante el horno, pero acuérdese de sólo llenarlo a tres cuartos de su capacidad. Si se pasa de eso la masa se saldrá del recipiente al subir, ¡y usted tendrá que limpiar el horno!

⅓ taza de sustituto de azúcar

⅓ taza de azúcar

⅓ taza de aceite de *canola*

1 huevo batido

1½ tazas de leche descremada (*fat-free milk* o *nonfat milk*)

1½ tazas de harina multiuso

1 taza de harina de trigo integral

1 cucharada de polvo de hornear

½ cucharadita de bicarbonato de sodio

1 cucharadita de sal

1 taza de nueces finamente picadas

Precaliente el horno a 350°F (178°C). Rocíe un molde de caja de 9" (23 cm) × 5" (13 cm) con aceite en aerosol.

Mezcle muy bien el sustituto de azúcar, el azúcar, el aceite y el huevo en un tazón (recipiente) mediano. Incorpore la leche. Añada la harina multiuso, la harina de trigo integral, el polvo de hornear, el bicarbonato de sodio y la sal y revuelva la masa hasta lograr una consistencia uniforme. Incorpore las nueces picadas. Vierta la masa en el molde ya preparado.

Hornee el pan 1 hora o hasta que se dore por arriba y se sienta firme al tocarlo en el centro. Déjelo enfriar 15 minutos en el molde, sáquelo y colóquelo sobre una rejilla para que se termine de enfriar. Para que se le facilite rebanarlo, métalo a enfriar al refrigerador antes de rebanarlo.

Rinde 1 pan

VISTAZO NUTRICIONAL

Por rebanada: 200 calorías, 10 g de grasa, 1 g de grasa saturada, 5 g de proteínas, 24 g de carbohidratos, 2 g de fibra dietética, 15 mg de colesterol, 290 mg de sodio

Panqueques de alforjón

El alforjón o trigo sarraceno suena como si fuera cereal, pero en realidad se trata de una planta anual de verano. Los apicultores la siembran con frecuencia debido a que la flor contiene mucho néctar. La popularidad de los panqueques de alforjón en los EE. UU. ha bajado desde los años 50, ¡pero no hay por qué no probarlos hoy en día!

1 taza de harina de alforjón (trigo sarraceno, *buckwheat*)

1 taza de harina de trigo integral

1 huevo batido

1 cucharada de polvo de hornear

2 tazas de agua

½ taza de compota de manzana (*applesauce*) sin edulcorante

1 cucharadita de extracto de vainilla

Revuelva muy bien la harina de alforjón, la harina de trigo integral, el huevo y el polvo de hornear en un tazón (recipiente) grande, incorporando bien todos los ingredientes. Agregue el agua, la compota de manzana y el extracto de vainilla y revuelva hasta que sólo queden grumos pequeños.

Rocíe una sartén antiadherente grande con aceite en aerosol y póngala a calentar a fuego mediano. Vierta un poco de masa en la sartén y fríala de 2 a 3 minutos o hasta que se dore por abajo. Voltee el panqueque y fríalo de 1 a 2 minutos más, o hasta que se dore. Páselo a un plato y manténgalo caliente. Repita estos pasos para preparar 12 panqueques en total.

Rinde 12 panqueques

VISTAZO NUTRICIONAL

Por panqueque: 80 calorías, 1 g de grasa, 0 g de grasa saturada, 3 g de proteínas, 16 g de carbohidratos, 2 g de fibra dietética, 20 mg de colesterol, 130 mg de sodio

Crepas de requesón con cerezas

El rico sabor a frutos secos del kamut *se presta muy bien a estas crepas.*

Crepas

⅓ taza de harina de *kamut*

2 cucharadas de harina integral de trigo o de harina pastelera de otro cereal integral

⅛ cucharadita de sal

⅓ taza de jugo de manzana

½ taza + 1 a 2 cucharadas de agua

1 huevo grande ligeramente batido

4 cucharaditas de margarina sin transgrasas

Relleno

1 taza de requesón de grasa reducida o de queso *ricotta* de grasa reducida a temperatura ambiente

2 tazas de cerezas dulces sin hueso

¼ taza de sirope (almíbar, miel) de arce (*maple*) sin azúcar

Para preparar las crepas: Mezcle la harina de *kamut*, la harina integral y la sal en un tazón (recipiente) grande. Bata a mano el jugo de manzana, ½ taza de agua, el huevo y 2 cucharaditas de la margarina en un tazón pequeño. Batiendo a mano, incorpore la mezcla del jugo a la de la harina hasta lograr una masa lisa. Rocíe una sartén antiadherente de 8" (20 cm) con aceite en aerosol, póngala a calentar a fuego mediano y derrita 1 cucharadita de la margarina restante. Vierta 3 cucharadas de masa en la sartén y ladéela para recubrir el fondo de la sartén con una delgada capa de masa. (Si la masa parece demasiado espesa, agregue 1 ó 2 cucharadas de agua). Fría la crepa de un lado durante 1 minuto o hasta que se dore levemente. Voltee la crepa y fríala del otro lado de 30 a 60 segundos. Deslícela sobre un plato. Cúbrala con papel aluminio para mantenerla caliente. Siga preparando las crepas de la misma forma; agregue la última cucharadita de margarina a la sartén después de haber preparado la segunda crepa.

Para preparar el relleno y armar las crepas: Coloque una crepa sobre un plato, con el lado atractivo hacia abajo. Acomode ¼ taza de requesón y ½ taza de cerezas en una línea en el centro de la crepa y dóblela en cuartos. Repita con el resto de los ingredientes para preparar 4 crepas. Espárzales el sirope encima.

Rinde 4 crepas

VISTAZO NUTRICIONAL

Por crepa: 220 calorías, 7 g de grasa, 1½ g de grasa saturada, 13 g de proteínas, 32 g de carbohidratos, 4 g de fibra dietética, 60 mg de colesterol, 400 mg de sodio

Omelettes de espárragos con queso de cabra

El queso de cabra les da su rico sabor cremoso a estos omelettes.

- 1 taza de sustituto líquido de huevo
- 4 huevos
- ¼ taza de leche descremada (*fat-free milk* o *nonfat milk*)
- 2 cucharadas de cebollín (cebolla de cambray) picado
- 2 cucharadas de hojas frescas de tomillo, picadas
- 2 cucharadas de perejil picado
- ½ cucharadita de pimienta negra molida
- ⅛ cucharadita de sal
- ½ libra (225 g) de espárragos, limpios y cortados en trozos de 1" (2.5 cm)
- ¼ taza de agua
- 4 cucharadas de queso de cabra de grasa reducida, desmoronado

  Cebollino (cebolleta), para adornar

Bata a mano el sustituto de huevo, los huevos y la leche en un tazón (recipiente) mediano. Agregue el cebollín, el tomillo, el perejil, la pimienta y la sal.

Ponga los espárragos y el agua en un tazón grande resistente al horno de microondas. Cúbralos con envoltura autoadherente de plástico, pique la envoltura varias veces para dejar escapar el vapor y métalos 4 minutos al horno de microondas en *high*, hasta que los espárragos queden cocidos pero aún crujientes. A los 2 minutos, interrumpa el proceso de cocción para revolverlos. Después de cocerlos, escúrralos, séquelos cuidadosamente y agréguelos a la mezcla del huevo.

Rocíe una sartén antiadherente mediana con aceite en aerosol y póngala a calentar a fuego mediano. Vierta un cuarto de la mezcla del huevo en la sartén, de manera que recubra el fondo de la sartén. Fría el huevo de 2 a 3 minutos o hasta que apenas empiece a cuajar por abajo. Espolvoree el *omelette* con 1 cucharada del queso. Agregue un cuarto del espárrago en trozos. Cocínelo 5 minutos o hasta que los huevos estén casi cuajados.

Con una pala grande, doble el *omelette* a la mitad. Cocínelo 3 minutos o hasta que se dore y el queso se derrita. Voltéelo sobre un plato y manténgalo caliente.

Rocíe la sartén con aceite en aerosol y repita el proceso con los ingredientes restantes para preparar otros 3 *omelettes*. Adorne los *omelettes* con el cebollino.

Rinde 4 omelettes

VISTAZO NUTRICIONAL

Por *omelette*: 180 calorías, 9 g de grasa, 3 g de grasa saturada, 19 g de proteínas, 6 g de carbohidratos, 2 g de fibra dietética, 215 mg de colesterol, 450 mg de sodio

Frittata de verduras con queso parmesano

Esta frittata *de buen tamaño está llenísima de saludables verduras y es un desayuno muy llenador para la Primera Fase.*

2 cucharadas de margarina sin transgrasas

1 cebolla picada

2 *zucchinis* (calabacitas) en rodajas delgadas

4 hongos grandes, picados

½ pimiento (ají, pimiento morrón) rojo grande, picado

½ cucharadita de sal

¼ cucharadita de tomillo seco, desmoronado

¼ cucharadita de pimienta negra molida

4 huevos grandes a temperatura ambiente

1 taza de sustituto líquido de huevo

1½ cucharadas de queso parmesano rallado (opcional)

Coloque la charola para el asador del horno en la posición más baja (a 6"-7"/15-18 cm de la fuente de calor) y precaliente el asador.

Derrita 1 cucharada de margarina a fuego mediano en una sartén antiadherente grande resistente al horno. Agregue la cebolla, el *zucchini*, los hongos, el pimiento, ¼ cucharadita de sal, el tomillo y ⅛ cucharadita de pimienta. Fría todo 8 minutos, revolviéndolo de vez en cuando, hasta que las verduras estén cocidas y no quede líquido en la sartén.

Revuelva en un tazón (recipiente) grande los huevos, el sustituto de huevo, la ¼ cucharadita restante de sal, la ⅛ cucharadita restante de pimienta y el queso, si lo está usando.

Derrita la cucharada restante de margarina a fuego muy lento en la sartén con las verduras. Agregue la mezcla del huevo. Fría el huevo 15 minutos, sin tapar la sartén y sin revolver, hasta que sólo la superficie quede sin cuajar. Coloque la sartén debajo del asador y déjela 2 minutos, o justo hasta que los huevos estén cuajados. Para servir la *frittata*, deslícela sobre una fuente de servir grande.

Rinde 4 porciones

VISTAZO NUTRICIONAL

Por porción: 200 calorías, 12 g de grasa, 3½ g de grasa saturada, 16 g de proteínas, 9 g de carbohidratos, 2 g de fibra dietética, 215 mg de colesterol, 510 mg de sodio

Panqueques de avena

Estos panqueques suelen ser algo densos. Si quiere variar el sabor, sólo tiene que agregar canela, nuez moscada, clavos o una cucharadita de su extracto favorito de sabor.

1¼ tazas de copos de avena

2 tazas de leche descremada (*fat-free milk* o *nonfat milk*)

1 huevo

½ taza de harina de trigo integral

¼ taza de germen de trigo tostado

1 cucharada de polvo de hornear

2 cucharaditas de sustituto de azúcar

2 cucharaditas de aceite de *canola*

½ cucharadita de sal

Mezcle la avena y la leche en un tazón (recipiente) mediano y déjelo a remojar unos 10 minutos. Añada el huevo, la harina, el germen de trigo, el polvo de hornear, el sustituto de azúcar, el aceite y la sal, incorporando bien todos los ingredientes, hasta que sólo queden grumos pequeños. Deje reposar la masa 30 minutos en el refrigerador.

Rocíe una sartén antiadherente grande con aceite en aerosol y póngala a calentar a fuego mediano. Vierta ¼ taza de masa en la sartén y fríala de 3 a 4 minutos o hasta que empiece a burbujear en la superficie y se dore por abajo. Voltee el panqueque (*hot cake*) y fríalo de 1 a 2 minutos más, o hasta que se dore. Páselo a un plato y manténgalo caliente. Repita estos pasos para preparar 12 panqueques en total.

Rinde 12 panqueques

VISTAZO NUTRICIONAL

Por panqueque: 90 calorías, 2 g de grasa, 0 g de grasa saturada, ½ g de proteínas, 14 g de carbohidratos, 1 g de fibra dietética, 20 mg de colesterol, 250 mg de sodio

MI DIETA SOUTH BEACH

PODREMOS SEGUIR COMIENDO ASÍ EL RESTO DE NUESTRAS VIDAS.

Nuestra única hija se fue a una universidad en otro estado el año pasado y mi esposo, Jack, y yo estábamos haciendo frente a una soledad desacostumbrada, ¡por no hablar del estrés adicional de haber cumplido 50 años! Ese tipo de momentos importantes lo ponen a uno a pensar en el futuro. Ambos habíamos subido de peso después de los cuarenta años, además de tener antecedentes familiares de enfermedades cardíacas. Cuando el cardiólogo indicó que los altos niveles de colesterol de Jack debían servirle de llamada de atención, sabíamos que había llegado el momento de hacer cambios en serio.

Compré el libro de la dieta South Beach después de haber leído al respecto en la revista *Prevention*. Lo que realmente me llamó la atención fue la descripción muy clara de los vínculos entre el colesterol, la dieta y la salud del corazón.

Decidimos que estábamos listos para llevar a cabo juntos este cambio preventivo en nuestro estilo de vida. A Jack siempre le ha gustado desayunar café y pastelillos, no huevos, así que las primeras semanas me costó trabajo encontrar desayunos que le gustaran. Resultó muy útil aprender desde el principio qué alimentos básicos debíamos evitar. Cuando extrañé las papas probé el Puré de "papas" sorpresa al estilo South Beach, que se prepara con coliflor, ¡y me encantó!

Durante las primeras 2 semanas (Primera Fase), mi esposo perdió 8 libras (4 kg) y yo 6 (3 kg). Nos hubiera gustado perder más, pero ambos nos sentíamos con mucha más energía en esas noches de verano, para salir de paseo o incluso a jugar una ronda de golf después de trabajar. Planeamos juntos los menús y salimos menos a comer. Cuando llegamos a hacerlo optamos por restaurantes que sirven comida mediterránea, como *hummus*, cuscús, pescado a la parrilla, carnes y verduras. O bien probamos ensaladas nuevas y escogemos un plato principal para compartir.

Jack se ha esforzado mucho por seguirle fiel al plan durante sus viajes de negocios; es probable que este haya sido el desafío más difícil que hemos tenido que enfrentar. Hubo una coincidencia curiosa cuando en el avión le tocó sentarse junto a una mujer que le comentó que por primera vez no le hacía falta usar una extensión para el cinturón de seguridad, gracias a una nueva dieta. ¡Resultó que ella también estaba siguiendo la dieta South Beach!

El éxito que logramos desde el principio realmente nos persuadió de seguir con el plan. Jack ha bajado 15 libras (7 kg) y yo 12 (6 kg). A Jack le vuelven a revisar el colesterol el mes que entra y suponemos que se notará una mejoría. El hecho de que sentimos más energía y de que los antojos de los viejos alimentos de siempre se hayan reducido al mínimo nos han convencido de que podremos seguir comiendo así el resto de nuestras vidas. ¡Ya tenemos ganas de ver la cara de nuestra hija cuando regrese a casa para las fiestas navideñas!

—CYNTHIA Y JACK C.

"Suflé" de jamón ahumado

Este suflé de imitación es más saludable que muchos platos típicos para desayunar, además de ser más fácil de preparar. Puede dejar todo preparado por la mañana para hornearlo cuando usted quiera más tarde.

2 huevos

4 claras de huevo

1½ tazas de leche descremada (*fat-free milk* o *nonfat milk*)

1½ tazas (6 onzas/168 g) de queso *Cheddar* de grasa reducida extrafuerte, rallado

4 rebanadas de pan ligero de trigo integral, picado en cubos

1 lata de 4 onzas (112 g) de hongos rebanados, escurridos

1 taza de cabezuelas de brócoli o 2 espárragos, limpios y picados

4 onzas de jamón ahumado magro (bajo en grasa), picado

½ cucharadita de sazonador de hierbas tipo italiano

Precaliente el horno a 350°F (178°C). Rocíe una fuente para hornear (refractario) de 2 cuartos de galón (1.9 l) con aceite antiadherente en aerosol.

Bata los huevos y las claras de huevo en un tazón (recipiente) grande, hasta que queden espumosos. Incorpore la leche, el queso, el pan, los hongos, el brócoli o los espárragos, el jamón y el sazonador tipo italiano. Vierta la mezcla en la fuente para hornear ya preparada.

Hornéela 45 minutos o hasta que se dore y un cuchillo introducido en el centro de la fuente salga limpio.

Rinde 4 porciones

VISTAZO NUTRICIONAL

Por porción: 310 calorías, 13 g de grasa, 7 g de grasa saturada, 29 g de proteínas, 18 g de carbohidratos, 3 g de fibra dietética, 145 mg de colesterol, 1,080 mg de sodio

"*Muffins*" de salchicha y queso

Estos "muffins" de huevo son un desayuno fuerte que puede disfrutar cuando ande de prisa. Prepárelos con anticipación y caliéntelos en el horno de microondas para desayunar un manjar que además de prepararse rápidamente también le ayudará a adelgazar.

4	onzas (112 g) de salchicha de pavo (chompipe) o de tocino desmoronado de pavo
½	pimiento (ají, pimiento morrón) verde, picado
¼	cebolla, picada
5	huevos grandes
1	lata de 12 onzas (336 g) de hongos rebanados, escurridos
½	taza (2 onzas/56 g) de queso *Cheddar* de grasa reducida, rallado

Precaliente el horno a 350°F (178°C). Rocíe un molde antiadherente para 6 *muffins* con aceite en aerosol o forre los moldes individuales con capacillos de papel para hornear.

Ponga la salchicha, el pimiento y la cebolla a freír 5 minutos a fuego mediano-alto en una sartén antiadherente mediana, hasta que la salchicha pierda su color rosado. Vierta la mezcla en un tazón (recipiente) y déjela enfriar un poco. Incorpore los huevos y los hongos. Divida la mezcla de manera uniforme entre los moldes ya preparados. Espolvoréela con el queso.

Hornee los "*muffins*" durante 20 minutos o hasta que el huevo se cuaje.

Rinde 6 "muffins"

VISTAZO NUTRICIONAL

Por porción: 140 calorías, 9 g de grasa, 3 g de grasa saturada, 12 g de proteínas, 4 g de carbohidratos, 1 g de fibra dietética, 195 mg de colesterol, 400 mg de sodio

Quiche de queso suizo e hinojo

Los sabores distintivos del hinojo y el queso suizo son compañeros perfectos en esta versión a la South Beach de una receta clásica francesa. Disfrute este plato a la hora del desayuno o del almuerzo o impresione a sus invitados sirviéndolo como entremés en su próxima fiesta.

Concha

- 1¼ tazas de harina integral de trigo o de harina pastelera de otro cereal integral
- ¼ cucharadita de sal
- 2 cucharadas de aceite de *canola*
- 2 cucharadas de margarina sin transgrasas fría y cortada en trocitos
- 2 a 3 cucharadas de agua helada

Relleno

- 1 taza de bulbo de hinojo cortado en rodajas finas
- 6 cebollines (cebollas de cambray) medianos, picados
- 4 huevos
- 1 taza de leche evaporada descremada
- ½ taza de leche descremada (*fat-free milk* o *nonfat milk*)
- 1½ cucharaditas de mostaza *Dijon*
- ¼ cucharadita de nuez moscada en polvo
- ¼ cucharadita de pimienta negra molida
- ½ taza (2 onzas/56 g) de queso suizo (gruyere) de grasa reducida rallado
- 1 cucharada de queso parmesano rallado
- 1 pizca de pimentón (paprika)

  Fronda de hinojo, para adornar

Para preparar la concha: Precaliente el horno a 425°F (220°C). Rocíe un molde para pastel (pay, tarta, *pie*) de 9" (23 cm) con aceite antiadherente en aerosol.

Ponga la harina y la sal en un tazón (recipiente) grande o un procesador de alimentos. Mézclelas con un batidor pastelero o procéselas brevemente. Agregue el aceite y la margarina y revuelva o procese la mezcla hasta que parezca harina fina. Sin dejar de batir o con el motor del procesador de alimentos encendido, agregue el agua, 1 cucharada a la vez, y bata o procese 30 segundos cada vez, hasta que apenas se forme la masa. Pásela a una encimera (mueble de cocina) y forme con las manos un disco aplanado.

Coloque la masa entre 2 hojas de papel encerado y extiéndala con un rodillo hasta obtener un círculo de 11" (28 cm). Retire la hoja superior e invierta la masa sobre el molde para pastel ya preparado. Retire la otra hoja de papel encerado y acomode la masa dentro del molde. Con un tenedor pique el fondo y los lados de la masa. Cubra la masa con un pedazo de papel aluminio y encima ponga una capa de pesas para pastel o bien de arroz o frijoles (habichuelas) secos.

Hornéelo 10 minutos. Retire las pesas y el papel aluminio y hornéelo 4 minutos más o hasta que la masa esté seca pero aún no comience a dorarse.

Para preparar el relleno: Rocíe una sartén antiadherente mediana con aceite en aerosol y póngala a calentar a fuego mediano. Agregue el bulbo de hinojo y fríalo 5 minutos o hasta que quede suave. Agregue los cebollines y fríalos 2 minutos.

Bata a mano los huevos, la leche evaporada, la leche descremada, la mostaza, la nuez moscada y la pimienta en un tazón mediano.

Esparza la mezcla del hinojo en el fondo de la concha ya horneada y recúbrala con el queso suizo. Vierta encima la mezcla de los huevos y espolvoréela con el queso parmesano y el pimentón.

Hornee el *quiche* 30 minutos o hasta que un cuchillo introducido en el centro salga limpio. Ponga el molde a enfriar 10 minutos en una rejilla. Adorne el *quiche* con la fronda de hinojo.

Rinde 6 porciones

VISTAZO NUTRICIONAL

Por porción: 280 calorías, 14 g de grasa, 4 g de grasa saturada, 13 g de proteínas, 27 g de carbohidratos, 4 g de fibra dietética, 150 mg de colesterol, 290 mg de sodio

Tofu picante revuelto

Entre la salsa picante y el queso con chile está garantizado que este plato le calentará el estómago.

2 cajas de 10 onzas (280 g) cada una de *tofu* blando

2 cucharadas de aceite de oliva extra virgen

4 cebollines (cebollas de cambray), sólo la parte blanca, picados en trocitos

¼ cucharada de cúrcuma (azafrán de las Indias, *turmeric*) molida

Sal

Pimienta negra recién molida

Salsa de chile

½ taza de queso con chile de grasa reducida rallado

¼ cucharadita de pimentón (paprika)

Cubra una bandeja de hornear grande con toallas de papel. Coloque el *tofu* en una sola capa con las toallas. Cubra el *tofu* con más toallas de papel y oprímalas suavemente hasta que quede seco. Deseche todas las toallas de papel. Desmorone el *tofu*.

Ponga el aceite a calentar a fuego mediano-alto en una sartén grande. Agregue el cebollín y fríalo 3 minutos o hasta que quede suave, revolviéndolo con frecuencia. Incorpore el *tofu* y la cúrcuma. Agregue sal, pimienta y salsa de chile picante al gusto. Cocine el *tofu* 2 minutos o hasta que quede firme.

Repártalo por partes iguales entre 4 platos. Espolvoréelo con el queso y el pimentón.

Rinde 4 porciones

VISTAZO NUTRICIONAL

Por porción: 190 calorías, 14 g de grasa, 3½ g de grasa saturada, 11 g de proteínas, 6 g de carbohidratos, 7 g de fibra dietética, 10 mg de colesterol, 135 mg de sodio

Croque Monsieur

¿Por qué no disfrutar este sándwich (emparedado) clásico de jamón y queso para desayunar? Puede hacerlo en la Segunda o Tercera Fase.

8 rebanadas de pan ligero de trigo integral sin corteza

¼ taza de margarina sin transgrasas, derretida

4 onzas (112 g) de queso *mozzarella* de grasa reducida, en rebanadas delgadas

6 onzas (168 g) de jamón cocido, en lonjas (lascas) delgadas

Unte un lado de cada rebanada de pan con la margarina. Ponga las rebanadas de queso sobre el lado del pan que untó con margarina. Agregue el jamón y cúbralo con el pan restante, con el lado seco hacia arriba.

Unte una sartén grande sin calentar con una generosa capa de margarina. Agregue los sándwiches —uno por uno de hacer falta— y fríalos 4 minutos a fuego mediano, hasta que se doren ligeramente por abajo. Voltéelos y vuelva a untar la sartén con margarina. Tápela y déjela al fuego 4 minutos, o hasta que el queso se derrita y el pan se dore. Sírvalos de inmediato.

Rinde 4 sándwiches

VISTAZO NUTRICIONAL

Por sándwich: 280 calorías, 16 g de grasa, 6 g de grasa saturada, 20 g de proteínas, 20 g de carbohidratos, 3 g de fibra dietética, 35 mg de colesterol, 1,050 mg de sodio

Tortitas de pavo con hinojo

Estas sabrosas tortitas de salchicha adquieren un toque especial por la semilla de hinojo. Si gusta puede sustituir la pacana picada por 2 cucharadas de pan de trigo integral rallado (molido), convirtiendo así la receta en un plato para la Segunda Fase.

1 libra (450 g) de pechuga de pavo (chompipe) molida sin grasa

¼ cebolla, rallada

1 huevo batido

2 cucharadas de pacanas finamente picadas

¼ cucharadita de semilla de hinojo, triturada finamente

Mezcle el pavo, la cebolla, el huevo, la pacana y el hinojo en un tazón (recipiente). Forme 8 tortitas con esta mezcla.

Rocíe una sartén antiadherente grande con aceite en aerosol y póngala a calentar 1 minuto a fuego mediano. Agregue las tortitas y fríalas 5 minutos por lado o hasta que un termómetro introducido en el centro de una de ellas marque 165°F (74°C) y la carne ya no esté de color rosado.

Rinde 8 tortitas

VISTAZO NUTRICIONAL

Por tortita: 80 calorías, 2 g de grasa, 0 g de grasa saturada, 15 g de proteínas, 1 g de carbohidratos, 0 g de fibra dietética, 50 mg de colesterol, 40 mg de sodio

Tocino canadiense a la parrilla

Sólo tardará 10 minutos en preparar este tocino crujiente. Puede usar cualquier confitura sin azúcar que guste.

1 libra (450 g) de tocino canadiense cortado en lonjas (lascas) de ¼" (6 mm) de grueso

¼ taza de confituras de albaricoque (chabacano, damasco) sin azúcar

¼ cucharadita de mostaza en polvo

Precaliente el asador del horno.

Coloque el tocino sobre una charola para el asador del horno y áselo 4 minutos a 3" (7.5 cm) de la fuente de calor.

Mezcle las confituras y la mostaza en un tazón (recipiente) pequeño. Voltee el tocino y úntelo con la mezcla de confitura. Áselo 4 minutos más o hasta que el tocino quede bien cocido.

Rinde 4 porciones

VISTAZO NUTRICIONAL

Por porción: 150 calorías, 6 g de grasa, 2 g de grasa saturada, 19 g de proteínas, 7 g de carbohidratos, 0 g de fibra dietética, 55 mg de colesterol, 1,150 mg de sodio

ENTREMESES Y MERIENDAS

ESTAS PEQUEÑAS DELICIAS SON UN ELEMENTO MUY IMPORTANTE DE LA DIETA
SOUTH BEACH. DOS DE LOS MOMENTOS MÁS PELIGROSOS EN LA JORNADA DE UNA
PERSONA QUE SE ENCUENTRA A DIETA SON LAS HORAS QUE TRANSCURREN ENTRE
EL DESAYUNO Y EL ALMUERZO —LA PAUSA PARA EL CAFÉ A LAS 10:30, MÁS O
MENOS, CON SU *BAGEL, DONUT* (DONA) O ALGO SEMEJANTE— Y LA MEDIA TARDE,
CUANDO LA ENERGÍA EMPIEZA A AGOTARSE Y SE BUSCA REANIMARSE CON CAFEÍNA
Y AZÚCAR EN FORMA DE UNA BARRA DE CONFITURA O ALGÚN TIPO DE PRODUCTO
PANIFICADO. NADA RESULTA TAN MORTAL PARA LA VOLUNTAD COMO LA COMBI-
NACIÓN DE HAMBRE Y CANSANCIO, Y ES POSIBLE QUE CASI SIN DARSE CUENTA SE
ADQUIERA UN NUEVO HÁBITO NO DESEADO CAPAZ DE ECHAR POR LA BORDA LOS
ESFUERZOS POSITIVOS DEL RESTO DEL DÍA. POR ESO DECIDIMOS QUE ESTE PLAN
DE ALIMENTACIÓN PERMITIRÍA POR LO MENOS DOS MERIENDAS (REFRIGERIOS,
TENTEMPIÉS) AL DÍA.

YA VERÁ QUE SE TRATA DE PLATOS SALUDABLES, ADEMÁS DE QUE SACIARÁN
LOS ANTOJOS QUE LO ASALTEN ENTRE COMIDAS, SIN LLENARLO DE CARBO-
HIDRATOS MALOS. LOS PREPARARÁ UNA Y OTRA VEZ.

(*NOTA*: SI NO CONOCE ALGUNOS DE LOS TÉRMINOS UTILIZADOS PARA LOS
ALIMENTOS MENCIONADOS EN ESTE CAPÍTULO, VÉASE EL GLOSARIO EN LA
PÁGINA 347).

Lechuga rellena de camarón

Para este entremés impresionante unos camarones picantes y condimentados se envuelven con lechuga fresca y crujiente. Guarde las sobras para saciar su hambre con un almuerzo ligero al otro día.

1 cucharada de aceite de cacahuate (maní)

1 libra (450 g) de camarones grandes pelados, desvenados y picados en trozos grandes

½ taza de apio finamente picado

¼ taza de castañas de agua, picadas

1 diente de ajo picado en trocitos

1 cucharadita de jengibre fresco, finamente picado

1 cucharada de salsa *hoisin*

1 cucharada de salsa de soya *light*

1 cucharada de vinagre de vino de arroz

8 hojas grandes de lechuga tipo *Boston*

Cacahuates tostados, picados

Ponga el aceite a calentar a fuego mediano-alto en un *wok* (sartén china) o en una sartén antiadherente grande. Agregue los camarones y fríalos, revolviendo constantemente, hasta que queden opacos. Pase los camarones a un tazón (recipiente) y póngalos aparte.

Agregue el apio, las castañas de agua, el ajo y el jengibre y fríalos, revolviendo constantemente, hasta que queden cocidos pero aún crujientes.

Devuelva los camarones al *wok* y agregue la salsa *hoisin*, la salsa de soya y el vinagre. Cocínelo todo 1 minuto o hasta que quede bien caliente.

Divida la mezcla de los camarones de manera uniforme entre las hojas de lechuga. Adorne con los cacahuates.

Rinde 4 porciones

VISTAZO NUTRICIONAL

Por porción: 80 calorías, 6 g de grasa, 1 g de grasa saturada, 2 g de proteínas, 6 g de carbohidratos, 2 g de fibra dietética, 0 mg de colesterol, 210 mg de sodio

PASHA'S

900 Lincoln Road, Miami Beach

CHEFS: TULIN TUZEL Y CARLA ELLEK

PASHA'S SIRVE COMIDA MEDITERRÁNEA SALUDABLE Y DELICIOSA, DEMOSTRANDO UNA VEZ MÁS QUE AMBAS COSAS SON POSIBLES A LA VEZ.

Alcachofas en aceite de oliva

PRIMERA FASE

- 4 alcachofas a las que se les han quitado todas las hojas, dejando al descubierto el corazón y reteniendo una parte del tallo
- 8 cebollines (cebollas de cambray) cortados en trozos de 1" (2.5 cm)
- 1 cebolla mediana en rodajas
- 4 cucharaditas de aceite de oliva extra virgen

- 1 limón en rodajas

  Jugo de 1 limón
- ½ taza de agua
- 2 cucharaditas de sal
- 6 cucharadas de eneldo fresco

  Unos pedazos de limón para adornar

Ponga las alcachofas en una cacerola junto con el cebollín, la cebolla, el aceite, el limón, el jugo de limón y el agua. Tape la olla y póngala a cocinar a fuego lento unos 35 minutos.

Agregue la sal y la mayor parte del eneldo; reserve un poco de eneldo para adornar. Bañe las alcachofas con el agua caliente de la olla y sígalas cocinando otros 20 minutos o hasta que queden suaves.

Deje enfriar la mezcla y adórnela con el eneldo restante. Sírvala fría adornada con pedazos de limón.

Rinde 4 porciones

VISTAZO NUTRICIONAL

Por porción: 110 calorías, 5 g de grasa, ½ g de grasa saturada, 4 g de proteínas, 15 g de carbohidratos, 5 g de fibra dietética, 0 mg de colesterol, 200 mg de sodio

Triángulos de *tempeh* a la parrilla al estilo asiático

El tempeh *es una proteína hecha de soya que los vegetarianos disfrutan con frecuencia como alternativa a la carne. Puede servir estos triángulos como entremés; si los acompaña de verduras al vapor o sofritas al estilo asiático, se convierten en un plato principal.*

1   libra (450 g) de *tempeh* de soya, cortado en triángulos

1   cucharada de aceite de cacahuate (maní)

½   cucharadita de aceite de sésamo (ajonjolí) tostado

1   cucharadita de jengibre rallado

2   cucharadas de salsa de soya *light*

1   cucharadita de ajo picado en trocitos

2   cucharadas de cebollín (cebolla de cambray) cortado en rodajas, para adornar

Ponga el *tempeh* en un molde de vidrio para pastel (pay, tarta, *pie*) o un plato hondo de vidrio. Mezcle el aceite de cacahuate, el aceite de sésamo, el jengibre, la salsa de soya y el ajo en un tazón (recipiente) pequeño. Vierta la mezcla sobre el *tempeh*, volteando los pedazos para recubrirlos bien. Métalos al refrigerador durante 4 horas o toda la noche.

Ponga la parrilla (*grill*) de gas, de brasas o eléctrica a calentar a fuego mediano-alto. Extienda un gran pedazo de papel aluminio sobre la parrilla. Coloque los triángulos de *tempeh* sobre el papel aluminio y áselos de 3 a 4 minutos por lado o hasta que se doren. Espolvoree el *tempeh* con el cebollín.

Rinde 4 porciones

VISTAZO NUTRICIONAL

Por porción: 242 calorías, 14 g de grasa, 3 g de grasa saturada, 22 g de proteínas, 11 g de carbohidratos, 7 g de fibra dietética, 0 mg de colesterol, 313 mg de sodio

CASA TUA RESTAURANT

1700 Lincoln Road, Miami Beach

CHEF: SERGIO SIGALA

CASA TUA ES UN BELLO RESTAURANTE SITUADO EN UNA MANSIÓN AL ESTILO EUROPEO. LA FABULOSA RECETA DEL ATÚN TÁRTARO SE PUEDE DISFRUTAR DURANTE LA TERCERA FASE SI SE ACOMPAÑA CON PAN, PERO SI LA QUIERE PREPARAR CUANDO AÚN ESTÁ EN LA PRIMERA FASE, ACOMPÁÑELO CON PEPINOS.

Atún tártaro del restaurante Casa Tua

PRIMERA FASE

2   libras (900 g) de atún para *sushi*, picado

1   onza (28 g) de alcaparras saladas, escurridas

6   onzas (168 g) de aceitunas tipo *niçoise*, sin hueso y picadas en cubitos

4   onzas (112 g) de tomates (jitomates) secados al sol, picados en cubitos

2   cucharadas de cilantro picado

1   cucharada de chile rojo fresco picado (use guantes de plástico al tocarlo)

½   taza de aceite de oliva extra virgen *Ligurian*

2   cucharadas de vinagre balsámico

1   cucharada *Fleur de sel* (sal de mar francesa) o sal kósher

Mezcle el atún, las alcaparras, las aceitunas, los tomates, el cilantro y el chile y sazónelos con el aceite, el vinagre y la *Fleur de sel*.

Nota: Se sirve acompañado de pan francés asado a la parrilla o tostado o con rodajas de pepino.

Rinde 8 porciones

VISTAZO NUTRICIONAL

Por porción: 370 calorías, 23 g de grasa, 2½ g de grasa saturada, 30 g de proteínas, 11 g de carbohidratos, 2 g de fibra dietética, 0 mg de colesterol, 1,460 mg de sodio

Almejas a la parrilla con *gremolata*

La palabra gremolata *se refiere a una mezcla de perejil picado, ajo y ralladura de limón. Aporta un sabor fresco y ligero a los mariscos.*

3 cucharadas de perejil picado

2 dientes de ajo picados en trocitos

½ cucharadita de ralladura de limón

24 almejas tipo *cherrystone* o *littleneck*, bien limpias

Salsa de chile (ají o pimiento picante) (opcional)

Precaliente la parrilla (*grill*) de gas, de brasas o eléctrica.

Mezcle el perejil, el ajo y la ralladura de limón en una taza pequeña.

Coloque las almejas en la parrilla sobre brasas medianamente calientes y cocínelas 5 minutos o hasta que las conchas se abran. Retírelas con unas pinzas. Deseche las almejas que no se hayan abierto. Espolvoree las almejas con la mezcla del perejil. Sírvalas con la salsa de chile, si la está usando.

Rinde 4 porciones

VISTAZO NUTRICIONAL

Por porción: 45 calorías, ½ g de grasa, 0 g de grasa saturada, 7 g de proteínas, 2 g de carbohidratos, 0 g de fibra dietética, 20 mg de colesterol, 30 mg de sodio

Fiestas al estilo South Beach

La idea de planear el menú de una fiesta en torno a un régimen para adelgazar quizá no parezca lo más festivo del mundo. No obstante, según lo han demostrado los mejores *chefs* de Miami, es posible preparar platos de acuerdo con todos los lineamientos de la dieta South Beach que pueden servir para recibir a sus invitados en casa.

Comentamos el asunto con Susan Kleinberg, una conocida coordinadora de fiestas de la región de Miami, quien sugirió varias formas de tomar en cuenta la dieta para acontecimientos sociales. Si piensa servir cócteles, probablemente quiera unos bocadillos. Sirva verduras frescas, ya sea crudas o asadas a la parrilla con aceite de oliva, acompañadas de un *dip* bajo en grasa o sin grasa. Las nueces de la India (anacardos, semillas de cajuil, castañas de cajú) y otros frutos secos son comunes en cualquier fiesta. Pruebe camarones cocinados a fuego lento, al vapor o a la parrilla. El salmón ahumado con queso crema de grasa reducida sobre una galleta integral o un cuadrito de pan *pumpernickel* es otro manjar popular.

Si servirá un bufé para la cena, querrá ofrecer dos o tres platos fuertes para escoger. Un filete de atún dorado a fuego muy alto o un salmón a la parrilla son excelentes opciones. Ambos pueden prepararse con anticipación y servirse a temperatura ambiente. Otra buena alternativa es la pechuga de pavo (chompipe) asada o la pechuga de pollo en una salsa de mostaza *Dijon*. Puede servir un *flank steak* adobado (remojado) para los amantes de la carne roja. La dieta South Beach permite todos estos platos fuertes.

En cuanto a guarniciones, puede arreglar una barra de ensaladas con verduras adobadas, varios tipos de lechuga y otras verduras de hoja verde e ingredientes frescos como quesos de grasa reducida, frutas y frutos secos. En lugar de los carbohidratos típicos para ensalada como crutones o pasta, ofrezca una ensalada preparada con *tabbouleh*, trigo *bulgur* quebrado o cebada. Incluso puede incluir pan árabe (pan de *pita*) con *hummus*.

Para los postres puede crear una hermosa barra de bayas, ofreciendo fresas, arándanos o lo que esté de temporada acompañado de un plato de chocolate oscuro rallado. También puede servir chocolate oscuro derretido y fresas grandes insertadas en alambres (pinchos) para remojarlas en el chocolate.

Bola de salmón

Elija las verduras que quiera y disfrute el éxito que logrará con esta bola de salmón.

2 tazas de salmón de lata, escurrido y desmoronado y sin piel ni espinas

8 onzas (224 g) de queso crema de grasa reducida, suavizado

1 cucharada de cebolla finamente picada

1 cucharada de jugo de limón

1 cucharadita de rábano picante (raíz fuerte) preparado

¼ cucharadita de sal

¼ cucharadita de *liquid smoke*

½ taza de almendras picadas

3 cucharadas de perejil picado

Ponga el salmón, el queso crema, la cebolla, el jugo de limón, el rábano picante, la sal y el *liquid smoke* (un condimento que se consigue en el supermercado/colmado) en un tazón (recipiente) grande y mézclelo todo muy bien. Métalo en el refrigerador unas 4 horas o hasta que quede lo bastante firme para formar una bola.

Mezcle las almendras picadas y el perejil en un tazón pequeño. Forme una bola con la mezcla del salmón. Pásela por la mezcla de la almendra hasta recubrir la bola por completo. Déjela en el refrigerador durante 1 hora o hasta que esté bien fría.

Rinde una bola de 5 pulgadas (12.5 cm) (16 porciones de 2 cucharadas cada una)

VISTAZO NUTRICIONAL

Por porción: 80 calorías, 5 g de grasa, 1½ g de grasa saturada, 6 g de proteínas, 2 g de carbohidratos, 0 g de fibra dietética, 15 mg de colesterol, 190 mg de sodio

Tomates con cangrejo al horno

La carne de cangrejo fresca y los tomates maduros y jugosos dan una combinación rica y elegante. ¡Este sabroso manjar es fácil de preparar y se hornea sólo 15 minutos, a pesar de que su apariencia refinada hace pensar otra cosa!

½	taza de frutos secos finamente molidos, como pacanas o nueces
2	tomates (jitomates) grandes partidos a la mitad
1	taza de carne de cangrejo (jaiba) fresca, bien escurrida
1	taza (4 onzas/112 g) de queso *Monterey Jack* de grasa reducida, rallado
½	taza de aceitunas negras finamente picadas
½	taza de hongos finamente picados
½	taza de perejil finamente picado
1	diente de ajo picado en trocitos
½	cucharadita de orégano seco
½	cucharadita de albahaca seca

Precaliente el horno a 350°F (178°C). Rocíe una bandeja de hornear con aceite antiadherente en aerosol.

Ponga los frutos secos molidos en un plato. Rocíe los tomates partidos con aceite antiadherente en aerosol por ambos lados. Pase el lado cortado de los tomates por los frutos secos para recubrirlos bien. Coloque los tomates sobre la bandeja de hornear ya preparada, con el lado cortado hacia arriba.

Mezcle la carne de cangrejo, el queso, las aceitunas, los hongos, el perejil, el ajo, el orégano y la albahaca en un tazón (recipiente) grande. Reparta la mezcla del cangrejo de manera uniforme sobre los tomates.

Hornee los tomates 15 minutos o hasta que queden bien calientes y echen burbujas.

Rinde 4 porciones

VISTAZO NUTRICIONAL

Por porción: 240 calorías, 17 g de grasa, 5 g de grasa saturada, 15 g de proteínas, 10 g de carbohidratos, 3 g de fibra dietética, 35 mg de colesterol, 480 mg de sodio

Huevos condimentados en escabeche

¿Piensa hacer un picnic? ¿Un largo recorrido en carro? ¿Pasar un día de verano al lado de la piscina (alberca)? O puede ser que simplemente quiera algo para agregar a su ensalada. Para todas estas ocasiones y más, es posible que estos huevos sean justamente lo que anda buscando.

12	huevos grandes
2	tazas de vinagre blanco
1	cebolla mediana cortada en rebanadas separadas en ruedas
2	cucharadas de sustituto de azúcar
1½	cucharaditas de condimento para escabeche
1	cucharadita de sal

Ponga los huevos cuidadosamente en una olla grande. Llene la olla de agua hasta cubrir los huevos por completo con aproximadamente 1" (2.5 cm) de agua adicional. Deje que rompa a hervir a fuego alto. Apague la estufa. Tape la olla y déjela sobre el quemador (hornilla) durante 18 minutos. Retire la olla de la estufa y colóquela bajo el chorro del agua fría hasta que toda el agua que contenga esté fría. Saque los huevos de la olla y métalos al refrigerador hasta que se hayan enfriado por completo.

Pélelos, colóquelos en un frasco grande para escabeches, sin que queden apretados en el mismo, y póngalos aparte.

Ponga el vinagre, la cebolla, el sustituto de azúcar, el condimento para escabeche y la sal en una cacerola grande. Deje que rompa a hervir a fuego alto. Reduzca el fuego a bajo y deje hervir a fuego lento durante 5 minutos. Vierta la mezcla caliente sobre los huevos y selle el frasco con una tapa hermética. Meta los huevos al refrigerador hasta el momento de servirlos.

Rinde 12 huevos

VISTAZO NUTRICIONAL

Por huevo: 80 calorías, 5 g de grasa, 1½ g de grasa saturada, 6 g de proteínas, 2 g de carbohidratos, 0 g de fibra dietética, 215 mg de colesterol, 130 mg de sodio

Tartaletas de tomate secado al sol con queso

La pasta hojaldrada es una pasta delgada y delicada que al hornearse se pone ligera y escamosa y que se usa mucho en la cocina griega. Puede conseguirla fresca en las tiendas de comestibles griegos, pero también congelada en el supermercado. La variedad congelada se conserva hasta por un año en el congelador.

8 capas (17" × 11"/43 cm × 28 cm) de pasta hojaldrada (*phyllo*) congelada que ya haya descongelado

¾ taza (6 onzas/168 g) de queso *ricotta* de grasa reducida

3 cucharadas de queso de cabra de grasa reducida desmoronado o de queso *feta* de grasa reducida

1 clara de huevo

1 cebollín (cebolla de cambray) picado

2 cucharadas de albahaca fresca picada

2 dientes de ajo picados en trocitos

1½ onzas (42 g) de tomates (jitomates) secados al sol y envasados en aceite, escurridos y picados

Unas ramitas de albahaca, para adornar

Precaliente el horno a 375°F (192°C). Rocíe un molde para 24 *muffins* en miniatura con aceite en aerosol.

Ponga 1 capa de pasta hojaldrada sobre una superficie de trabajo. Rocíela con aceite en aerosol. Agregue otras 3 capas de pasta, rociando cada una con aceite en aerosol. Corte la pasta en tercios a lo largo y luego en cuartos horizontalmente para obtener 12 cuadros. Forre un molde para *muffin* con un cuadro de pasta para formar una concha con 4 picos en la orilla. Repita con la pasta hojaldrada restante para forrar los demás moldes para *muffin*.

Hornee la pasta 5 minutos o hasta que se dore.

Mientras tanto ponga el queso *ricotta*, el queso de cabra o *feta* y la clara de huevo en un procesador de alimentos. Muela todo hasta obtener una consistencia uniforme. Agregue el cebollín, la albahaca, el ajo y los tomates. Pulse brevemente para incorporarlos. Llene las conchas de tartaleta. Hornéelas 5 minutos o hasta que queden ligeramente esponjadas y bien calientes. Adórnelas con las ramitas de albahaca.

Rinde 24 tartaletas

VISTAZO NUTRICIONAL

Por 3 tartaletas: 100 calorías, 3½ g de grasa, 1½ g de grasa saturada, 5 g de proteínas, 13 g de carbohidratos, 0 g de fibra dietética, 5 mg de colesterol, 200 mg de sodio

Apio relleno de requesón

Este manjar es condimentado, picante, crujiente y cremoso, todo al mismo tiempo.

½ taza de requesón de grasa reducida

1 cebollín (cebolla de cambray) picado

⅛ cucharadita de rábano picante (raíz fuerte) preparado

⅛ cucharadita de salsa *Worcestershire*

1 pizca de ajo en polvo

4 tallos de apio cortados en trozos de 3" (8 cm)

Pimentón (paprika) para adornar

Ponga el requesón, el cebollín, el rábano picante, la salsa *Worcestershire* y el ajo en un tazón (recipiente) pequeño y mézclelo todo muy bien. Rellene los tallos de apio. Espolvoréelos con el pimentón.

Rinde 4 porciones

VISTAZO NUTRICIONAL

Por porción: 35 calorías, 1½ g de grasa, 1 g de grasa saturada, 4 g de proteínas, 3 g de carbohidratos, 0 g de fibra dietética, 5 mg de colesterol, 150 mg de sodio

"Sándwich" Reuben

Aun si no le gusta el pan de centeno que normalmente se usa para hacer este plato, lo disfrutará. ¿Por qué? Porque nuestra versión de este sándwich (emparedado) no contiene nada de pan.

- 1 hoja de repollo (col)
- 1 rebanada de queso suizo (gruyere) de grasa reducida
- 1 lonja (lasca) de *pastrami*
- 1 cucharada de mostaza granulada o de aliño (aderezo) mil islas sin azúcar
- 2 cucharadas de mezcla comercial de *coleslaw* o chucrut

Extienda la hoja de repollo sobre un plato. Ponga el queso sobre la hoja de repollo y encima el *pastrami*. Unte la mostaza o el aliño sobre el *pastrami*. Añada el *coleslaw* o el chucrut. Enrolle la hoja de repollo y sujétela con un palillo de madera.

Rinde 1 "sándwich"

VISTAZO NUTRICIONAL

Por "sándwich": 180 calorías, 11 g de grasa, 3½ g de grasa saturada, 11 g de proteínas, 7 g de carbohidratos, 2 g de fibra dietética, 35 mg de colesterol, 880 mg de sodio

"Sándwich" tipo *wrap* californiano

Este sándwich da una excelente merienda para llevar. Prepárelo la noche anterior y envuélvalo bien con plástico adherente para mantenerlo fresco para el día siguiente.

1   hoja de lechuga colorada (envinada) o verde

1   lonja (lasca) de pechuga de pavo (chompipe)

1   lonja de jamón

1   rodaja delgada de tomate (jitomate)

1   trozo delgado de aguacate (palta)

1   cucharadita de jugo de limón verde (lima)

1   hoja de berro o *arugula*

1   cucharada de aliño (aderezo) tipo *ranch* sin azúcar

Extienda la hoja de lechuga sobre un plato. Ponga encima el pavo, el jamón y el tomate.

Mezcle el aguacate y el jugo de limón verde en un tazón (recipiente) pequeño y luego extienda esta mezcla sobre el tomate. Ponga encima el berro o la *arugula* (un tipo de lechuga italiana) y el aliño. Enrolle la hoja de lechuga y sujétela con un palillo de madera.

Rinde 1 "sándwich"

VISTAZO NUTRICIONAL

Por "sándwich": 140 calorías, 10 g de grasa, 1½ g de grasa saturada, 9 g de proteínas, 4 g de carbohidratos, 1 g de fibra dietética, 25 mg de colesterol, 620 mg de sodio

Bocadillos de queso *Muenster* y pavo

Si desea disfrutar esta merienda durante la Segunda Fase, puede agregar las rodajas opcionales de manzana.

4   rebanadas delgadas de queso suizo (gruyere) o de queso tipo *Muenster* a temperatura ambiente

2   onzas (56 g) de lonjas (lascas) delgadas de pechuga de pavo (chompipe)

½   manzana grande, pelada y cortada en rodajas finas (opcional para la Segunda Fase)

1   cucharada de crema de nuez de macadamia o 2 cucharaditas de crema natural de cacahuate (maní) sin edulcorantes

Ponga el queso sobre una tabla para picar. Encima ponga el pavo. Agregue la manzana, si la está usando. Esparza la crema de nuez sobre cada porción o bien úntelas con la crema de cacahuate. Enrolle las rebanadas de queso y sujételas con palillos.

Rinde 4 rollos

VISTAZO NUTRICIONAL

Por rollo: 90 calorías, 6 g de grasa, 3 g de grasa saturada, 7 g de proteínas, 2 g de carbohidratos, 0 g de fibra dietética, 20 mg de colesterol, 220 mg de sodio

Dip de cacahuate

Si quiere algo para acompañar sus verduras crudas, este dip *es justo lo que anda buscando.*

2 tazas de cacahuates (maníes) tostados, sin sal y picados

½ taza de yogur natural sin grasa

¼ cucharadita de ralladura fina de limón

Sal

Ponga los cacahuates, el yogur, la ralladura de limón y sal al gusto en una licuadora (batidora) o procesador de alimentos y muela todo hasta lograr una consistencia uniforme.

Rinde 2½ tazas

VISTAZO NUTRICIONAL

Por cucharada: 80 calorías, 7 g de grasa, 1 g de grasa saturada, 4 g de proteínas, 3 g de carbohidratos, 0 g de fibra dietética, 0 mg de colesterol, 0 mg de sodio

Garbanzos asados

¿Puede disfrutar una merienda alta en proteínas sin carne ni queso? Con la dieta South Beach es posible.

1 lata de 14 a 19 onzas (390 a 530 g) de garbanzos, escurridos y enjuagados

Precaliente el horno a 350°F (178°C).

Extienda los garbanzos en una sola capa sobre una bandeja de hornear sin engrasar. Hornéelos 50 minutos o hasta que queden de color café y lo bastante crujientes para que suenen al revolverse.

Rinde 4 porciones

VISTAZO NUTRICIONAL

Por porción: 70 calorías, 1 g de grasa, 0 g de grasa saturada, 4 g de proteínas, 11 g de carbohidratos, 3 g de fibra dietética, 0 mg de colesterol, 10 mg de sodio

THE FORGE

432 Arthur Godfrey Road, Miami Beach

CHEF: ANDREW ROTHSCHILD

EL RESTAURANTE *THE FORGE* GOZA DE GRAN FAMA EN MIAMI DESDE
HACE DÉCADAS. ¡Y ESTA "SOPA" DE HONGOS DEMUESTRA QUE
SU MENÚ HA SABIDO MANTENERSE AL DÍA!

Cappuccino de hongos silvestres

PRIMERA FASE

1 cebolla picada en cubitos

2 dientes de ajo, machacados

2 cucharadas de aceite de *canola*

2 tazas de hongos silvestres diversos (*shiitake, cremini, cèpe*)

1 cuarto de galón (0.9 l) de consomé de pollo asado o cocido

1 onza (28 g) de hojas de tomillo fresco o un manojo de ramitas de tomillo

1 hoja de laurel

Sal

Pimienta

1 taza de leche descremada (*fat-free milk*) fría

1 cucharadita de hongo *porcini* en polvo

Sofría (saltee) la cebolla y el ajo en aceite hasta que queden traslúcidos. Añada los hongos y sofríalos hasta que comiencen a caramelizarse. Agregue el consomé, el tomillo y la hoja de laurel. Deje hervir hasta que se reduzca a la mitad. Utilice un *chinois* (un colador de malla fina) para colar la mezcla. Sazónela con la sal y la pimienta.

Vierta en tazas para café. En una máquina para *cappuccino*, haga espuma la leche fría. Con una cuchara, ponga la espuma sobre la sopa de hongos y espolvoréela con los hongos *porcini* en polvo

Rinde 4 porciones

VISTAZO NUTRICIONAL

Por porción: 170 calorías, 11 g de grasa, 1½ g de grasa saturada, 5 g de proteínas, 13 g de carbohidratos, 2 g de fibra dietética, 5 mg de colesterol, 1,110 mg de sodio

Salsa de tomate con aguacate y cebolla

Una salsa tipo mexicano como esta es fácil de preparar y sirve como dip *para acompañar sabrosos alimentos como entremés refrescante o bien como adición llamativa para el pollo, el pescado o las verduras. Durante la Segunda Fase, sírvala como merienda acompañada de triángulos de pan árabe tostado de trigo integral.*

2   tomates (jitomates) finamente picados

½   cebolla morada picada

¼   aguacate (palta) picado en cubos

1   chile verde sin semilla y picado (use guantes de plástico al tocarlo)

2   cucharadas de perejil picado

1   cucharada de vinagre de vino tinto

2   cucharaditas de ralladura de limón verde (lima)

1   cucharadita de jugo de limón verde

¼   cucharadita de comino molido

Verduras frescas diversas, como tallos de apio, cabezuelas de coliflor o rodajas de pepino

Triángulos de pan árabe (pan de *pita*) de trigo integral (véase la nota)

Ponga los tomates, la cebolla, el aguacate, el chile, el perejil, el vinagre, la ralladura y el jugo de limón verde y el comino en un tazón (recipiente) grande y revuélvalos. Deje reposar la salsa 15 minutos antes de servirla. Sírvala como *dip* con las verduras cortadas y los triángulos de pan árabe.

Nota: Para preparar los triángulos de pan árabe, corte el pan en triángulos y hornéelo a 350°F (178°C) hasta que se doren un poco.

Rinde 6 porciones

VISTAZO NUTRICIONAL

Por porción: 100 calorías, 2 g de grasa, 0 g de grasa saturada, 3 g de proteínas, 18 g de carbohidratos, 4 g de fibra dietética, 0 mg de colesterol, 135 mg de sodio

Rollos de jamón

Puede usar cualquier confitura sin azúcar con esta receta; además, si quiere agregar un poco de lechuga, ¡adelante!

8 lonjas (lascas) de jamón horneado

½ taza de confitura de cereza sin azúcar

Precaliente el horno a 375°F (192°C).

Enrolle las lonjas de jamón y colóquelas en un molde para hornear poco profundo. Hornéelas 5 minutos o hasta que queden bien calientes.

Ponga la confitura en un tazón (recipiente) adecuado para el horno de microondas, tápelo y caliéntela 30 segundos en *medium*. Revuelva la confitura. Si no está lo suficientemente caliente, tápela y métala al microondas otros 15 segundos.

Ponga 2 rollos de jamón en cada uno de 4 platos. Esparza cada porción con la confitura caliente.

Rinde 8 rollos

VISTAZO NUTRICIONAL

Por 2 rollos: 90 calorías, 6 g de grasa, 3 g de grasa saturada, 7 g de proteínas, 2 g de carbohidratos, 0 g de fibra dietética, 20 mg de colesterol, 220 mg de sodio

Dip de frijol negro

¿Necesita algo fácil para complacer a los niños? ¿O un dip *que pueda preparar rápidamente para una fiesta? Con este el éxito está asegurado. Queda riquísimo con verduras frescas o bien, durante la Segunda Fase, con trozos crujientes de pan árabe (pan de* pita*) de trigo integral. Sabe mejor caliente, pero también queda bueno cuando está frío.*

I   lata de 14 a 19 onzas (390 a 530 g) de frijoles (habichuelas) negros o pintos refritos y sin grasa

1   taza de crema agria descremada

1   lata de 14½ onzas (405 g) de tomate (jitomate) picado en cubitos

1   chile jalapeño (cuaresmeño) picado (use guantes de plástico al tocarlo)

½   cucharadita de sal

1   cucharadita de pimienta negra molida

1   taza (4 onzas/112 g) de queso *Cheddar* de grasa reducida rallado (opcional)

Precaliente el horno a 325°F (164°C).

Ponga los frijoles, la crema agria, los tomates (con su jugo), el chile, la sal y la pimienta negra en un tazón (recipiente) grande y revuélvalos. Pase la mezcla a una fuente para hornear (refractario) poco profunda o un molde para pastel (pay, tarta, *pie*) de 1 cuarto de galón (950 ml) de capacidad. Espolvoréela con el queso, si lo está usando.

Hornee el *dip* unos 10 minutos o hasta que quede bien caliente.

Rinde 3 tazas

VISTAZO NUTRICIONAL

Por 2 cucharadas: 45 calorías, 2½ g de grasa, 1½ g de grasa saturada, 3 g de proteínas, 4 g de carbohidratos, 1 g de fibra dietética, 10 mg de colesterol, 140 mg de sodio

Dip de queso de yogur y pepino

Es muy fácil preparar un maravilloso queso crema usando el yogur. Además, este versátil producto lácteo es delicioso sin nada o mezclado con cebollino picado o ajo picado, o bien como relleno para sombreretes de hongos o para tomates (jitomates) pequeños. En este ejemplo combinamos el yogur con una mezcla refrescante de pepinos para preparar un dip *muy rico que puede acompañar con verduras frescas. Esta receta es una de las preferidas de mi hermana, Alice.*

2 tazas de yogur natural sin grasa

1 pepino rallado

½ taza de jugo de limón fresco

2 dientes de ajo picados en trocitos

1 cucharada de eneldo fresco picado

Forre un colador con una doble capa de estopilla (bambula, manta de cielo, *cheesecloth*) y póngalo sobre un tazón (recipiente). Vierta el yogur sobre la estopilla y amarre las esquinas de la misma. Póngalo en el refrigerador a escurrir durante toda la noche. No permita que el colador entre en contacto con el líquido. Oprima el yogur suavemente y sáquelo de la estopilla. Deseche el líquido o resérvelo para otro uso. Use este queso de yogur resultante de inmediato o tápelo y déjelo en el refrigerador; puede guardarlo hasta por 5 días.

Apriete el pepino con una toalla para eliminar la humedad.

Mezcle el pepino, el queso de yogur, el jugo de limón y el ajo en un tazón (recipiente) grande. Espolvoree el *dip* con el eneldo.

Rinde 1 taza

VISTAZO NUTRICIONAL

Por 2 cucharadas: 40 calorías, 0 g de grasa, 0 g de grasa saturada, 3 g de proteínas, 7 g de carbohidratos, 0 g de fibra dietética, 0 mg de colesterol, 35 mg de sodio

MI DIETA SOUTH BEACH

ESTA NUEVA FORMA DE COMER LITERALMENTE ME SALVÓ LA VIDA.

La dieta South Beach me salvó la vida. Tenía 38 años, pesaba 400 libras (181 kg) y deseaba desesperadamente hacer un cambio. De hecho estaba pensando seriamente en un *bypass* gástrico, hasta que me enteré de la dieta South Beach.

Quien realmente me impulsó a bajar de peso fue el hombre que ha sido mi compañero desde hace 17 años, Dennis. Me ha dado un apoyo increíble y yo sabía que si no hacía algo respecto a mi peso no nos quedarían muchos años para estar juntos.

Empecé con la Primera Fase el 23 de junio. En ese entonces tenía un nivel de colesterol de 280, mis triglicéridos estaban en 248 y mi presión arterial en 165/95, incluso con medicamentos. En septiembre regresé con mi médico para una revisión. Mi peso había bajado a 347 libras (157 kg). Mi colesterol estaba en 177, mis triglicéridos en 105 y mi presión arterial había bajado a 126/70. Lo único que mi médico pudo decir fue "Fenomenal. . . fenomenal. . . fenomenal. . . . "

Afortunadamente este nuevo estilo de vida me resultó bastante fácil desde el principio. Me quedé con la Primera Fase durante 3 semanas y bajé 32 libras (15 kg), simplemente siguiendo las sugerencias de comida que se presentan en el libro.

Me sentí bien con la dieta South Beach porque estaba conociendo la forma correcta de alimentarme. Aprendí la importancia de comer tres comidas al día además de tres meriendas, y también que saltarme las comidas no servía para bajar de peso. Se sentía raro comer una merienda cuando no tenía mucha hambre, pero al poco tiempo comprendí la importancia de hacerlo. Así evitaba sentirme muerto de hambre y comer de más luego.

En la Segunda Fase agregué pan integral, pan árabe (pan de *pita*), pasta integral, bayas y —efectivamente— chocolate a mi dieta. Sigo perdiendo entre 1 y 2 libras (450 y 900 g) a la semana. Bajé 4 libras (2 kg) la semana pasada, ¡y en total he perdido 57 libras (26 kg) después de sólo 3 meses con la dieta South Beach!

Esta nueva forma de comer literalmente me salvó la vida. Realmente estoy convencido de haber conocido una forma razonable de comer con la que podré seguir para siempre. No sólo sé que alcanzaré el peso que me fijé como meta, sino también que esta vez no volveré a subir. —*EDWARD O.*

SOPAS

Las sopas son muy convenientes para los que están a dieta, y eso tiene su razón de ser: el cerebro humano ni siquiera comienza a enterarse de que el estómago se está llenando hasta unos 20 minutos, más o menos, después de que se empezó a comer. Por lo tanto, un primer plato bajo en carbohidratos es bueno, porque empieza a mandarle ese mensaje muy pronto. Cuando se sirve como entremés, la sopa alarga la duración total de la comida y de manera automática evita que se coma de más posteriormente.

Para la Primera Fase de la dieta recomiendo una sopa hecha a base de consomé de pollo o de res, un gazpacho o una sopa con muchas verduras. Al cabo de esas 2 semanas, casi todas las sopas se permiten para la dieta, ya sea como entremés o como plato principal. No tienen fin las combinaciones de carne, pescado, verduras y cereales integrales que pueden utilizarse. Hasta es posible incluir cantidades moderadas de pasta de trigo integral o arroz de cocción larga. También hay varias recetas de sopas cremosas y espesas que se preparan sin crema.

(*Nota*: Si no conoce algunos de los términos utilizados para los alimentos mencionados en este capítulo, véase el glosario en la página 347).

Gazpacho al estilo asiático

Sirva esta ingeniosa combinación de ingredientes como un primer plato ligero antes de cualquier tipo de alimento. También queda perfecto para un almuerzo ligero de verano en el porche.

6 tomates (jitomates) sin semilla y finamente picados

2 tazas de consomé de pollo

1 cucharadita de vino de jerez seco

2 cucharadas de cilantro fresco picado

1 cucharada de salsa de soya *light*

4 cebollines (cebollas de cambray), sólo la parte blanca

4 rodajas delgadas de jengibre fresco

¼ cucharadita de salsa picante china (*Chinese chili sauce*)

2 limones verdes (limas)

Ponga los tomates en una cacerola de 2 ó 3 cuartos de galón (2 ó 3 l) de capacidad a fuego lento. Agregue el consomé, el vino de jerez, el cilantro, la salsa de soya, los cebollines y el jengibre. Ponga la mezcla a hervir a fuego lento durante 20 minutos. Retírela del fuego y déjela enfriar unos minutos. Muela todo en un procesador de alimentos o una licuadora (batidora). Ponga la sopa a enfriar en el refrigerador.

Justo antes de servir, incorpore la salsa picante. Ralle la cáscara de un limón verde y agréguela a la sopa. Exprima el jugo de ambos limones verdes dentro de la sopa. Sírvala en platos fríos.

Rinde 6 porciones

VISTAZO NUTRICIONAL

Por porción: 48 calorías, 1 g de grasa, 0 g de grasa saturada, 2 g de proteínas, 9 g de carbohidratos, 2 g de fibra dietética, 0 mg de colesterol, 454 mg de sodio

Bisque fría de tomate

Si quiere algo fácil de preparar, pruebe esta bisque de tomate. Es sustanciosa, cremosa y bastante sabrosa.

4	tomates (jitomates) medianos, pelados, sin semilla y finamente picados
1½	tazas de jugo de ocho verduras (*V8*) o de cóctel de verduras
1	taza de suero de leche
1	cucharadita de albahaca seca
¼	cucharadita de pimienta negra molida

Ponga los tomates, el jugo de ocho verduras o cóctel de verduras, el suero de leche, la albahaca y la pimienta en una licuadora (batidora) o procesador de alimentos y muélalo todo hasta lograr una consistencia uniforme. Deje la sopa por lo menos 1 hora en el refrigerador antes de servirla.

Rinde 4 porciones

VISTAZO NUTRICIONAL

Por porción: 71 calorías, 1 g de grasa, 0 g de grasa saturada, 4 g de proteínas, 13 g de carbohidratos, 2 g de fibra dietética, 2 mg de colesterol, 308 mg de sodio

PICASSO

The Bellagio Hotel, 3600 Las Vegas Boulevard, South Las Vegas

CHEF EJECUTIVO: JULIÁN SERRANO

Si bien el *Picasso* no se encuentra en Miami, el *chef* Julián Serrano participa cada año en el South Beach Wine and Food Festival. Este festival dedicado al vino y la comida es uno de mis acontecimientos locales favoritos.

Gazpacho clásico con aguacate relleno de cangrejo

TERCERA FASE

Gazpacho

1½ libras (680 g) de tomates (jitomates) maduros, picados en trozos (guarde ½ tomate para el relleno)

½ pimiento (ají, pimiento morrón) verde grande, picado

½ cebolla mediana, picada

½ pepino, sin semilla y picado

2 dientes de ajo

2 tazas de jugo de tomate

1 cucharada de comino entero

4 cucharadas de vinagre de vino de jerez

4 rebanadas de pan del día anterior

2 tazas de agua

2 cucharadas de aceite de oliva extra virgen

Sal

Pimienta

Aguacate (palta) relleno

2   aguacates tipo Haas (California), picados a la mitad

½   pepino, sin semilla y finamente picado

½   cebolla, finamente picada

½   tomate, finamente picado (el que reservó del gazpacho)

½   pimiento verde, finamente picado

1   libra (450 g) de carne de cangrejo (jaiba)

Tomates pequeños para adornar

Para preparar el gazpacho: Ponga el tomate, el pimiento, la cebolla, el pepino, el ajo, el jugo de tomate, el comino, el vinagre, el pan, el agua y el aceite en un tazón (recipiente) grande y déjelos reposar durante 6 horas. Al cabo de este tiempo, pase los ingredientes a una licuadora (batidora) y muélalos bien. Salpimiente al gusto. Métalo al refrigerador hasta que esté bien frío.

Para preparar los aguacates rellenos: Saque la pulpa de cada mitad de aguacate, dejando una capa de ½" (1 cm) dentro de la cáscara.

Mezcle la pulpa de aguacate, el pepino, la cebolla, el tomate y el pimiento en un tazón pequeño. Divida la mezcla entre las mitades de aguacate. Encima de cada mitad de aguacate, ponga la carne de cangrejo.

Para servir, use platos hondos fríos. Ponga 1 mitad de aguacate relleno en el centro de cada plato y sirva el gazpacho alrededor. Adorne cada porción con tomates pequeños.

Rinde 4 porciones

VISTAZO NUTRICIONAL

Por porción: 431 calorías, 23 g de grasa, 3½ g de grasa saturada, 25 g de proteínas, 37 g de carbohidratos, 12 g de fibra dietética, 85 mg de colesterol, 520 mg de sodio

Sopa india de tomate

Esta sopa de tomate aromática y condimentada es un comienzo interesante para cualquier comida. Si no quiere blanquear los tomates puede usar, en cambio, tomates de lata machacados.

½ libra (225 g) de tomates (jitomates) rojos madurados en la planta o 1 lata de 16 onzas (450 g) de tomates machacados sin escurrir

2 cucharadas de aceite de oliva extra virgen

1 cebolla mediana finamente picada

1 chile verde sin semilla y finamente picado (use guantes de plástico al tocarlo)

3 dientes de ajo machacados

1 cucharada de pasta de tomate

4 tazas de consomé de verduras

½ cucharadita de *curry*

Cilantro fresco picado para adornar

Si va a usar tomates frescos, ponga a hervir a fuego alto una gran olla con agua suficiente para sumergir los tomates. Corte una ✕ pequeña en la parte de abajo de cada tomate y sumérjalos en el agua hirviendo durante 30 segundos cada uno. Saque los tomates. Una vez que se hayan enfriado lo suficiente para tocarlos, quíteles la piel ya suelta. Si no se dejan pelar con facilidad, devuélvalos al agua hirviendo 10 segundos más. Saque los corazones de los tomates y pique la pulpa en trozos grandes.

Ponga el aceite a calentar a fuego mediano en una cacerola grande. Agregue la cebolla, el chile y el ajo y fríalos 4 minutos o hasta que queden suaves. Incorpore los tomates y cocínelos, revolviendo con frecuencia, durante 5 minutos.

Mezcle la pasta de tomate con el consomé de verduras en un tazón (recipiente) pequeño y agréguelo a la cacerola. Añada el *curry* y hierva todo suavemente 7 minutos.

Para servir la sopa, divídala entre 4 platos. Espolvoree el cilantro encima para adornar.

Rinde 4 porciones

VISTAZO NUTRICIONAL

Por porción: 122 calorías, 8 g de grasa, 1 g de grasa saturada, 4 g de proteínas, 12 g de carbohidratos, 2 g de fibra dietética, 0 mg de colesterol, 1,015 mg de sodio

Sopa *teriyaki* de hongos con berros

El berro en realidad pertenece a la familia de la mostaza y tiene un sabor ligeramente amargo que en este caso se suaviza con salsa teriyaki, jugo de limón y cilantro fresco. Al eliminar los fideos chinos transparentes y preparar usted mismo la Salsa teriyaki *al estilo South Beach (véase la receta en la página 177), puede disfrutar esta receta durante la Primera Fase.*

4	tazas de consomé de pollo
1	cucharada de salsa *teriyaki*
2½	tazas de hongos en rebanadas delgadas
2	tazas de berros finamente picados
1	paquete de 3½ onzas (98 g) de fideos chinos transparentes
1	cucharada de jugo de limón
1	cucharada de cilantro fresco picado
1	pizca de pimienta roja molida

Deje que el consomé y la salsa *teriyaki* rompan a hervir a fuego mediano-alto en una cacerola de 3 cuartos de galón (3 l) de capacidad. Baje el fuego a lento e incorpore los hongos, los berros, los fideos, el jugo de limón, el cilantro y la pimienta roja. Deje hervir suavemente 7 minutos o hasta que los fideos y los hongos estén cocidos.

Rinde 6 porciones

VISTAZO NUTRICIONAL

Por porción: 90 calorías, 1 g de grasa, 0 g de grasa saturada, 3 g de proteínas, 17 g de carbohidratos, 1 g de fibra dietética, 0 mg de colesterol, 787 mg de sodio

Sopa de nuez

Una sopa no es más que una sopa, pero esta contiene todos los ingredientes de una comida completa.

1 bulbo de hinojo grande, partido en cuatro pedazos

2 cucharadas de aceite de oliva extra virgen

Sal kósher

Pimienta negra recién molida

1 puerro (poro), sólo la parte blanca, picado en rodajas

1 taza de cabezuelas de coliflor

2 tazas de consomé de pollo

½ taza de *half-and-half* descremada

2 cucharadas de vino de jerez seco

½ taza de nueces tostadas picadas en trozos grandes

¼ taza de queso tipo *Stilton* o *Roquefort*, desmoronado

Cáscara de limón finamente picada

1 cucharada de cebollino (cebolleta) fresco, picado

Precaliente el horno a 400°F (206°C).

En un molde para hornear grande, mezcle el bulbo de hinojo con 1 cucharada de aceite y salpimiente al gusto. Hornéelo 15 minutos o hasta que el hinojo quede suave y se dore. Una vez que se haya enfriado lo suficiente para tocarlo, córtelo en tiras de ½" (1 cm).

Mientras tanto, ponga la cucharada restante de aceite a calentar a fuego mediano-lento en una olla pesada de tamaño mediano. Agregue el puerro y revuélvalo hasta que se recubra de aceite. Tape la olla y fría el puerro 5 minutos o hasta que quede traslúcido. Añada la coliflor y el consomé y deje que rompa a hervir. Baje el fuego a lento y déjelo cocinando 20 minutos o hasta que la coliflor quede suave. Pase la mezcla a una licuadora (batidora) o procesador de alimentos. Agregue el hinojo. Haga puré todo y devuélvalo a la olla. Agregue la *half-and-half* y el vino de jerez. Incorpore las nueces y deje que la sopa rompa a hervir suavemente otra vez.

Mezcle el queso y la cáscara de limón en un tazón (recipiente) pequeño. Sirva la sopa en platos calientes, agregando la mezcla del queso y el cebollino justo antes de servirla.

Rinde 4 porciones

VISTAZO NUTRICIONAL

Por porción: 244 calorías, 21 g de grasa, 4 g de grasa saturada, 7 g de proteínas, 10 g de carbohidratos, 4 g de fibra dietética, 8 mg de colesterol, 694 mg de sodio

Guiso de crema de cacahuate

Más o menos el 75 por ciento de los hogares en los Estados Unidos tienen un frasco de crema de cacahuate en la despensa (alacena, gabinete). Si el sabor de la crema de cacahuate le encanta, este guiso (estofado) también lo hará. Es excelente ya sea a la hora del almuerzo o de la cena.

2	cucharadas de aceite de cacahuate (maní)
1	cebolla grande, finamente picada
2	libras (900 g) de *round steak* cortado en trozos de 1½" (3.8 cm)
½	taza de crema de cacahuate cremosa natural sin edulcorante
1½	tazas de agua fría
⅓	taza de concentrado de tomate (jitomate) de doble intensidad (tubo italiano)
2	tazas de agua caliente
1	cucharadita de chile chipotle en polvo
2	hojas de laurel
	Sal
	Pimienta negra recién molida

Ponga el aceite a calentar a fuego mediano en una cacerola pesada. Agregue la cebolla y fríala 3 minutos o hasta que quede traslúcida. Agregue la carne y fríala 5 minutos, revolviendo de vez en cuando, hasta que se dore levemente por todos los lados.

Mezcle la crema de cacahuate con el agua fría en un tazón (recipiente) pequeño y viértala sobre la carne. Diluya el concentrado de tomate con el agua caliente y viértalo sobre el guiso. Revuélvalo todo muy bien. Agregue el chile chipotle en polvo, las hojas de laurel y sal y pimienta negra al gusto. Baje el fuego a lento, tape la cacerola y cocine la carne, revolviendo de vez en cuando, durante 1 hora o hasta que la carne quede suave. Saque y deseche las hojas de laurel. Sírvalo caliente.

Rinde 6 porciones

VISTAZO NUTRICIONAL

Por porción: 444 calorías, 27 g de grasa, 7 g de grasa saturada, 40 g de proteínas, 10 g de carbohidratos, 3 g de fibra dietética, 9 mg de colesterol, 308 mg de sodio

Sopa de habas blancas

Esta sopa originaria del sur de Italia se basa en las habas blancas. Puede utilizar frijoles Great Northern, *frijoles italianos* cannellini *o cualquier otro tipo de frijol blanco que tenga a la mano.*

1½	libras (680 g) de acelga, *escarola* u hojas de remolacha (betabel), limpias
6	tazas de consomé de pollo
1	diente de ajo machacado
1	taza de habas (frijoles, habichuelas, alubias) blancas, cocidas
½	cucharadita de sal
⅛	cucharadita de pimienta blanca molida
	Queso parmesano rallado, para adornar
	Pimienta roja molida, para adornar

Ponga una olla grande de agua a hervir a fuego mediano-alto. Agregue la acelga u otra verdura y cocínela 7 minutos o hasta que quede apenas suave. Escurra la acelga, exprimiendo todo el agua posible. (Puede hacerlo varias horas antes de preparar la sopa. No hace falta picar la acelga, pues se deshace al cocerse).

Ponga el consomé a hervir suavemente en una olla grande a fuego mediano-alto. Añada el ajo y la acelga. Si está utilizando habas blancas de lata, póngalas en un colador y enjuáguelas bajo el chorro del agua fría para eliminar el exceso de sodio. Agregue las habas al consomé. Deje que hierva 10 minutos a fuego lento, con la olla parcialmente tapada. Salpimiente al gusto. (No vaya a agregar la sal antes de que la sopa se termine de cocer, pues podría salarse).

Pase la sopa a platos calientes. Ponga el queso y la pimienta roja molida en la mesa para que cada quien se sirva al gusto.

Rinde 6 porciones

VISTAZO NUTRICIONAL

Por porción: 79 calorías, 2 g de grasa, 1 g de grasa saturada, 6 g de proteínas, 12 g de carbohidratos, 4 g de fibra dietética, 0 mg de colesterol, 1,008 mg de sodio

TALULA RESTAURANT & BAR

210 23rd Street, Miami Beach

CHEFS: ANDREA CURTO-RANDAZZO Y
FRANK RANDAZZO

TALULA ES UN RECINTO CÁLIDO Y ACOGEDOR, Y SUS DUEÑOS DICEN QUE SU DISEÑO PRETENDE REPRODUCIR EL DE SU HOGAR. AHORA USTED PUEDE DISFRUTAR EN SU *PROPIA* CASA LA MISMA COMIDA QUE ELLOS PREPARAN.

Sopa de pimiento amarillo asado con habas

PRIMERA FASE

Sopa

5	pimientos (ajíes, pimientos morrones) amarillos
2	cucharadas de aceite de oliva extra virgen
1	cucharadita de sal
½	cebolla *Vidalia* grande, picada
3	dientes de ajo picados en rodajas
2	cucharaditas de chile ancho en polvo
1¼	cuartos de galón (1.2 l) de consomé de verduras o pollo
	Pimienta blanca molida

Guarnición

1	taza de habas (*fava beans*) frescas en sus vainas o 1 taza de habas de lata (escurridas y enjuagadas)
2	cucharaditas de sal
1	cucharada de aceite de oliva extra virgen
1	taza de tomates (jitomates) perita rojos, partidos a la mitad a lo largo
1	cucharada de cebollino (cebolleta) fresco finamente picado
	El jugo de ½ limón
1	pizca de sal
1	pizca de pimienta

Para preparar la sopa: Precaliente el horno a 350°F (178°C).

Lave los pimientos y póngalos en un tazón (recipiente) grande. Mezcle con 1 cucharada de aceite de oliva y 1 cucharadita de sal. Colóquelos en una bandeja de hornear y áselos en el horno hasta que les salgan ampollas y se doren, unos 15 minutos. Sáquelos del horno y deje que se enfríen.

En una gran olla pesada, sofría (saltee) la cebolla y el ajo en 1 cucharada de aceite de oliva a fuego mediano hasta que se suavicen, de 5 a 7 minutos, revolviendo con frecuencia.

Pele los pimientos y sáqueles todas las semillas. Agregue los pimientos y el chile en polvo a la cebolla y el ajo. Suba el fuego a alto y sofríalo todo 1 minuto. Agregue el consomé y deje que rompa a hervir. Reduzca el fuego a mediano-lento y hierva todo suavemente de 25 a 30 minutos, revolviendo de vez en cuando.

Licúe la sopa en una procesadora de alimentos (mezcladora) de mano o una licuadora (batidora), hasta que adquiera una consistencia uniforme. Cuele con un colador chino o un colador forrado con estopilla (bambula, manta de cielo, *cheesecloth*) y salpimiente al gusto.

Para preparar la guarnición: Saque las habas de sus vainas.

Mientras la sopa hierve suavemente, ponga a hervir 4 tazas de agua y las 2 cucharaditas de sal. Agregue las habas y cocínelas hasta que queden suaves, unos 3 minutos. Sáquelas, cuélelas y sumérjalas en agua con hielos para evitar que se recuezan. Una vez que estén frías, escúrralas y pélelas. Póngalas aparte.

Pase la sopa a 6 platos hondos. Ponga 1 cucharada de aceite de oliva a calentar a fuego mediano en una sartén pequeña para sofreír. Agregue las habas y sofríalas (saltéelas) 1 minuto. Agregue los tomates, el cebollino, el jugo de limón y una pizca de sal y pimienta. Sirviéndose de una cuchara, ponga esta mezcla en el centro de cada porción.

Rinde 6 porciones

VISTAZO NUTRICIONAL

Por porción: 92 calorías, 4 g de grasa, 1 g de grasa saturada, 3 g de proteínas, 13 g de carbohidratos, 4 g de fibra dietética, 0 mg de colesterol, 891 mg de sodio

Minestrón

Esta receta pide una pasta ditalini *o de conchas pequeñas, pero cualquier otra pasta pequeña moldeada servirá de igual manera. Al omitirse la pasta se convierte en un plato para la Primera Fase.*

1   cucharada de aceite de oliva extra virgen

2   puerros (poros), tanto la parte blanca como la verde, la blanca partida a la mitad a lo largo, enjuagada y cortada en rodajas delgadas; la verde, picada

2   tallos de apio con sus hojas, cortado en rodajas delgadas

2   dientes de ajo picados en trocitos

¼   cucharadita de orégano seco, desmoronado

¼   cucharadita de pimienta negra molida

⅛   cucharadita de sal

3   tazas de consomé de pollo

4   tazas de acelga picada

1   taza de habichuelas verdes (ejotes), cortadas en trozos de 1" (2.5 cm)

¼   taza de *ditalini* o de una pasta de conchas pequeñas, en ambos casos de trigo integral

1   diente de ajo picado en trozos grandes

¼   taza de perejil italiano, picado

½   taza de *zucchini* (calabacita) en rodajas

4   cucharaditas de queso parmesano rallado

4   ramitas de orégano, para adornar

Ponga el aceite a calentar a fuego mediano en una cacerola grande. Agregue el puerro, el apio, el ajo picado en trocitos, el orégano seco, la pimienta y la sal. Fría todo unos 4 minutos, revolviéndolo con frecuencia, o hasta que las verduras empiecen a suavizarse.

Agregue el consomé de pollo, la acelga, las habichuelas verdes y la pasta. Deje que rompa a hervir a fuego alto. Baje el fuego a mediano-lento, tape la cacerola y deje que se cocine 8 minutos o hasta que las verduras queden suaves y la pasta al punto.

Mientras tanto, mezcle el ajo picado con el perejil en una taza. Incorpórelos a la sopa junto con el *zucchini*. Tape la caccrola y déjela al fuego 5 minutos o hasta que la sopa esté bien caliente.

Sirva la sopa en 4 platos y agregue 1 cucharadita de queso a cada uno. Adórnelos con las ramitas de orégano.

Rinde 4 porciones

VISTAZO NUTRICIONAL

Por porción: 138 calorías, 6 g de grasa, 1 g de grasa saturada, 5 g de proteínas, 17 g de carbohidratos, 3 g de fibra dietética, 1 mg de colesterol, 988 mg de sodio

Sopa de frijol negro y haba blanca

Esta sopa definitivamente es una comida completa, con una muy buena dotación tanto de proteínas como de fibra. Disfrútela acompañada de una crujiente ensalada y una pera fresca como postre.

¾ taza de frijoles (habichuelas) negros crudos

¾ taza de frijoles *Great Northern* crudos

2 cucharadas de aceite de oliva extra virgen

1 cebolla mediana picada

1 chile poblano pequeño, sin semilla y finamente picado (use guantes de plástico al tocarlo)

1 tallo de apio pequeño, picado

4 dientes de ajo cortados en rodajas

1½ cucharaditas de hojas frescas de tomillo picadas

8 tazas de consomé de pollo

1 cucharadita de chile en polvo

1 cucharadita de comino molido

1 cucharadita de salvia fresca picada

Crema de pimientos asados (véase la receta en la página 168)

Hojas frescas de cilantro, para adornar

Ponga los frijoles negros y *Great Northern* en dos tazones (recipientes) diferentes, cúbralos con agua fría y póngalos a remojar toda la noche en el refrigerador.

Ponga el aceite a calentar a fuego mediano en una olla grande. Agregue la cebolla, el chile, el apio, el ajo y el tomillo y fríalos unos 8 minutos o hasta que las verduras queden suaves. Pase la mitad de las verduras a otra olla grande.

Escurra los frijoles. Agregue los frijoles negros, 4 tazas del consomé, el chile en polvo y el comino a la primera olla. A la segunda olla, agregue los frijoles *Great Northern*, las 4 tazas restantes de consomé y la salvia. Deje que ambas ollas rompan a hervir y tápelas. Baje el fuego a lento. Deje que la olla con los frijoles negros hierva suavemente 1½ horas y la de los frijoles *Great Northern* blancos, 1 hora. Manténgalas tibias a fuego lento.

Para servir la sopa, vierta 1 taza de sopa de frijoles negros en cada uno de 4 platos. Incline los platos y sirva 1 taza de sopa de frijoles blancos del otro lado de cada recipiente. Esparza con la Crema de pimientos asados y adorne con las hojas de cilantro.

Rinde 4 porciones

VISTAZO NUTRICIONAL

Por porción: 410 calorías, 11 g de grasa, 2 g de grasa saturada, 23 g de proteínas, 56 g de carbohidratos, 14 g de fibra dietética, 10 mg de colesterol, 410 mg de sodio

Sopa de frijol negro

Esta sopa se inspira en la gastronomía latinoamericana. Si desea, puede espolvorear un poco de queso Cheddar *de grasa reducida rallado sobre la sopa justo antes de servirla.*

1½	tazas de frijoles (habichuelas) negros crudos
6	tazas de agua
2	cucharadas de aceite de oliva extra virgen
1	cebolla picada
3	dientes de ajo picados en trocitos
1	tallo de apio, con sus hojas, picado
	Pimienta negra molida
1	cucharadita de semillas de apio
	Jugo de 1½ limones
1	limón cortado en rodajas delgadísimas, para adornar
	Hojas de apio, para adornar

Ponga los frijoles en un tazón (recipiente) grande y cúbralos con el agua. Agregue más agua si hace falta para cubrir los frijoles. Déjelos remojando toda la noche. Escurra los frijoles y agregue 6 tazas de agua fresca al tazón.

Ponga el aceite a calentar a fuego mediano en una olla grande de fondo pesado. Agregue la cebolla, el ajo y el apio y fríalos 5 minutos, revolviendo de vez en cuando, o hasta que queden suaves. Añada los frijoles y el agua y deje que rompan a hervir. Baje el fuego a lento y deje los frijoles cocinando unas 2 horas o hasta que estén suaves.

Pase la mitad de los frijoles a un procesador de alimentos o licuadora (batidora), agregue el líquido de la sopa hasta cubrirlos y muélalos hasta hacerlos puré. Añada la pimienta negra al gusto y las semillas de apio. Devuelva el puré de frijoles a la olla y póngalo a calentar, revolviendo constantemente, hasta que la sopa se espese. Incorpore el jugo de limón.

Sirva la sopa en 6 platos y adórnela con las rodajas de limón y las hojas de apio.

Rinde 6 porciones

VISTAZO NUTRICIONAL

Por porción: 230 calorías, 5 g de grasa, 1 g de grasa saturada, 11 g de proteínas, 35 g de carbohidratos, 8 g de fibra dietética, 0 mg de colesterol, 15 mg de sodio

Caldo de quimbombó criollo norteamericano

La cocina criolla norteamericana (oriunda del estado de Luisiana) recurre mucho al apio, la cebolla, el pimiento y el tomate, y nosotros hicimos lo mismo.

2 cucharadas de aceite de oliva extra virgen

2 tallos de apio picados

½ cebolla pequeña, picada

½ pimiento (ají, pimiento morrón) verde, picado

2 dientes de ajo picados en trocitos

1½ cucharadas de harina de trigo integral

2 cucharaditas de sal

⅔ taza de tomate (jitomate) de lata

⅔ taza de Salsa de tomate South Beach (véase la receta en la página 170)

1 cucharada de salsa *Worcestershire*

1 taza de quimbombó (guingambó, calalú) congelado, descongelado parcialmente y cortado en trozos de ½" (1 cm)

1 taza de camarones picados en trozos grandes

1 taza de carne de cangrejo (jaiba) desmoronada

¼ taza de agua caliente

1 cucharada de perejil finamente picado

Ponga el aceite a calentar a fuego mediano-alto en una cacerola de 5 cuartos de galón (4.5 l) de capacidad. Agregue el apio, la cebolla, el pimiento y el ajo y fríalos 10 minutos, revolviendo de vez en cuando, hasta que queden suaves. Incorpore la harina y la sal y siga friendo hasta que la mezcla eche burbujas. Agregue los tomates, la Salsa de tomate South Beach y la salsa *Worcestershire*. Reduzca el fuego a bajo, tape la cacerola y déjela hervir suavemente unos 20 minutos. Agregue el quimbombó, el camarón, la carne de cangrejo, el agua y el perejil y déjelo al fuego 20 minutos más. Sírvalo caliente.

Rinde 4 porciones

VISTAZO NUTRICIONAL

Por porción: 192 calorías, 8 g de grasa, 3 g de grasa saturada, 16 g de proteínas, 13 g de carbohidratos, 3 g de fibra dietética, 85 mg de colesterol, 901 mg de sodio

Caldo de salmón y suero de leche

El yogur y el suero de leche le dan su textura cremosa a este caldo. El eneldo, la hoja de laurel y el estragón acentúan el sabor a la perfección.

2	nabos, pelados y partidos en pequeños cubos
1	cebolla picada
1	tallo de apio picado
1	cucharadita de semillas de eneldo
1	hoja de laurel
2	tazas de consomé de verduras o agua
1	lata de 12 onzas (336 g) de salmón rosado, escurrido
1	taza de suero de leche
1	taza (224 g) de yogur natural sin grasa
1	cucharada de margarina sin transgrasas
2	cucharaditas de salsa de chile (ají o pimiento picante)
¼	cucharadita de sal
½	cucharadita de pimienta negra molida
¼	cucharadita de estragón seco

Ponga el nabo, la cebolla, el apio, la semilla de eneldo, la hoja de laurel y el consomé o el agua en una cacerola grande. Deje que rompa a hervir a fuego alto. Baje el fuego a mediano y déjelo cocinando unos 12 minutos o hasta que las verduras queden suaves.

Baje el fuego a lento. Incorpore el salmón, el suero de leche, el yogur, la margarina, la salsa de chile, la sal, la pimienta negra y el estragón. Cocínelo todo unos 5 minutos o hasta que apenas se caliente. Saque y deseche la hoja de laurel antes de servir el caldo.

Rinde 4 porciones

VISTAZO NUTRICIONAL

Por porción: 210 calorías, 8 g de grasa, 2 g de grasa saturada, 18 g de proteínas, 18 g de carbohidratos, 2 g de fibra dietética, 45 mg de colesterol, 830 mg de sodio

JOE'S STONE CRAB

11 Washington Avenue, Miami Beach

***CHEF*: ANDRE BIENVENU**

Si piensa viajar a Miami, hágalo durante la temporada de la jaiba mora (del 15 de octubre al 15 de mayo), para que pueda comer en *Joe's*.

Caldo de almejas Manhattan

TERCERA FASE

¼ taza de cerdo salado, picado (opcional)

⅔ taza de papa, picada

⅓ taza de cebolla amarilla, picada

⅔ taza de zanahoria, picada

½ taza de apio, picado

4 a 5 dientes de ajo, picados

6 onzas de almejas picadas (unas 12 almejas)

½ taza de jugo de almeja

1¼ tazas de tomate (jitomate) de lata picado, con su jugo

2 cucharaditas de pasta de tomate

2 cucharaditas de *catsup* (*ketchup*)

1 cucharadita de sazonador *Magi*

½ cucharadita de tomillo seco

2 cucharadas de harina multiusos

2 cucharadas de agua fría

½ onza (14 g) de pimiento (ají, pimiento morrón) verde, picado (unas 2 cucharadas)

Sal

Pimienta negra

Dore el cerdo salado en una marmita u olla. Deseche el exceso de grasa. Añada la papa y fríala a medio cocer. Agregue la cebolla, la zanahoria, el apio, el ajo, las almejas, el jugo de almeja, el tomate en cubitos, la pasta de tomate, la *catsup*, el sazonador *Magi* y el tomillo. Deje hervir a fuego lento 20 minutos.

Mezcle la harina y el agua en una taza para formar una pasta. Incorpórela a la sopa. Déjela 5 minutos para que se reduzca. Agregue el pimiento verde y cocínelo unos minutos más.

Salpimiente al gusto.

Rinde 2 porciones

VISTAZO NUTRICIONAL

Por porción: 214 calorías, 1 g de grasa, 0 g de grasa saturada, 18 g de proteínas, 36 g de carbohidratos, 6 g de fibra dietética, 31 mg de colesterol, 567 mg de sodio

Bisque de langosta

Las bisques, *con su textura sedosa y gran sabor, le brindan elegancia a cualquier comida. Esta versión sencilla utiliza colas de langosta para facilitar la preparación.*

2	cucharadas de aceite de *canola*
1	cebolla finamente picada
2	cucharadas de harina de trigo integral
3½	tazas de consomé de pollo
½	taza de puré de tomate (jitomate)
¼	taza de vino de jerez seco
¼	cucharadita de sal
1	libra (450 g) de colas de langosta, sin caparazón y cortadas en trozos de 1" (2.5 cm)
1¼	tazas de leche semidescremada al 1 por ciento
¼	cucharadita de salsa de chile (ají o pimiento picante)
1	cucharadita de pimentón (paprika)
1	tomate italiano pequeño (*plum tomato*), picado
2	cucharadas de perejil picado

Ponga el aceite a calentar a fuego mediano-alto en una cacerola grande. Agregue la cebolla y fríala 5 minutos o hasta que quede suave, revolviendo de vez en cuando. Incorpore la harina y fríala 3 minutos o hasta que se dore levemente, revolviendo de manera constante.

Añada el consomé, el puré de tomate, el vino de jerez y la sal y deje que rompa a hervir. Baje el fuego a lento, tape la cacerola y déjela hervir suavemente unos 10 minutos. Agregue la langosta, tape la cacerola y déjela hervir suavemente otros 6 minutos o hasta que la langosta quede opaca.

Incorpore la leche, la salsa de chile y el pimentón. Cocine a fuego mediano unos 3 minutos o hasta que la sopa quede bien caliente. Incorpore el tomate italiano y el perejil.

Rinde 4 porciones

VISTAZO NUTRICIONAL

Por porción: 262 calorías, 9 g de grasa, 1 g de grasa saturada, 27 g de proteínas, 15 g de carbohidratos, 2 g de fibra dietética, 84 mg de colesterol, 742 mg de sodio

Sopa de pollo y lenteja roja

Para darle a este plato un toque indio, puede agregar un poco de coco rallado
sin edulcorante como adorno adicional.

1 cucharada de aceite de oliva extra virgen	¼ cucharadita de pimienta roja picante, molida
2 zanahorias pequeñas, finamente picadas	¾ taza de lenteja roja
2 tallos grandes de apio, finamente picados	2 libras (900 g) de pechuga de pollo, deshuesada y sin pellejo
½ cebolla grande en rodajas	3 tazas de consomé de pollo
1½ dientes de ajo picados en trocitos	1½ cucharaditas de pasta de tomate (jitomate)
1 cucharadita de *curry*	2 tazas de agua
¼ cucharadita de jengibre en polvo	Cebollín (cebolla de cambray) en rodajas, para adornar
¼ cucharadita de comino molido	

Ponga el aceite a calentar a fuego mediano en una olla grande. Agregue las zanahorias, el apio, la cebolla, el ajo, el *curry*, el jengibre, el comino y la pimienta roja molida. Tape la olla y fría todo unos 15 minutos hasta que las verduras se suavicen, moviéndolas de vez en cuando. Incorpore la lenteja y encima ponga el pollo. Agregue el consomé.

Mezcle la pasta de tomate con una pequeña cantidad del agua en una taza e incorpórela a la mezcla de las verduras. Agregue el agua restante. Tape la olla parcialmente y deje que todo hierva suavemente 30 minutos, o hasta que las verduras queden suaves y el pollo, bien cocido.

Retire la olla del fuego. Saque el pollo de la olla, colóquelo sobre una tabla para picar y deshébrelo con un cuchillo.

Muela 2 tazas de sopa en una licuadora (batidora) o procesador de alimentos y devuélvala a la olla junto con el pollo deshebrado.

Divida la sopa entre 4 platos. Espolvoree el cebollín encima para adornar.

Rinde 4 porciones

VISTAZO NUTRICIONAL

Por porción: 455 calorías, 8 g de grasa, 2 g de grasa saturada, 64 g de proteínas, 30 g de carbohidratos, 8 g de fibra dietética, 132 mg de colesterol, 972 mg de sodio

Caldo de pollo y verduras

¡Olvidémonos de la sopa de pollo con pasta! Un puré de sabrosas verduras sirve para espesar este caldo sensacional. Sírvalo con pan integral para obtener una sustanciosa comida de un solo plato.

3 tazas de consomé de pollo

2 zanahorias picadas

2 tallos de apio picados

1 cebolla picada

2 onzas (56 g) de hongos cortados en rebanadas

1 diente de ajo picado en trocitos

1 cucharadita de hojas frescas de tomillo, picadas

¼ cucharadita de sal

1 libra (450 g) de pechuga de pollo deshuesada y sin pellejo, cortada en tiras de ¾" (2 cm)

2 cucharadas de margarina sin transgrasas

3 cucharadas de harina de trigo integral

1 taza de leche semidescremada al 1 por ciento

3 espárragos cortados en trozos de 1" (2.5 cm) o 1 taza de cabezuelas de brócoli

1 cucharada de perejil picado

¼ cucharadita de pimienta negra molida

Ponga el consomé, las zanahorias, el apio, la cebolla, los hongos, el ajo, el tomillo y la sal en una olla grande. Deje que rompa a hervir a fuego alto. Baje el fuego a lento y déjelo cocinando unos 20 minutos o hasta que las verduras queden suaves. Con una cuchara calada (espumadera), pase la mitad de la mezcla de verduras a un procesador de alimentos y procéselos hasta hacerlos puré. Devuélvalos a la cacerola.

Incorpore el pollo, tape la cacerola y déjela hervir suavemente otros 15 minutos o hasta que el pollo ya no esté rosado.

Ponga la margarina a derretir a fuego mediano en una cacerola pequeña. Incorpore la harina, revolviendo hasta lograr una consistencia uniforme, y fríala 1 minuto. Agregue la leche de manera gradual y cocínela unos 3 minutos o hasta que espese, revolviendo constantemente. Incorpore a la mezcla del pollo. Agregue los espárragos o el brócoli, el perejil y la pimienta y cocínelo todo unos 5 minutos o hasta que esté bien caliente.

Rinde 4 porciones

VISTAZO NUTRICIONAL

Por porción: 200 calorías, 8 g de grasa, 2 g de grasa saturada, 13 g de proteínas, 19 g de carbohidratos, 4 g de fibra dietética, 20 mg de colesterol, 1,058 mg de sodio

MI DIETA SOUTH BEACH

ME ENCANTA LA SENCILLEZ DE ESTE PLAN.

Me he convertido en un anuncio sobre patas para la dieta South Beach: bajé 35 libras (16 kg) en 3 meses y todos los que me ven quieren saber cómo lo logré.

Hace 3 meses pesaba 190 libras (86 kg). A los 43 años de edad, con el síndrome de ovarios poliquísticos y antecedentes familiares de enfermedades cardíacas y diabetes, tenía miedo de ya no poder ver crecer a mis dos preciosas hijas. Pesaba 110 libras (50 kg) cuando me casé, pero años de luchar contra la infertilidad y dos embarazos ganados a base de grandes esfuerzos tuvieron su precio.

Desesperada, me puse a dieta con el plan de Atkins, aunque tenía mis dudas acerca de toda la grasa que ese régimen incluye. Dos días después mi madre me habló del *spa* Canyon Ranch donde, según me dijo, la dieta South Beach estaba en boga. Fui a la librería a comprar el libro y lo leí esa misma noche. Al día siguiente cambié a la dieta South Beach y realmente creo que ha sido para toda la vida. De las muchas cosas que me encantan de la dieta, la primera es su flexibilidad. Me ceñí bastante a la Primera Fase durante las primeras 2 semanas.

Desde entonces he salido de vacaciones sin problemas, celebré un cumpleaños con una cena maravillosa que incluía postre y probé varios postres preparados por uno de los más destacados pasteleros franceses del país. Cuando me doy un gusto especial o me aparto un poco de la dieta, siempre regreso a un desayuno South Beach al día siguiente y con eso vuelvo al buen camino.

Creo que una de las principales razones del éxito que he tenido con este plan es su sencillez. Tengo dos hijas pequeñas y es importante para mí no tener que contar puntos, aprenderme de memoria listas de comida ni hacer ejercicios especiales.

Actualmente mi ejercicio se limita a empujar la carriola de mi hija de 1 año y medio o llevar a mi hija mayor caminando a sus clases de gimnasia o de patinaje sobre hielo, ¡y de todas formas he bajado de peso!

Además, tal como la dieta lo promete, no he sentido antojos desde mi segundo día con el régimen y en ningún momento he tenido hambre. Realmente considero que así comeré —y le enseñaré a mi familia a comer— por el resto de mi vida. —*ELLEN S.*

Caldo de res y verduras

Algunas sopas son sustanciosas; esta es buena para el corazón debido a toda la fibra del repollo, la espinaca y el apio.

4 cucharadas de aceite de oliva extra virgen

1 libra (450 g) de *top round steak*; recórtele toda la grasa y corte la carne en cubos de 1¼" (3 cm)

1 tallo de apio finamente picado

½ cebolla grande finamente picada

¼ libra (115 g) de habichuelas verdes (ejotes), cortadas en trozos de 1" (2.5 cm)

5 tazas de agua

¼ repollo (col) pequeño, rallado grueso

¼ bolsa (de una bolsa de 10 onzas/280 g) de espinaca, rallada gruesa

1 lata de 16 onzas (450 g) de tomate (jitomate) en cubos

Pimienta negra molida

Ponga 2 cucharadas del aceite a calentar a fuego mediano-alto en una cacerola grande. Agregue la carne y fríala 8 minutos, revolviendo de vez en cuando, hasta que se dore por todos los lados y ya no esté rosada al centro. Pásela a un tazón (recipiente) grande forrado con toallas de papel. Cubra la carne con una capa de toallas de papel.

Ponga las 2 cucharadas restantes de aceite a calentar a fuego mediano en la misma cacerola. Agregue el apio, la cebolla y las habichuelas verdes y fríalos 10 minutos, revolviendo de vez en cuando, o hasta que se doren levemente. Agregue la carne, el agua, el repollo, la espinaca, el tomate (con su jugo) y pimienta al gusto. Deje que rompa a hervir a fuego alto, revolviendo con frecuencia. Baje el fuego a lento, tape la cacerola y cocine la carne suavemente, revolviendo de vez en cuando, por 1½ horas o hasta que se sienta suave al picarla con un tenedor.

Rinde 4 porciones

VISTAZO NUTRICIONAL

Por porción: 290 calorías, 17 g de grasa, 4½ g de grasa saturada, 24 g de proteínas, 11 g de carbohidratos, 4 g de fibra dietética, 60 mg de colesterol, 420 mg de sodio

ENSALADAS

La sugerencia que las personas que pretenden bajar de peso tal vez escuchen con mayor frecuencia —y menos quieren oír— es la de que coman ensaladas. Nuestra meta ha sido diseñar unas que contengan una cantidad suficiente de proteínas —carne, pescado o queso— para realmente satisfacer el hambre. Los vegetarianos pueden añadir frijoles (habichuelas) en lugar de carne para aumentar el volumen, mejorar el sabor y agregar proteínas. Incremente el repertorio de las verduras que incluye en sus ensaladas al elegir alimentos más saludables y sustanciosos que sólo la lechuga o la espinaca.

Hemos evitado los aliños (aderezos) bajos en grasa, que por lo común contienen azúcar. En lugar de bajarle a la grasa, puede con toda confianza disfrutar de una buena vinagreta o bien de un aliño hecho con aceite de oliva y vinagre. Cualquier aliño que contenga mayonesa también está muy bien, ya que la mayoría de las mayonesas sólo contienen aceite de *canola* o de oliva, huevos, vinagre y otros sazonadores. Tampoco cuesta trabajo encontrar aliños comerciales sin azúcar.

(*Nota:* Si no conoce algunos de los términos utilizados para los alimentos mencionados en este capítulo, véase el glosario en la página 347).

Ensalada tropical de camarones y frijoles negros

Las coloridas frutas tropicales realzan esta ensalada de camarones y frijoles negros. Es excelente ya sea a la hora del almuerzo o como cena ligera.

1 libra (450 g) de camarones medianos cocidos, pelados y desvenados

1 lata de 14 a 19 onzas (390 a 530 g) de frijoles (habichuelas) negros, escurridos y enjuagados

1 jícama pelada y picada en juliana (aproximadamente 1½ tazas)

1 papaya (fruta bomba, lechosa) madura, pelada, partida a la mitad, sin semilla y picada

2 kiwis pelados y cortados en rodajas

½ cebolla morada mediana cortada en rodajas finas

½ taza de hojas frescas de cilantro, picadas

¼ taza de aceite de oliva extra virgen

Disponga los camarones, los frijoles, la jícama, la papaya, los kiwis, la cebolla y el cilantro sobre 4 platos. Esparza con el aceite.

Rinde 4 porciones

VISTAZO NUTRICIONAL

Por porción: 400 calorías, 16 g de grasa, 2 g de grasa saturada, 31 g de proteínas, 32 g de carbohidratos, 10 g de fibra dietética, 221 mg de colesterol, 567 mg de sodio

De la carta de. . .

AZUL

Mandarin Oriental Hotel, 500 Brickell Key Drive, Miami

CHEF: MICHELLE BERNSTEIN

EL *AZUL* ES UN RECINTO DE ASPECTO DRAMÁTICO, CON SU COCINA ABIERTA DE MÁRMOL BLANCO Y LAS PINTORESCAS VISTAS DE LA BAHÍA QUE SE DISFRUTAN A TRAVÉS DE LOS VENTANALES QUE ABARCAN DEL PISO AL TECHO. LA COMIDA ES TAN ESPECTACULAR COMO LA VISTA.

Ensalada de hinojo con atún y queso parmesano

PRIMERA FASE

Ensalada

- 1 bulbo de hinojo cortado en tajadas delgadísimas con una rebanadora japonesa (*Japanese mandoline*) o una rebanadora de carne
- 2 cucharadas de aceite de oliva extra virgen
- 2 cucharadas de jugo de limón fresco
- ⅛ cucharadita de hojas de tomillo picadas
- 1 cucharadita de perejil italiano picado
- 2 cucharadas de queso *Reggiano* o parmesano cortado en tajadas finas

Atún

- ¼ cucharadita de sal
- 1 cucharada de granos de pimienta rosada
- 1½ cucharaditas de aceite de oliva extra virgen
- 4 onzas (112 g) de atún para *sushi*

Para preparar la ensalada: Mezcle el hinojo, el aceite, el jugo de limón, el tomillo, el perejil italiano y el queso. Ponga esta mezcla aparte en un lugar fresco.

Para preparar el atún: Espolvoree el atún con la sal y los granos de pimienta. Ponga una sartén para sofreír a calentar a fuego alto y agregue el aceite de oliva. Ponga el atún en la sartén y fríalo 30 segundos o 1 minuto por cada lado. Sáquelo de la sartén y rebánelo en 5 trozos.

Disponga la ensalada de hinojo sobre un plato extendido y coloque las rebanadas de atún al centro de la ensalada. Sírvalo de inmediato.

Rinde 1 porción

VISTAZO NUTRICIONAL

Por porción: 460 calorías, 27 g de grasa, 6 g de grasa saturada, 36 g de proteínas, 22 g de carbohidratos, 9 g de fibra dietética, 65 mg de colesterol, 910 mg de sodio

Ensalada de atún y frijoles

Lo salado de las alcaparras y lo cremoso de la crema agria y la mayonesa realmente le dan vida a esta ensalada de atún. Disfrútela como un sustancioso almuerzo.

2 manojos de berros sin los tallos duros

¼ taza de agua

1 diente de ajo cortado en rodajas finas

1 lata de 12 onzas (340 g) de atún en agua, escurrido y desmenuzado

½ taza de frijoles (habichuelas) italianos *cannellini* de lata, escurridos y enjuagados

¼ cebolla blanca dulce finamente picada

½ taza de pimiento (ají, pimiento morrón) rojo asado, picado

3 cucharadas de mayonesa

2 cucharadas de crema agria descremada

1 cucharada de vinagre de vino tinto

1½ cucharaditas de alcaparras, escurridas y enjuagadas

Sal

Pimienta negra molida

Pique las ramitas de berro en trozos grandes hasta llenar ½ taza. Enjuague y seque el berro restante y póngalo aparte.

Ponga el berro picado, el agua y el ajo en una cacerola pequeña. Deje que rompa a hervir a fuego mediano-alto. Baje el fuego a lento. Tape la cacerola y deje que los tallos de berro hiervan suavemente de 1 a 2 minutos o hasta que adquieran un vivo color verde. Escúrralos y póngalos en un tazón (recipiente) grande. Agregue el atún, los frijoles, la cebolla y el pimiento asado al tazón y mezcle todos los ingredientes.

Ponga la mayonesa, la crema agria, el vinagre, las alcaparras y sal y pimienta al gusto en una licuadora (batidora) o procesador de alimentos. Muélalo todo hasta obtener una consistencia uniforme.

Sirva la mezcla de atún sobre las ramitas de berro que reservó. Esparza la ensalada con el aliño (aderezo) de la mayonesa.

Rinde 4 porciones

VISTAZO NUTRICIONAL

Por porción: 222 calorías, 11 g de grasa, 2 g de grasa saturada, 23 g de proteínas, 8 g de carbohidratos, 2 g de fibra dietética, 40 mg de colesterol, 543 mg de sodio

Ensalada asiática crujiente de pollo con *wonton*

Le encantará el sabor agridulce de esta crujiente ensalada de pollo. La masa de wonton y los ingredientes tradicionales le otorgan un auténtico toque asiático.

8   trozos de masa de *wonton*, cortados en tiras de ¼" (5 mm).

¼   taza de vinagre de arroz o de vino blanco

2   cucharadas de salsa *hoisin*

2   cucharadas de aceite de *canola*

¼   cucharadita de aceite de sésamo (ajonjolí)

1   cucharada de jengibre fresco rallado

1   diente de ajo picado en trocitos

¼   cucharadita de pimienta roja molida

1   libra (450 g) de verduras mixtas de hoja verde

1   taza de brotes (germinados) de frijol (habichuela)

½   libra (225 g) de pechuga de pollo cocida deshebrada

1   zanahoria rallada

2   cebollines (cebollas de cambray) en rodajas delgadas

Precaliente el horno a 400°F (206°C). Rocíe una bandeja de hornear con aceite antiadherente en aerosol.

Separe las tiras de masa de *wonton* y colóquelas sobre la bandeja de hornear ya preparada. Rocíelas ligeramente con aceite en aerosol. Hornéelas 3 minutos o hasta que estén doradas y crujientes. Sáquelas del horno y déjelas aparte.

En un tazón (recipiente) grande, bata a mano el vinagre, la salsa *hoisin*, el aceite de *canola*, el aceite de sésamo, el jengibre, el ajo y la pimienta roja molida hasta incorporar bien todos los ingredientes. Agregue las verduras, los brotes, el pollo, la zanahoria, el cebollín y las tiras de masa de *wonton* que reservó. Revuelva todo con cuidado y sírvalo de inmediato.

Rinde 4 porciones

VISTAZO NUTRICIONAL

Por porción: 274 calorías, 10 g de grasa, 1 g de grasa saturada, 23 g de proteínas, 23 g de carbohidratos, 5 g de fibra dietética, 50 mg de colesterol, 498 mg de sodio

Ensalada de pollo ahumado con vinagreta balsámica de frambuesa

Si necesita preparar una comida en unos cuantos minutos, esto es justamente lo que necesita. También puede servirla como cena en el verano cuando simplemente no tenga ganas de prender el horno.

- ¼ taza de mermelada de frambuesa sin azúcar
- 3 cucharadas de aceite de oliva extra virgen
- ¼ taza de vinagre balsámico
- ¾ libra (340 g) de pechuga de pollo deshuesada ahumada, cortada en tiras de 3" (8 cm)
- 6 tazas de lechugas y hierbas mixtas (*mesclun mix*)
- 2 tazas de frambuesas frescas
- ¼ taza de almendras tostadas en rebanadas

Ponga la mermelada, el aceite y el vinagre en un frasco resellable. Apriete la tapa muy bien y agite el frasco vigorosamente.

Mezcle el pollo suavemente con el aliño (aderezo) en un tazón (recipiente) grande. Recubra un platón extendido o un plato hondo grande con las lechugas y hierbas mixtas. Distribuya encima la mezcla de pollo, las frambuesas y las almendras. (Si lo desea, puede colocar el pollo sobre las lechugas y hierbas mixtas y servir el aliño aparte o esparcido encima, para finalmente agregar las frambuesas y las almendras).

Rinde 4 porciones

VISTAZO NUTRICIONAL

Por porción: 275 calorías, 17 g de grasa, 3 g de grasa saturada, 18 g de proteínas, 25 g de carbohidratos, 6 g de fibra dietética, 33 mg de colesterol, 800 mg de sodio

Ensalada de pollo

Esta ensalada es tan fácil de preparar que puede hacerla cuando quiera y disfrutarla igual.

¾ taza de crema agria descremada

3 cebollines (cebollas de cambray) picados en trocitos

1 cucharada de perejil finamente picado

½ cucharadita de ralladura de limón

Sal

Pimienta negra molida

3 tazas de pechuga de pollo cocida deshebrada

8 hojas grandes de lechuga

Ponga la crema agria, los cebollines, el perejil, la ralladura de limón y sal y pimienta al gusto en un tazón (recipiente) mediano. Revuélvalo todo muy bien. Agregue el pollo y revuélvalo para recubrirlo bien. Sirva la ensalada sobre una cama de hojas de lechuga.

Rinde 4 porciones

VISTAZO NUTRICIONAL

Por porción: 234 calorías, 5 g de grasa, 1 g de grasa saturada, 35 g de proteínas, 11 g de carbohidratos, 2 g de fibra dietética, 94 mg de colesterol, 127 mg de sodio

Ensalada de endibia rizada con queso azul y nueces

Una vinagreta afrutada con un toque de mostaza Dijon *es el aliño perfecto para esta ensalada. Las nueces y el queso azul la convierten en algo excepcional.*

Vinagreta de frambuesa

- 1 cucharada de mermelada de frambuesa sin azúcar
- ½ taza de vinagre balsámico
- 1½ cucharaditas de aceite de nuez o de *canola*
- ½ cucharadita de mostaza *Dijon*

Ensalada

- ¼ taza de vino tinto seco
- 1 pera sin corazón y picada
- 4 tazas de endibia (lechuga escarola) rizada o germinados de lechuga (*baby lettuce*)
- 2 cucharadas de nueces tostadas picadas
- 2 cucharadas de queso azul desmoronado

  Sal

  Pimienta negra molida

Para preparar la vinagreta de frambuesa: Ponga la mermelada en un tazón (recipiente) pequeño adecuado para el horno de microondas durante 1 minuto en *high*, o hasta que se derrita. Batiendo a mano, incorpore el vinagre, el aceite y la mostaza.

Para preparar la ensalada: Ponga el vino y la pera a calentar a fuego mediano-alto en una cacerola pequeña. Déjela 4 minutos o hasta que el líquido se evapore, revolviendo con frecuencia.

Reparta la endibia rizada o la lechuga entre 4 platos para cenar. Espolvoréela con la nuez y el queso azul. Salpimiente al gusto. Divida la pera entre los platos. Esparza con la vinagreta.

Rinde 4 porciones

VISTAZO NUTRICIONAL

Por porción: 130 calorías, 5 g de grasa, 1 g de grasa saturada, 2 g de proteínas, 18 g de carbohidratos, 3 g de fibra dietética, 5 mg de colesterol, 160 mg de sodio

Ensalada china de carne de res y pimiento

Ya sea que prepare este plato con ingredientes frescos o utilice London broil *que le haya sobrado de una comida del día anterior, el resultado será igualmente delicioso.*

⅓ taza de salsa de soya *light*

2 cucharadas de aceite de oliva extra virgen

1 cucharada de vino de jerez seco

2 cucharaditas de sustituto de azúcar

1 cucharadita de jengibre en polvo

1 diente de ajo pequeño, picado en trocitos

1 libra (450 g) de *London broil* cocido; recórtele toda la grasa visible y corte la carne en tiritas de aproximadamente ⅛" (3 mm) de ancho y 1" (2.5 cm) de largo

1 pimiento (ají, pimiento morrón) rojo mediano, cortado en tiritas muy delgadas

2 cebollines (cebollas de cambray) cortados en rebanadas

En un tazón (recipiente) pequeño, bata a mano la salsa de soya, el aceite, el vino de jerez, el sustituto de azúcar, el jengibre y el ajo. Agregue la carne y revuélvalo todo para recubrirla bien. Tape el tazón y métalo al refrigerador durante 1 día como máximo, hasta que esté listo para usar la carne.

Escurra la carne y reserve el adobo (marinado). Ponga la carne en una fuente de servir (bandeja, platón) y mézclela con el pimiento y el cebollín. Sirva la ensalada con el adobo reservado aparte.

Rinde 4 porciones

VISTAZO NUTRICIONAL

Por porción: 283 calorías, 15 g de grasa, 5 g de grasa saturada, 24 g de proteínas, 9 g de carbohidratos, 2 g de fibra dietética, 54 mg de colesterol, 860 mg de sodio

Ensalada verde con aliño cremoso de semilla de amapola

El aliño de amapola es un delicioso complemento dulce, con sabor a frutos secos, para una ensalada. Para realzar aún más el sabor de las semillas, tuéstelas ligeramente en una sartén seca de 2 a 3 minutos antes de agregarlas al aliño.

Aliño (aderezo)

- ½ taza de yogur natural sin grasa
- 2 cucharadas de jugo de naranja (china)
- 2 cucharaditas de semillas de amapola
- ½ cucharadita de vinagre de manzana
- 1 pizca de pimienta negra molida

Ensalada

- 1 lechuga colorada (envinada), desmenuzada a mano
- 1 manojo de berros
- 1 taza de tomates (jitomates) pequeños partidos a la mitad

Para preparar el aliño: Bata a mano el yogur, el jugo de naranja, las semillas de amapola, el vinagre y la pimienta en un tazón (recipiente) pequeño.

Para preparar la ensalada: Mezcle la lechuga, los berros y los tomates en una ensaladera. Añada el aliño y mézclelo todo suavemente.

Rinde 4 porciones

VISTAZO NUTRICIONAL

Por porción: 49 calorías, 1 g de grasa, 0 g de grasa saturada, 4 g de proteínas, 9 g de carbohidratos, 2 g de fibra dietética, 1 mg de colesterol, 39 mg de sodio

Ensalada en capas con aliño de limón verde

*Si quiere preparar un almuerzo fresco y refrescante este verano, aquí está. Pre-
pare la ensalada la noche anterior, guárdela en el refrigerador y cuando usted
esté listo, también lo estará.*

Aliño (aderezo) de limón verde

- ⅓ taza de jugo de limón verde (lima)
- ¼ taza de cilantro fresco picado
- 1 cebollín (cebolla de cambray) picado
- 1 cucharada de aceite de oliva extra virgen
- 1 cucharadita de sustituto de azúcar
- ½ cucharadita de sal
- 3 aguacates (paltas) medianos, pelados y deshuesados
- ½ taza de salsa picante
- 2 cucharadas de jugo de limón

Ensalada en capas

- 1 taza de tomates (jitomates) pequeños, picados a la mitad
- 1 taza de verduras mixtas de hoja verde
- 1 pimiento (ají, pimiento morrón) amarillo grande, picado
- 1½ tazas de cabezuelas de coliflor
- 1 taza de jamón cocido de pavo (chompipe), picado
- ½ taza de garbanzos pre-parados en casa o de lata
- ¼ taza de aceitunas negras en rodajas

  Pimiento amarillo fina-mente picado, para adornar

Para preparar el aliño de limón verde: Mezcle el jugo de limón verde, el cilantro, el cebollín, el aceite, el sustituto de azúcar y la sal en un tazón (recipiente) pequeño. Agregue el aguacate y macháquelo hasta incorporarlo a los demás ingredientes. Incorpore la salsa picante y el jugo de limón.

Para preparar la ensalada en capas: Con el lado cortado hacia abajo, ponga los tomates en una ensaladera de vidrio de 2 cuartos de galón (2.8 l) de capacidad. Disponga las verduras mixtas sobre los tomates. Encima ponga el pimiento, luego la coliflor, el jamón de pavo y los garbanzos. Esparza con la mitad del aliño de limón verde. Al final agregue las aceitunas. Sirva la ensalada con el aliño restante aparte. Adorne la ensalada con el pimiento amarillo.

Rinde 4 porciones

VISTAZO NUTRICIONAL

Por porción: 380 calorías, 27 g de grasa, 5 g de grasa saturada, 12 g de proteínas, 28 g de carbohidratos, 15 g de fibra dietética, 20 mg de colesterol, 1,170 mg de sodio

Ensalada de cerdo y pimiento con vinagreta balsámica

Cuando tenga mucha prisa, utilice sobras de carne de cerdo (o de pollo) y pimientos asados de frasco en lugar de ingredientes frescos. Simplemente caliéntelos en el horno de microondas.

1 pimiento (ají, pimiento morrón) rojo

1 pimiento verde

1 pimiento amarillo

½ libra (225 g) de lomo (*tenderloin*) magro (bajo en grasa) de cerdo

1 cucharada de aceite de oliva extra virgen

1 cebolla morada mediana cortada en rodajas finas

2 tazas de repollo (col) colorado o verde, cortado en rodajas finas

2 tallos de apio cortados en rodajas delgadas

½ cucharadita de sal

⅛ cucharadita de pimienta negra molida

¼ taza de vinagreta balsámica sin azúcar

¼ taza (1 onza/28 g) de queso *Muenster* o *mozzarella* de grasa reducida rallado

Precaliente el asador del horno. Coloque los pimientos en una charola para el asador del horno y áselos a unas 4" (10 cm) de la fuente de calor, volteándolos de vez en cuando, hasta que les salgan ampollas y se doren por todos los lados. Póngalos en una bolsa de papel, ciérrela bien y déjela aparte unos 5 minutos o hasta que los pimientos se hayan enfriado lo suficiente para tocarlos. Sáquelos, pártalos a la mitad y deseche la piel, las venas y las semillas. Corte los pimientos en tiras.

Ponga la carne de cerdo en la charola para el asador y ásela 12 minutos, volteándola una sola vez, o hasta que un termómetro introducido en el centro de la carne marque 155°F (68°C) y los jugos salgan transparentes. Deje reposar durante 10 minutos antes de cortarla en rebanadas delgadas.

Ponga el aceite a calentar a fuego mediano en una sartén mediana. Agregue la cebolla, el repollo, el apio, la sal y la pimienta negra. Fría las verduras, revolviendo con frecuencia, durante 10 minutos o hasta que queden suaves.

Reparta la mezcla del repollo entre 4 platos. Encima disponga los pimientos y la carne de cerdo. Esparza la vinagreta sobre la ensalada y espolvoréela con 1 cucharada de queso.

Rinde 4 porciones

VISTAZO NUTRICIONAL

Por porción: 194 calorías, 8 g de grasa, 2 g de grasa saturada, 16 g de proteínas, 16 g de carbohidratos, 4 g de fibra dietética, 43 mg de colesterol, 631 mg de sodio

Ensalada de habichuelas verdes y cebolla morada

El color de la cebolla sofrita forma un atractivo contraste con las habichuelas verdes frescas y el pepino. Puede reducir la cantidad de ajo si prefiere un sabor un poco menos fuerte.

2	libras (900 g) de habichuelas verdes (ejotes), cocidas al vapor y puestas a enfriar en el refrigerador
1	pepino sin semilla y cortado en tiras
2	cebollas moradas cortadas en rebanadas y separadas en ruedas
3	dientes de ajo picados en trocitos
3	cucharadas de aceite de oliva extra virgen
¼	taza de vinagre de vino tinto
2	cucharadas de agua
1	cucharadita de sustituto de azúcar

En un tazón (recipiente) grande, mezcle las habichuelas y el pepino.

Sofría (saltee) la cebolla y el ajo en 2 cucharadas del aceite en una sartén pequeña, hasta que queden suaves pero no dorados. Incorpore el vinagre, el agua y el sustituto de azúcar y deje que todo hierva suavemente unos 2 minutos, revolviendo hasta que el sustituto de azúcar se disuelva. Incorpore el aceite restante. Vierta este aliño de cebolla sobre la mezcla de las habichuelas. Sirva la ensalada de inmediato.

Rinde 6 porciones

VISTAZO NUTRICIONAL

Por porción: 138 calorías, 6 g de grasa, 0 g de grasa saturada, 4 g de proteínas, 16 g de carbohidratos, 6 g de fibra dietética, 0 mg de colesterol, 2 mg de sodio

Ensalada de sésamo, comelotodo y espárragos

El comelotodo y el sésamo forman una combinación natural. Al agregarse los espárragos frescos se logra una ensalada muy elegante. Sírvala para acompañar un plato fuerte o disfrútela como un almuerzo ligero.

1½ tazas de arroz integral cocido

2 cucharadas de aceite de *canola*

2 cucharaditas de aceite de sésamo (ajonjolí)

3 cucharadas de salsa de soya *light*

½ libra (225 g) de comelotodo (arveja china, *snow pea*), limpio y cocido

½ libra (225 g) de espárragos frescos, limpios y cocidos

3 cucharadas de semillas de sésamo tostadas

3 cebollines (cebollas de cambray) cortados en rebanadas

¼ cucharadita de pimienta roja molida

Mezcle el arroz con el aceite de *canola*, el aceite de sésamo y la salsa de soya en una ensaladera grande. Incorpore el comelotodo, los espárragos y las semillas de sésamo y revuelva todo. Espolvoree la ensalada con el cebollín y la pimienta roja molida.

Rinde 6 porciones

VISTAZO NUTRICIONAL

Por porción: 239 calorías, 9 g de grasa, 1 g de grasa saturada, 6 g de proteínas, 31 g de carbohidratos, 5 g de fibra dietética, 0 mg de colesterol, 314 mg de sodio

De la carta de. . .

PACIFIC TIME

915 Lincoln Road, Miami Beach

CHEF: JONATHAN EISMANN

El Pacific Time es un conocido restaurante asiático ubicado sobre la Lincoln Road de Miami, la cual está cerrada al tránsito automovilístico. Contemplar los aparadores de las tiendas de ropa y galerías próximas al restaurante es una popular actividad para antes o después de la cena.

Ensalada de verduras con *feta*

PRIMERA FASE

Aliño (aderezo)

- ¼ taza de vinagre negro chino
- 2 cucharadas de té oscuro fuerte
- 2 cucharadas de jugo de limón verde (lima)
- 2 cucharadas de cebollino (cebolleta), finamente picado
- 2 cucharadas de limoncillo (*lemongrass*), finamente picado

Ensalada de verduras

- ½ libra (225 g) de habichuelas largas chinas o de habichuelas verdes (ejotes), cortadas en trozos de ½" (1 cm)
- 1 taza de queso *feta* desmoronado
- 1 taza de brotes (germinados) de frijoles *mung*
- ¼ taza de cebollín (cebolla de cambray) finamente picado (sólo la parte verde)
- 1 pepino mediano, pelado, sin semilla y picado en cubos de ¼" (5 mm)
- 1 pimiento (ají, pimiento morrón) rojo picado en juliana

  Sal

  Pimienta blanca molida

Para preparar el aliño: Mezcle el vinagre, el té, el jugo de limón verde, el cebollino y el limoncillo en un tazón (recipiente) mediano.

Para preparar la ensalada: Blanquee las habichuelas unos 2 minutos en agua hirviendo.

Ponga las habichuelas, el queso, los brotes de frijol, el cebollín, el pepino y el pimiento en un tazón grande. Incorpore el aliño. Sazone al gusto con sal y pimienta blanca molida.

Ponga la ensalada a enfriar antes de servirla.

Rinde 4 porciones

VISTAZO NUTRICIONAL

Por porción: 137 calorías, 4 g de grasa, 3 g de grasa saturada, 11 g de proteínas, 15 g de carbohidratos, 4 g de fibra dietética, 13 mg de colesterol, 493 mg de sodio

Ensalada de habas

En inglés, las habas también se conocen por otros muchos nombres, como fava beans, broad beans *y* horse beans. *Independientemente de cómo se les diga, contienen más proteínas que los garbanzos, los frijoles (habichuelas) colorados, los frijoles pintos, las lentejas, las habas blancas o los chícharos, y sólo la décima parte de la grasa que tienen los frijoles de soya.*

2 tazas de *arugula* (un tipo de lechuga italiana)

2 tazas de verduras mixtas de hoja verde

1 lata de 14 a 19 onzas (390 a 530 g) de habas, escurridas y enjuagadas

¼ cebolla morada en rodajas delgadas

Aliño diosa verde a lo South Beach (véase la página 172)

En un tazón (recipiente) grande, ponga la *arugula*, las verduras, las habas y la cebolla y mézclelas muy bien. Sirva la ensalada con el Aliño diosa verde a lo South Beach.

Rinde 4 porciones

VISTAZO NUTRICIONAL

Por porción: 91 calorías, 1 g de grasa, 0 g de grasa saturada, 5 g de proteínas, 16 g de carbohidratos, 5 g de fibra dietética, 0 mg de colesterol, 229 mg de sodio

Ensalada de alcachofa con aceitunas

Ponga a gozar su paladar rompiendo con la ensalada verde tradicional. Los corazones de alcachofa congelados y el pimiento asado de frasco ayudan a reducir el tiempo de preparación, de modo que la ensalada quedará lista en un momentito.

¼ taza de mayonesa

2 cucharadas de aliño (aderezo) cremoso estilo italiano sin azúcar

⅛ cucharadita de pimienta negra molida

1 paquete de 10 onzas (280 g) de corazones de alcachofa congelados, descongelados y picados

½ taza de pimiento (ají, pimiento morrón) rojo asado, picado

1 tallo de apio picado

¼ taza de albahaca fresca picada

8 aceitunas *kalamata*, deshuesadas y partidas a la mitad

6 hojas de lechuga

Bata a mano la mayonesa, el aliño estilo italiano y la pimienta negra en un tazón (recipiente) pequeño.

Ponga la alcachofa, el pimiento asado, el apio, la albahaca y las aceitunas en una ensaladera grande. Incorpore el aliño. Tape la ensaladera y métala al refrigerador hasta la hora de servir.

Divida la lechuga entre 6 platos. Distribuya la mezcla de alcachofa sobre la lechuga.

Rinde 6 porciones

VISTAZO NUTRICIONAL

Por porción: 120 calorías, 11 g de grasa, 1½ g de grasa saturada, 2 g de proteínas, 6 g de carbohidratos, 3 g de fibra dietética, 5 mg de colesterol, 250 mg de sodio

Ensalada de verduras

El verde predomina en este sabroso almuerzo. La ensalada también queda deliciosa si se le agrega pollo o camarón fríos.

½ taza de habichuelas verdes (ejotes) frescos, cortadas en trozos de 1" (2.5 cm)

½ zanahoria picada en juliana

½ taza de espárragos frescos picados

¼ taza de chícharos (guisantes, arvejas) congelados

½ taza de espinacas cortadas en pedazos con las manos

½ bulbo de hinojo pequeño cortado en rodajas finas

½ tomate (jitomate) picado

½ taza de champiñones (setas), cortados en rebanadas

½ taza de endibia (lechuga escarola) rizada, rallada

½ *summer squash* pequeño en rodajas

¼ pepino cortado en rodajas finas

¼ taza de rábanos cortados en rodajas finas

Vinagreta de hierbas (véase la receta en la página 173) al gusto

Unas hojas de endibia belga

Cilantro fresco picado para adornar

Ponga una pequeña cantidad de agua a calentar a fuego mediano en una cacerola pequeña. Agregue las habichuelas verdes y hiérvalas suavemente de 4 a 6 minutos. Agregue la zanahoria. Cocínela 2 minutos. Añada los espárragos y los chícharos. Cocínelos 2 minutos. Escúrralos bien y enjuáguelos bajo el chorro del agua fría. Escúrralos nuevamente.

Mezcle las espinacas, el hinojo, el tomate, los champiñones, la endibia rizada, el *squash*, el pepino y los rábanos en una ensaladera grande. Agregue las verduras cocidas y la Vinagreta de hierbas. Revuelva todo bien para recubrir las verduras perfectamente.

Para servir la ensalada, recubra un platón extendido con la endibia belga y distribuya las verduras sobre la endibia. Espolvoree el cilantro encima para adornar.

Rinde 4 porciones

VISTAZO NUTRICIONAL

Por porción: 44 calorías, 0 g de grasa, 0 g de grasa saturada, 3 g de proteínas, 9 g de carbohidratos, 4 g de fibra dietética, 0 mg de colesterol, 44 mg de sodio

Ensalada de batata dulce

Esta ensalada sirve como una alternativa saludable para la tradicional ensalada de papa. Sírvala en el próximo picnic que organice en su jardín.

1½	libras (680 g) de batata dulce (camote), bien lavada
1	manzana grande pelada, sin corazón y picada en cubitos
1	tallo grande de apio, picado
1	cucharada de jugo de naranja (china)
1	cucharada de aceite de oliva extra virgen
2	cucharaditas de vinagre de manzana
1	cucharadita de sustituto de azúcar
1	pizca de sal

Ponga la batata dulce en una cacerola grande y cúbrala con agua. Deje que rompa a hervir a fuego mediano y cocínela unos 30 minutos o hasta que quede suave. Escúrrala y déjela enfriar. Pélela y córtela en cubitos.

Mezcle la batata dulce, la manzana y el apio en un tazón (recipiente) grande.

En un tazón pequeño, bata a mano el jugo de naranja, el aceite, el vinagre, el sustituto de azúcar y la sal. Vierta esta mezcla sobre la de la batata y revuélvala hasta recubrirla muy bien. Tape la ensalada y métala al refrigerador hasta la hora de servir.

Rinde 4 porciones

VISTAZO NUTRICIONAL

Por porción: 248 calorías, 4 g de grasa, 1 g de grasa saturada, 3 g de proteínas, 51 g de carbohidratos, 7 g de fibra dietética, 0 mg de colesterol, 35 mg de sodio

Ensalada de cuscús

Esta ensalada ligera es una guarnición perfecta para el verano.

½ taza de cuscús

1 cucharadita de consomé de pollo en polvo

1 taza de agua hirviendo

1 tomate (jitomate) mediano, sin semilla y finamente picado

1 pepino pequeño pelado y finamente picado

¼ taza de vinagreta balsámica sin azúcar

1 bolsa de 10 onzas (280 g) de espinaca nueva (*baby spinach*), sin tallo

3 onzas (84 g) de queso *feta* de grasa reducida desmoronado

En un tazón (recipiente) grande, mezcle el cuscús y el consomé en polvo. Incorpore el agua. Tape el tazón y póngalo aparte unos 5 minutos o hasta que el líquido se haya absorbido. Añada el tomate, el pepino y la vinagreta y mézclelo todo. Tape la ensalada y métala al refrigerador hasta la hora de servir.

Justo antes de servir la ensalada, agregue 3 tazas de espinacas y el queso a la mezcla del cuscús e incorpórelo todo bien. Recubra un platón extendido con las hojas restantes de espinaca y distribuya encima la mezcla del cuscús.

Rinde 4 porciones

VISTAZO NUTRICIONAL

Por porción: 170 calorías, 3½ g de grasa, 1½ g de grasa saturada, 9 g de proteínas, 28 g de carbohidratos, 5 g de fibra dietética, 10 mg de colesterol, 680 mg de sodio

Ensalada de chayote

El chayote era uno de los frutos favoritos de los aztecas y los mayas. También se le conoce como pera vegetal, mirliton *o* christophene. *Para comprar un chayote, acuérdese de que envejecen de manera muy parecida a nosotros; es decir, si están arrugados, están viejos. Cuando están frescos, la piel del chayote es tierna y se puede comer muy bien. Si el chayote que escogió no está tan fresco como usted quisiera, pélelo antes de rebanarlo.*

3	chayotes sin semilla y cortados en rebanadas delgadas
1	chile serrano sin semilla y finamente picado (use guantes de plástico al tocarlo)
¼	taza de cilantro fresco picado
	El jugo de 1 limón pequeño, colado
⅓	taza de aceite de oliva extra virgen
2	cucharadas de vinagre de manzana
	Sal
	Pimienta negra recién molida
	Unas pequeñas ramitas de cilantro para adornar

Mezcle el chayote, el chile, el cilantro, el jugo de limón, el aceite y el vinagre en un tazón (recipiente) grande. Revuélvalo todo hasta recubrir bien el chayote. Espolvoree la ensalada con la sal y la pimienta. Adórnela con las ramitas de cilantro.

Rinde 4 porciones

VISTAZO NUTRICIONAL

Por porción: 222 calorías, 18 g de grasa, 4 g de grasa saturada, 1 g de proteínas, 7 g de carbohidratos, 3 g de fibra dietética, 0 mg de colesterol, 6 mg de sodio

Ensalada balsámica de tomate y *mozzarella*

El tomate y la albahaca fresca son una combinación clásica de la cocina italiana. Si no tiene tiempo para asar pimientos frescos, puede usarlos asados de frasco.

1 cucharada de vinagre balsámico

1 cucharadita de aceite de oliva extra virgen

1 cucharadita de aceite de semilla de lino (linaza, *flaxseed*)

1 diente de ajo picado en trocitos

¼ cucharadita de sal

⅛ cucharadita de pimienta negra molida

2 pimientos (ajíes, pimientos morrones) rojos grandes, picados a la mitad y sin semilla

2 tomates (jitomates) grandes cortados en rodajas de ½" (1 cm) de grueso

2 onzas (56 g) de queso *mozzarella* fresco cortado en 4 rebanadas

⅓ taza de hojas de albahaca fresca picadas en juliana

Precaliente el asador del horno. Rocíe la parrilla de una charola del asador del horno con aceite en aerosol.

Bata a mano el vinagre, el aceite de oliva, el aceite de semilla de lino, el ajo, la sal y la pimienta negra en una taza. Póngala aparte.

Coloque los pimientos, con el lado entero hacia arriba, sobre la parrilla del asador del horno ya preparada. Áselos sin voltearlos durante 10 minutos o hasta que la piel se ponga negra y le empiecen a salir ampollas.

Ponga los pimientos en una bolsa de papel y séllela. Déjelos reposar 10 minutos o hasta que se hayan enfriado lo suficiente para tocarlos. Quíteles la piel y deséchela. Córtelos en tiras de ½" (1 cm) de ancho.

Acomode las rodajas de tomate sobre un platón extendido. Disponga las rebanadas de queso sobre los tomates. Esparza encima las tiras de pimiento y espolvoréelas con la albahaca. Esparza el aliño (aderezo) de vinagre sobre la ensalada. Deje reposar por lo menos 15 minutos para que los sabores se mezclen.

Rinde 4 porciones

VISTAZO NUTRICIONAL

Por porción: 100 calorías, 5 g de grasa, 2 g de grasa saturada, 5 g de proteínas, 9 g de carbohidratos, 2 g de fibra dietética, 8 mg de colesterol, 241 mg de sodio

Coleslaw

Si anda buscando una forma deliciosa de consumir más fibra, hay pocas cosas mejores que un coleslaw *tradicional.*

¼–½ taza de sustituto de azúcar

¼ taza de jugo de limón

¼ taza de vinagre blanco

1 cucharadita de sal de apio

1 cucharadita de sal de ajo

1 repollo (col) pequeño, rallado

3 tallos de apio picados

½ pimiento (ají, pimiento morrón) verde, picado

¼ taza de cebollino (cebolleta) fresco, picado

¼ taza de rábanos cortados en rodajas

Bata a mano el sustituto de azúcar, el jugo de limón, el vinagre, la sal de apio y la sal de ajo en un tazón (recipiente) grande. Agregue el repollo, el apio, el pimiento verde y el cebollino y mézclelo todo suavemente. Tápelo y déjelo toda la noche en el refrigerador. Agregue los rábanos justo antes de servirlo.

Rinde 4 porciones

VISTAZO NUTRICIONAL

Por porción: 106 calorías, 1 g de grasa, 0 g de grasa saturada, 4 g de proteínas, 25 g de carbohidratos, 5 g de fibra dietética, 0 mg de colesterol, 685 mg de sodio

GUARNICIONES Y SALSAS

EL UNIVERSO DE LAS GUARNICIONES PUEDE DIVIDIRSE EN DOS GRUPOS: LAS TOTALMENTE SALUDABLES (EN SU MAYORÍA VERDURAS, SOBRE TODO LAS VERDES) Y, POR OTRA PARTE, LAS QUE CONSISTEN EN FÉCULAS Y CARBOHIDRATOS, COMO LA PAPA, EL ARROZ, LA PASTA, LAS BOLAS DE MASA Y OTRAS POR EL ESTILO. EN EL CASO IDEAL, LAS PERSONAS QUE SIGUEN LA DIETA SOUTH BEACH CONSUMIRÁN MÁS VERDURAS SALUDABLES. PARA AYUDARLES A HACERLO, HEMOS INVENTADO VARIAS FORMAS NUEVAS Y SABROSAS DE PREPARARLAS, MÉTODOS QUE PRODUCEN PLATOS DELICIOSOS Y MEMORABLES SIN AÑADIR FÉCULAS INNECESARIAS.

EN ESTE CAPÍTULO ENCONTRARÁ RECETAS COMO ESPÁRRAGOS CON SÉSAMO Y JENGIBRE, SUMMER SQUASH CON QUESO *ASIAGO* E INCLUSO UNA CACEROLA DE HABICHUELAS VERDES IGUAL DE RICA QUE LA TRADICIONAL, PERO MÁS BAJA EN GRASA, AL ESTILO DE LA DIETA SOUTH BEACH. TAMBIÉN SE INCLUYEN RECETAS PARA SALSAS Y CONDIMENTOS TOTALMENTE ACEPTABLES DENTRO DE LOS LINEAMIENTOS DE LA DIETA.

(*NOTA*: SI NO CONOCE ALGUNOS DE LOS TÉRMINOS UTILIZADOS PARA LOS ALIMENTOS MENCIONADOS EN ESTE CAPÍTULO, VÉASE EL GLOSARIO EN LA PÁGINA 347).

Edamame con cebollín y sésamo

La palabra japonesa edamame *se refiere a los frijoles (habichuelas) verdes de soya, los cuales se consiguen en algunos supermercados (colmados) o bien en las tiendas de productos naturales. Su popularidad ha aumentado muchísimo recientemente. ¡Pruébelos y verá que también le encantarán! El método fácil que se utiliza aquí le permitirá preparar el plato en 15 minutos.*

1	bolsa de 12 onzas (448 g) de *edamame* pelado, congelado
1	cucharada de salsa de soya *light*
½	taza de agua
1½	cucharaditas de aceite de sésamo (ajonjolí)
1	cucharadita de aceite de *canola*
	Un chorrito de salsa picante (opcional)
2	cucharadas de cebollín (cebolla de cambray), finamente picado
⅛	cucharadita de pimienta negra molida

Deje que el *edamame*, la salsa de soya y el agua rompan a hervir a fuego mediano–alto en una cacerola mediana. Baje el fuego a lento y deje que hiervan suavemente 12 minutos o hasta que el *edamame* esté suave, revolviéndolo de vez en cuando. Si queda líquido deje la cacerola al fuego, revolviendo de vez en cuando, hasta que el líquido se evapore.

Retire la cacerola del fuego. Incorpore los aceites de sésamo y *canola*, la salsa picante, si la está usando, el cebollín y la pimienta negra.

Rinde 4 porciones

VISTAZO NUTRICIONAL

Por porción: 140 calorías, 6 g de grasa, 0 g de grasa saturada, 10 g de proteínas, 11 g de carbohidratos, 5 g de fibra dietética, 0 mg de colesterol, 430 mg de sodio

Pimientos y comelotodos barnizados

*Un barniz dulce y sabroso de vinagre balsámico reemplaza la mantequilla en esta guarnición primaveral. Si usted prefiere los tirabeques (*sugar snap peas*), también quedan muy bien en lugar de los comelotodos.*

- 3 tazas de comelotodos (arvejas chinas, *snow peas*) limpios
- 2 cucharadas de agua
- ⅓ taza de vinagre balsámico
- 1 cucharadita de sustituto de azúcar
- 1 cucharadita de aceite de oliva extra virgen
- ½ pimiento (ají, pimiento morrón) rojo grande, cortado en tiras cortas
- 1 diente de ajo picado en trocitos
- ⅛ cucharada de sal
- ⅛ cucharadita de pimienta negra molida

Ponga los comelotodos y el agua en un tazón (recipiente) grande resistente al horno de microondas. Cúbralos con envoltura autoadherente de plástico, pique la envoltura varias veces para dejar escapar el vapor y métalos 5 minutos al horno de microondas con el horno en *high*, hasta que los comelotodos queden cocidos pero aún crujientes; interrumpa el proceso de cocción a los 3 minutos para revolverlos. Escúrralos.

Ponga el vinagre y el sustituto de azúcar a hervir a fuego mediano-alto en una cacerola pequeña. Hierva la mezcla 3 minutos, revolviéndola constantemente, hasta que se reduzca a 2 cucharadas. Retírela del fuego.

Ponga el aceite a calentar a fuego mediano en una sartén antiadherente grande. Agregue el pimiento y el ajo y fríalos 2 minutos o hasta que queden cocidos pero aún crujientes. Agregue los comelotodos, la sal, la pimienta negra y el barniz de vinagre. Revuelva todos los ingredientes hasta que queden bien recubiertos.

Rinde 4 porciones

VISTAZO NUTRICIONAL

Por porción: 45 calorías, 0 g de grasa, 0 g de grasa saturada, 2 g de proteínas, 9 g de carbohidratos, 2 g de fibra dietética, 0 mg de colesterol, 80 mg de sodio

Pimientos sofritos con cebolla

No hay nada tan rebosante de sabor como unos pimientos sofritos con cebolla. La combinación dulce y suave va bien prácticamente con cualquier plato fuerte. En este caso el sabor se enriquece por agregarse vinagre balsámico, el cual tiene mucho cuerpo, así como unos jugosos tomates (jitomates).

1 cucharada de aceite de oliva extra virgen

4 pimientos (ajíes, pimientos morrones) grandes, picados en trozos de 2" (5 cm)

1 cebolla morada grande cortada en rodajas separadas en ruedas

1 cucharada de vinagre balsámico

1 cucharadita de albahaca seca

¼ cucharadita de sal

¼ cucharadita de pimienta negra molida

2 tomates italianos pequeños (*plum tomatoes*), picados

3 cucharadas de consomé de pollo o verduras o agua

Ponga el aceite a calentar a fuego mediano en una sartén grande. Agregue el pimiento y la cebolla y fríalos unos 5 minutos, revolviendo de vez en cuando, hasta que la cebolla empiece a suavizarse.

Agregue el vinagre, la albahaca, la sal y la pimienta negra y deje que se cocinen 1 minuto. Agregue los tomates y el consomé o el agua. Baje el fuego a lento, tape la sartén y déjela cocinando 8 minutos, revolviendo de vez en cuando, hasta que las verduras queden muy suaves.

Rinde 4 porciones

VISTAZO NUTRICIONAL

Por porción: 80 calorías, 4½ g de grasa, ½ g de grasa saturada, 2 g de proteínas, 11 g de carbohidratos, 4 g de fibra dietética, 0 mg de colesterol, 210 mg de sodio

Habichuelas verdes a la naranja y jengibre

La naranja y el jengibre les dan un toque asiático a unas habichuelas verdes comunes y corrientes.

1	libra (450 g) de habichuelas verdes (ejotes)
1	cucharada de margarina sin transgrasas
½	taza de chalote, picado
1	cucharada de jengibre fresco finamente picado
½	cucharadita de ralladura de naranja (china)

Ponga una cacerola mediana de agua a hervir a fuego mediano-alto. Agregue las habichuelas, tape la cacerola y deje que hiervan 5 minutos o hasta que queden suaves. Escúrralas y póngalas en un tazón (recipiente).

Ponga la margarina a derretir a fuego lento en la misma cacerola. Agregue el chalote y el jengibre y sofríalos 5 minutos o hasta que el primero quede suave. Añada las habichuelas y la ralladura de naranja y mézclelo todo.

Rinde 8 porciones

VISTAZO NUTRICIONAL

Por porción: 35 calorías, 1 g de grasa, 0 g de grasa saturada, 1 g de proteínas, 5 g de carbohidratos, 2 g de fibra dietética, 0 mg de colesterol, 15 mg de sodio

Cacerola de habichuelas verdes

Hemos remozado este plato norteamericano tradicional a lo South Beach para que lo disfrute desde la Segunda Fase en adelante.

½ taza de suero de leche

¼ taza de pan de trigo integral rallado (molido)

¼ taza de nueces molidas

1 cebolla cortada horizontalmente en rebanadas de ¼" (6 mm) de grosor, separadas en ruedas

½ libra (225 g) de hongos *baby bella* o *cremini*, cortados en rebanadas

1 cebolla picada

½ cucharadita de tomillo seco

¼ cucharadita de sal

¼ taza de harina de trigo integral

3 tazas de leche semidescremada al 1 por ciento

1 bolsa de 16 onzas (448 g) de habichuelas verdes (ejotes) partidas a la francesa congeladas, que hayan sido descongeladas y escurridas

Precaliente el horno a 500°F (260°C). Rocíe una bandeja de hornear mediana y una fuente para hornear (refractario) de 13" (33 cm) × 9" (23 cm) con aceite en aerosol.

Vierta el suero de leche en un plato hondo. Ponga el pan rallado y las nueces en otro plato hondo poco profundo y revuelva todo bien. Pase las ruedas de cebolla por el suero de leche y luego por el pan rallado, y colóquelas sobre la bandeja de hornear ya preparada. Rocíe las ruedas de cebolla ligeramente con aceite en aerosol.

Hornéelas 20 minutos o hasta que queden suaves y se doren.

Mientras tanto, rocíe una cacerola mediana con aceite en aerosol y póngala a calentar a fuego mediano. Agregue los hongos, la cebolla picada, el tomillo y la sal. Rocíe todo con aceite en aerosol. Fríalo unos 4 minutos, revolviendo de vez en cuando, hasta que los hongos suelten su líquido. Espolvoréelos con la harina y fríalos 1 minuto más, sin dejar de revolverlos. Agregue la leche y caliéntela 3 minutos o hasta que espese, revolviéndola constantemente. Incorpore las habichuelas verdes.

Baje la temperatura del horno a 400°F (204°C). Vierta la mezcla de las habichuelas en la fuente para hornear ya preparada. Esparza las ruedas de cebolla encima de las habichuelas. Hornéelas 25 minutos o hasta que queden bien calientes y echen burbujas.

Rinde 8 porciones

Por porción: 110 calorías, 3 g de grasa, 1 g de grasa saturada, 6 g de proteínas, 15 g de carbohidratos, 2 g de fibra dietética, 5 mg de colesterol, 150 mg de sodio

Verduras mixtas al sésamo y la alcaravea

Aunque usted esté convencido de que no le gustan las coles de Bruselas, prué-belas en esta sabrosa receta. Los sabores a frutos secos y a anís del sésamo y de la alcaravea realzan estos bocaditos verdes a la perfección.

1	cucharada de semillas de sésamo (ajonjolí)
2	cucharaditas de semillas de alcaravea
2	cucharaditas de aceite de oliva extra virgen
6	cebollines (cebollas de cambray), picados
3	tazas de coles (repollitos) de Bruselas partidas a la mitad
½	taza de consomé de pollo
2	tazas de comelotodos (arvejas chinas, *snow peas*), limpios
1½	cucharaditas de pimienta negra molida
½	cucharadita de sazonador de hierbas bajo en sodio

Ponga las semillas de sésamo y de alcaravea a calentar a fuego mediano en una sartén antiadherente grande. Tuéstelas, moviendo la sartén con frecuencia, unos 2 minutos o hasta que suelten su aroma. Páselas a un tazón (recipiente).

Ponga el aceite a calentar a fuego mediano-alto en la misma sartén. Agregue los cebollines y fríalos 1 minuto, revolviéndolos constantemente. Agregue las coles de Bruselas y fríalas unos 2 minutos, revolviéndolas constantemente. Agregue el consomé, tape la sartén y deje que hierva 5 minutos o justo hasta que las verduras queden suaves.

Agregue los comelotodos y cocínelos unos 2 minutos, revolviéndolos con frecuencia, hasta que queden cocidos pero aún crujientes. Incorpore las semillas, la pimienta y el sazonador de hierbas y fríalo todo 1 minuto.

Rinde 4 porciones

VISTAZO NUTRICIONAL

Por porción: 90 calorías, 4 g de grasa, ½ g de grasa saturada, 4 g de proteínas, 11 g de carbohidratos, ½ g de fibra dietética, 0 mg de colesterol, 150 mg de sodio

Espárragos con sésamo y jengibre

Los espárragos delgados siempre dan una guarnición elegante. Espolvoreados con un poco de pimienta roja molida, su presentación de acuerdo con esta receta es muy vistosa. Este plato resulta delicioso acompañando a un plato fuerte de pescado.

1½ libras (680 g) de espárragos delgados, limpios y cortados en diagonal en trozos de 2" (5 cm)

1 cucharada de aceite de *canola*

1 cucharada de jengibre fresco, picado

1 cucharada de salsa de soya *light*

¼ cucharadita de pimienta roja molida

1 cucharadita de aceite de sésamo (ajonjolí)

1 cucharadita de semillas de sésamo

Ponga ¼" (6 mm) de agua a hervir en una sartén antiadherente grande a fuego alto. Agregue los espárragos y deje que rompan a hervir nuevamente. Baje el fuego a lento, tape la sartén y deje los espárragos al fuego unos 5 minutos o hasta que queden cocidos pero aún crujientes. Escúrralos y enfríelos brevemente bajo el chorro del agua fría. Seque la sartén con una toalla de papel.

Ponga el aceite de *canola* a calentar a fuego alto en la misma sartén. Agregue los espárragos, el jengibre, la salsa de soya y la pimienta roja molida y cocínelo todo 2 minutos o hasta que esté bien caliente. Retire la sartén del fuego e incorpore el aceite y las semillas de sésamo.

Rinde 4 porciones

VISTAZO NUTRICIONAL

Por porción: 90 calorías, 5 g de grasa, ½ g de grasa saturada, 4 g de proteínas, 8 g de carbohidratos, 4 g de fibra dietética, 0 mg de colesterol, 160 mg de sodio

Tomatillos "fritos"

No tiene que ser del sur de los Estados Unidos para disfrutar de esta receta tradicional de aquella región; por cierto, los tomatillos no se fríen a la usanza típica. Se sofríen (saltean) con un poco de aceite de canola. *Saboréelos como guarnición o prepáreselos cuando se le antoje.*

½ taza de harina de trigo integral

½ taza de pacanas (*pecans*) finamente picadas

1½ cucharaditas de pimienta negra molida

6 tomatillos (tomates verdes) grandes, cortados en rodajas de ½" (1 cm) de grosor

2 cucharadas de aceite de *canola*

1 cucharada de albahaca fresca picada o ¼ cucharadita de albahaca seca

En un tazón (recipiente) poco hondo, mezcle la harina, la pacana y la pimienta. Pase las rodajas de tomatillo por la mezcla, volteándolas para recubrirlas por ambos lados.

Ponga el aceite a calentar a fuego mediano–alto en una sartén grande y pesada. Agregue una sola capa de rodajas de tomatillo. Baje el fuego a lento y fríalas suavemente hasta que se doren por un lado. Voltéelas con cuidado y fríalas hasta que queden cocidas por dentro y se doren también del otro lado. Saque cada rodaja conforme se termine de freír y colóquela sobre una fuente de servir (bandeja, platón) caliente. Repita hasta terminar de freír todas las rodajas.

Vierta el líquido acumulado en la sartén sobre las rodajas y espolvoréelas con la albahaca.

Rinde 6 porciones

VISTAZO NUTRICIONAL

Por porción: 190 calorías, 12 g de grasa, 1 g de grasa saturada, 5 g de proteínas, 18 g de carbohidratos, 4 g de fibra dietética, 0 mg de colesterol, 25 mg de sodio

Alcachofas con queso al horno

Las alcachofas gratinadas son cremosas y deliciosas. Como utilizamos corazones de alcachofas congelados, esta receta es facilísima de preparar.

- 2 paquetes de 9 onzas (252 g) cada uno de corazones de alcachofa congelados
- 1 cucharada de jugo de limón
- 3 cucharadas de pacanas (*pecans*) molidas
- 2 cucharadas de queso parmesano rallado
- 1 cucharadita de sazonador de hierbas tipo italiano, triturado
- 1 diente de ajo picado en trocitos
- 1 cucharadita de aceite de oliva extra virgen

Precaliente el horno a 375°F (190°C). Rocíe un molde de vidrio para pastel (pay, tarta, *pie*) de 9" (23 cm) con aceite en aerosol.

Ponga los corazones de alcachofa en un colador y enjuáguelos bien con agua fría para separarlos. Escúrralos bien y séquelos cuidadosamente con toallas de papel. Acomódelos en el molde para pastel ya preparado y esparza encima el jugo de limón.

Mezcle las pacanas molidas, el queso, el sazonador italiano, el ajo y el aceite en un tazón (recipiente) pequeño. Espolvoree las alcachofas de manera uniforme con esta mezcla.

Hornéelas 15 minutos o hasta que se dore la mezcla de las pacanas.

Rinde 4 porciones

VISTAZO NUTRICIONAL

Por porción: 110 calorías, 6 g de grasa, 1 g de grasa saturada, 5 g de proteínas, 12 g de carbohidratos, 8 g de fibra dietética, 0 mg de colesterol, 170 mg de sodio

Summer Squash con queso *asiago* y nueces

¡He aquí el summer squash *en todo su esplendor! Las nueces picadas y el* asiago*, un queso italiano que se distingue por su rico sabor a frutos secos, agregan un rico toque crujiente a este espléndido plato vegetariano.*

2 cucharaditas de margarina sin transgrasas

2 dientes de ajo grandes picados en trocitos

1 *zucchini* (calabacita) mediano picado en tiras de 3" (7.5 cm)

1 *summer squash* amarillo mediano picado en trozos de 3" (7.5 cm)

2 cucharadas de consomé de pollo o verduras

⅛ cucharadita de sal

⅛ cucharadita de pimienta negra molida

¼ taza de nueces picadas y tostadas

⅓ taza (1½ onzas/42 g) de queso *asiago* rallado

Ponga la margarina a derretir a fuego mediano-lento en una sartén antiadherente grande. Agregue el ajo y fríalo 1 minuto o hasta que quede suave, revolviéndolo constantemente.

Agregue el *zucchini*, el *squash* amarillo, el consomé, la sal y la pimienta. Deje que todo rompa a hervir suavemente a fuego mediano. Tape la sartén y hierva todo suavemente 6 minutos o hasta que el *zucchini* y el *squash* queden cocidos, revolviéndolos de vez en cuando. Retire la sartén del fuego. Espolvoree las verduras con las nueces y el queso.

Rinde 4 porciones

VISTAZO NUTRICIONAL

Por porción: 120 calorías, 9 g de grasa, 2½ g de grasa saturada, 5 g de proteínas, 5 g de carbohidratos, 2 g de fibra dietética, 10 mg de colesterol, 140 mg de sodio

Puré de "papas" sorpresa al estilo South Beach

Esta fue una de las recetas más populares del primer libro, por lo que me pareció que merecía repetirse aquí. Es increíble cuántos paladares se pueden engañar con esta receta.

4 tazas de cabezuelas de coliflor

2 cucharadas de mantequilla en aerosol sin transgrasas

1 onza (30 ml) de *half-and-half* descremada

1 pizca de sal

1 pizca de pimienta negra molida

Ponga una canastilla de vaporera en una cacerola grande con ½ taza de agua. Ponga la coliflor en la canastilla y deje que rompa a hervir a fuego alto. Baje el fuego a mediano, tape la cacerola y deje que la coliflor se cocine unos 4 minutos o hasta que quede cocida pero aún crujiente. Muélala en un procesador de alimentos, agregando la mantequilla en aerosol y la *half-and-half*. Sazónela con la sal y la pimienta.

Rinde 4 porciones

VISTAZO NUTRICIONAL

Por porción: 60 calorías, 1½ g de grasa, ½ g de grasa saturada, 3 g de proteínas, 11 g de carbohidratos, 3 g de fibra dietética, 5 mg de colesterol, 105 mg de sodio

Crema de pimientos asados

El picante de los pimientos combina a la perfección con la frescura de la crema agria.

1 frasco de 7 onzas (196 g) de pimientos (ajíes, pimientos morrones) asados, escurridos

2 cucharadas de crema agria descremada

1 cucharadita de vinagre de manzana

Sal

Pimienta negra molida

Ponga los pimientos, la crema agria, el vinagre y la sal y la pimienta al gusto en una licuadora (batidora) o procesador de alimentos. Meta todo al refrigerador hasta la hora de servir.

Rinde aproximadamente 1 taza

VISTAZO NUTRICIONAL

Por 2 cucharadas: 5 calorías, 0 g de grasa, 0 g de grasa saturada, 0 g de proteínas, 1 g de carbohidratos, 0 g de fibra dietética, 0 mg de colesterol, 45 mg de sodio

Salsa de berenjena para "espaguetis"

Creé esta salsa para servirse con un spaghetti squash *cocido y rallado. Si le sobra un poco de salsa después de haber comido el* squash, *puede aprovechar la sobrante con cualquiera de las verduras de la lista de alimentos aceptables.*

- 1 berenjena pequeña, cortada a lo largo en rebanadas de ½" (1 cm) de grosor
- 1 cucharada de aceite de oliva extra virgen
- 1 cebolla pequeña picada
- 1 diente de ajo picado en trocitos
- 1 lata de 28 onzas (780 g) de tomate italiano pequeño (*plum tomato*)
- 2 cucharadas de pasta de tomate
- 2 cucharadas de albahaca fresca picada

Precaliente el asador del horno.

Rocíe las rebanadas de berenjena con una ligera capa de aceite de oliva en aerosol. Colóquelas sobre la parrilla de la charola del asador del horno y ase las rebanadas de berenjena hasta que se doren por ambos lados. Saque las rebanadas de berenjena del horno y córtelas en trozos de 1" (2.5 cm).

Ponga el aceite a calentar a fuego mediano en una cacerola de 3 cuartos de galón (2.7 l) de capacidad. Agregue la cebolla y el ajo y fríalos 3 minutos o hasta que queden suaves. Incorpore el tomate italiano (con su jugo), la pasta de tomate y la albahaca. Fría todo 5 minutos, revolviendo para despedazar los tomates, hasta que la mezcla empiece a hervir. Baje el fuego a lento, tape la sartén parcialmente y deje que hierva 15 minutos, revolviendo de vez en cuando. Agregue la berenjena, revuelva para mezclar todo y deje que hierva suavemente otros 5 minutos. (Se conserva tapada 1 semana en el refrigerador).

Rinde 4 porciones (5 tazas)

VISTAZO NUTRICIONAL

Por porción: 110 calorías, 3½ g de grasa, 0 g de grasa saturada, 4 g de proteínas, 15 g de carbohidratos, 4 g de fibra dietética, 0 mg de colesterol, 370 mg de sodio

Salsa de tomate South Beach

Puede usar esta salsa ligera de tomate (jitomate) en cualquier receta que pida una salsa roja, o bien simplemente para acompañar el pollo o el pescado.

¼ taza de aceite de oliva extra virgen

½ cebolla finamente picada

1 lata de 28 onzas (780 g) de tomate italiano pelado

¼ taza de vino blanco seco (opcional)

2 dientes de ajo picados en trocitos

4 hojas de albahaca fresca, picadas

2 cucharadas de hojas de perejil picadas

½ cucharadita de sustituto de azúcar

1 pizca de pimienta roja molida

¼ taza de aceitunas maduras de lata, sin hueso, escurridas y picadas en trozos grandes

Ponga el aceite a calentar a fuego mediano en una cacerola mediana. Agregue la cebolla y fríala 3 minutos o hasta que quede suave, revolviéndola de vez en cuando. Agregue el tomate (con su jugo), el vino, el ajo, la albahaca, el perejil, el sustituto de azúcar y la pimienta. Baje el fuego a lento y deje que todo hierva a fuego lento durante 1 hora. Agregue las aceitunas y cocínelas suavemente unos 3 minutos más. Meta la salsa al refrigerador hasta la hora de servir. (Se conserva tapada 1 semana en el refrigerador).

Rinde aproximadamente 2 tazas

VISTAZO NUTRICIONAL

Por ¼ taza: 100 calorías, 7 g de grasa, 1 g de grasa saturada, 1 g de proteínas, 5 g de carbohidratos, 1 g de fibra dietética, 0 mg de colesterol, 220 mg de sodio

JOE'S STONE CRAB

11 Washington Avenue, Miami Beach

CHEF· ANDRE BIENVENU

Este aliño (aderezo) de la casa es uno de los manjares más populares de la carta de *Joe's Stone Crab.*

Aliño de cebolla dulce

TERCERA FASE

½ cebolla *Vidalia* mediana, asada

8 dientes de ajo picados

¼ taza de perejil picado

2 cucharadas de azúcar

½ taza de mostaza *Dijon*

2 tazas de aceite de oliva extra virgen

¼ taza de vinagre de vino blanco

½ taza de agua

1 cucharadita de sal kósher

1 cucharadita de pimienta negra

Precaliente la parrilla (*grill*) de gas, de brasas o eléctrica o precaliente el horno a 400°F (204°C).

Ase la cebolla hasta que se dore ligeramente. Póngala en un procesador de alimentos y pulse hasta dejarla finamente picada. Agregue el ajo, el perejil, el azúcar y la mostaza y procéselos. Agregue el aceite poco a poco. Agregue el vinagre, el agua, la sal y la pimienta y procéselo todo hasta dejarlo bien mezclado.

Rinde 16 porciones de ¼ taza cada una

VISTAZO NUTRICIONAL

Por ¼ taza: 270 calorías, 28 g de grasa, 4 g de grasa saturada, ½ g de proteínas, 7 g de carbohidratos, 0 g de fibra dietética, 0 mg de colesterol, 310 mg de sodio

Aliño diosa verde a lo South Beach

Otra interpretación al estilo de la dieta South Beach de una receta clásica de los años 70.

½ taza de mayonesa

½ taza de crema agria descremada

1 onza (28 g) de filetes de anchoa picados

¼ taza de perejil picado

3 cebollines (cebollas de cambray), picados

1 cucharada de vinagre de vino blanco

½ cucharadita de sal

⅛ cucharadita de ajo en polvo

⅛ cucharadita de pimienta negra molida

Ponga la mayonesa, la crema agria, la anchoa, el perejil, el cebollín, el vinagre, la sal, el ajo en polvo y la pimienta en un tazón (recipiente) pequeño y mezcle todo bien. Ponga el aliño (aderezo) en un recipiente tapado y métalo al refrigerador hasta la hora de servir. (Se conserva tapado 1 semana en el refrigerador).

Rinde aproximadamente 1 taza

VISTAZO NUTRICIONAL

Por cucharada: 120 calorías, 12 g de grasa, 1½ g de grasa saturada, 2 g de proteínas, 3 g de carbohidratos, 0 g de fibra dietética, 15 mg de colesterol, 370 mg de sodio

Vinagreta de hierbas

Con toda seguridad esta vinagreta sabrosa dará nueva vida a sus ensaladas.

½ taza de vinagre de vino blanco

½ taza de aceite de oliva extra virgen

2 cucharadas de albahaca fresca, picada

2 cucharadas de estragón fresco, picado

2 cucharadas de perejil picado

2 cucharadas de mejorana fresca, picada

2 cucharaditas de orégano fresco, picado

2 cucharadas de alcaparras, escurridas y picadas

1 cucharadita de mostaza *Dijon*

½ cucharadita de sustituto de azúcar

Pimienta negra molida (opcional)

Mezcle el vinagre, el aceite, la albahaca, el estragón, el perejil, la mejorana, el orégano, las alcaparras, la mostaza, el sustituto de azúcar y la pimienta, si la está usando, en un frasco con una tapa que se pueda cerrar muy bien. Apriete la tapa muy bien y agite el frasco vigorosamente. Meta la vinagreta al refrigerador hasta la hora de servir. (Se conserva tapada 1 semana en el refrigerador).

Rinde 1½ tazas

VISTAZO NUTRICIONAL

Por cucharada: 90 calorías, 9 g de grasa, 1½ g de grasa saturada, 0 g de proteínas, 1 g de carbohidratos, 0 g de fibra dietética, 0 mg de colesterol, 55 mg de sodio

Condimentos a lo South Beach

Al cuidar lo que se come, es fácil olvidarse de lo que va encima de la comida. Al fin y al cabo, comparados con una hamburguesa con queso, papas fritas y un refresco (*soda*), ¿qué tan peligrosos parecen unos chorritos de *catsup* (*ketchup*)? Sin embargo, pasamos por alto estos condimentos bajo nuestro propio riesgo, porque muchos condimentos, aliños (aderezos) y demás encierran abundantes cantidades de carbohidratos malos. Tal declaración resulta particularmente cierta hoy en día, cuando una selección infinita de salsas pretende seducirnos en los supermercados (colmados) y los restaurantes. Hemos dejado muy atrás el antiguo trío básico de la catsup, la mostaza y la mayonesa. Los jóvenes que se han criado en la era de la comida rápida no sabrían qué hacer sin sus salsas para remojar la comida; por ejemplo, ni se les ocurriría pedir unas tiras de pechuga de pollo sin algo sabroso en qué mojarlas. Y de manera invariable, los condimentos más populares de hoy contienen montones de azúcar o de otros edulcorantes. Incluso algunas salsas y aliños (aderezos) salados están cargados de carbohidratos malos.

La *catsup*, a causa de su popularidad, acaba con muchas dietas. No tiene el propósito de endulzar la comida y la verdad es que sabe más a tomate (jitomate), vinagre y especias. No obstante, revise la etiqueta: hacia el principio de la lista encontrará sirope de maíz alto en fructosa y otras formas de azúcar. En una sola porción de 1 cucharada encontrará 4 gramos de azúcar, más que en un besito de chocolate de la marca *Hershey's*, el cual contiene 3 gramos de azúcar.

La mostaza, por el contrario, es un condimento perfectamente saludable. Prácticamente no contiene carbohidratos ni grasa y mejora el sabor de la comida, lo cual es bueno. Sin embargo, hay una forma de volver peligrosa la mostaza. Una de las variedades más populares hoy en día es la mostaza con miel (*honey mustard*), que contiene una cantidad considerable de azúcar. Revise y compare las etiquetas: La mostaza normal no contiene nada de azúcar; en la mostaza con miel es posible que descubra azúcar, miel y melado (melaza) entre los ingredientes. Se utiliza con mayor frecuencia como *dip* y en aliños para ensalada.

La mayonesa tiene una mala reputación debido al colesterol y a las calorías de las grasas y los aceites que contiene. Sin embargo, actualmente la mayoría de las marcas utilizan aceite de *canola* o de oliva, de modo que es posible considerar la mayonesa como parte de una alimentación saludable. Se trata de una buena fuente de vitamina E, además de ser llenadora y de dar un buen sabor a la comida.

Las salsas *barbecue* normalmente corresponden a una de dos categorías: salada (basada en vinagre) o dulce (la cual contiene azúcar morena/mascabado, melado o sirope de maíz). ¿Adivina cuál goza de más popularidad hoy en día? La dulce, y por mucho. Incluso la variedad basada en el vinagre ya se prepara con edulcorantes. El azúcar aparece inesperadamente en todo, desde la salsa para bistec, a la que se le llegan a agregar pasas, por su dulzura, hasta la salsa cóctel para mariscos.

Tal como hemos señalado, las salsas para remojar basadas en la miel están haciendo furor gracias a la influencia de la comida rápida en nuestros hábitos alimenticios. Este tipo de condimentos son en parte la razón por la que el pollo de la comida rápida perjudica tanto a las personas que quieren adelgazar. Una alternativa es aliñar (aderezar) la ensalada con una vinagreta de miel sin azúcar, la cual es producida por varios fabricantes. No es tan sustanciosa como el aliño alto en carbohidratos, pero sabe igual de rico.

Una solución obvia al problema de los condimentos es simplemente limitarse a los que no contienen azúcar o buscar marcas que los preparen con sustitutos de azúcar. Sin embargo, también puede prepararlos usted mismo. Por ejemplo, es muy fácil hacer una *catsup* que sabe rica y se apega a la dieta South Beach. Para preparar la *Catsup* South Beach así como otros deliciosos condimentos caseros, vea las recetas a partir de la siguiente página.

Salsa *barbecue* al estilo South Beach

1 lata de 8 onzas (224 g) de salsa de tomate (jitomate)

2 cucharadas de vinagre blanco

1 cucharadita de salsa *Worcestershire*

1 cucharadita de mostaza en polvo

2 cucharaditas de perejil picado

¼ cucharadita de sal

⅛ cucharadita de pimienta negra molida

⅛ cucharadita de ajo en polvo

Mezcle la salsa de tomate, el vinagre, la salsa *Worcestershire*, la mostaza en polvo, el perejil, la sal, la pimienta y el ajo en polvo en un recipiente resellable. (Se conserva tapada 1 semana en el refrigerador).

Rinde aproximadamente 1 taza

VISTAZO NUTRICIONAL

Por 2 cucharadas: 21 calorías, 0 g de grasa, 0 g de grasa saturada, ½ g de proteínas, 6 g de carbohidratos, ½ g de fibra dietética, 0 mg de colesterol, 290 mg de sodio

Salsa cóctel al estilo South Beach

1 lata de 8 onzas (224 g) de salsa de tomate (jitomate)

1 cucharada de jugo de limón

1 cucharadita de salsa *Worcestershire*

½ cucharadita de sal de cebolla

1 cucharadita de perejil picado

1 cucharadita de rábano picante (raíz fuerte) de frasco

⅛ cucharadita de ajo en polvo

Ponga la salsa de tomate, el jugo de limón, la salsa *Worcestershire*, la sal de cebolla, el perejil, el rábano picante y el ajo en polvo en una olla grande a fuego mediano. Hiérvalo todo suavemente durante 5 minutos. Meta la salsa al refrigerador hasta la hora de servir. (Se conserva tapada 1 semana en el refrigerador).

Rinde 1 taza

VISTAZO NUTRICIONAL

Por 2 cucharadas: 10 calorías, 0 g de grasa, 0 g de grasa saturada, 0 g de proteínas, 3 g de carbohidratos, 0 g de fibra dietética, 0 mg de colesterol, 310 mg de sodio

Salsa *teriyaki* al estilo South Beach

½ taza de salsa de soya *light*

½ taza de vino de jerez seco

¼ taza de almíbar (sirope, miel) sin azúcar para panqueques (*hot cakes*)

¼ taza de arrurruz molido

3 cucharadas de vinagre de vino tinto

4 dientes de ajo machacados

1 cucharadita de jengibre en polvo

¼ cucharadita de salsa de chile (salsa de ají picante, salsa de pimiento picante, *hot pepper sauce*)

Mezcle la salsa de soya, el vino de jerez, el almíbar, el arrurruz, el vinagre, el ajo, el jengibre y la salsa de chile en un procesador de alimentos. Pulse hasta incorporar todos los ingredientes perfectamente. (Se conserva tapada 1 semana en el refrigerador).

Rinde 1½ tazas

VISTAZO NUTRICIONAL

Por 2 cucharadas: 30 calorías, 0 g de grasa, 0 g de grasa saturada, 1 g de proteínas, 5 g de carbohidratos, 0 g de fibra dietética, 0 mg de colesterol, 420 mg de sodio

Catsup a lo South Beach

1 lata de 8 onzas (240 ml) de salsa de tomate (jitomate)

¾ taza de pasta de tomate

2 cucharadas de sustituto de azúcar

2 cucharaditas de cebolla en polvo

2 cucharaditas de salsa de soya *light*

½ cucharadita de clavo molido

½ cucharadita de pimienta de Jamaica (*allspice*) molida

1½ cucharadas de vinagre de malta

Ponga la salsa de tomate, la pasta de tomate, el sustituto de azúcar, la cebolla en polvo, la salsa de soya, el clavo, la pimienta de Jamaica y el vinagre en una olla grande a fuego mediano. Hiérvalo todo suavemente durante 5 minutos. Meta la salsa al refrigerador hasta la hora de servir. (Se conserva tapada 1 semana en el refrigerador).

Rinde aproximadamente 1 taza

VISTAZO NUTRICIONAL

Por 2 cucharadas: 45 calorías, 0 g de grasa, 0 g de grasa saturada, 2 g de proteínas, 10 g de carbohidratos, 2 g de fibra dietética, 0 mg de colesterol, 390 mg de sodio

Mostaza al estilo South Beach

Esta receta requiere un poco de esfuerzo, pero la mostaza hecha en casa realmente sabe más rica que la comprada, igual que sucede con muchos alimentos.

¾ taza de agua

¼ taza de semillas de mostaza

¼ taza + 2 cucharadas de mostaza en polvo

¼ cucharadita de estragón seco

1 cucharada de cúrcuma (azafrán de las Indias, *turmeric*) molida

½ taza de vinagre de estragón

½ taza de vino blanco seco

1 cucharada de aceite de *canola*

¼ taza de sustituto de azúcar

2 dientes de ajo picados en trocitos

¼ cucharadita de pimienta de Jamaica (*allspice*) molida

¼ cucharadita de canela en polvo

¼ cucharadita de clavo molido

½ cucharadita de arrurruz

Mezcle el agua, la semilla de mostaza, la mostaza en polvo, el estragón y la cúrcuma en un tazón (recipiente) pequeño.

Ponga el vinagre, el vino, el aceite, el sustituto de azúcar, el ajo, la pimienta de Jamaica, la canela y el clavo a hervir a fuego mediano-alto en una cacerola mediana. Deje que todo hierva suavemente 5 minutos.

Ponga las mezclas de mostaza y de vinagre en una licuadora (batidora) o procesador de alimentos y muélalas 2 minutos. Devuelva la mezcla a la cacerola y caliéntela a fuego lento durante 5 minutos. Incorpore el arrurruz para espesar la mostaza. (Se conserva tapada 1 semana en el refrigerador).

Rinde aproximadamente 1½ tazas

VISTAZO NUTRICIONAL

Por cucharada: 35 calorías, 2 g de grasa, 0 g de grasa saturada, 1 g de proteínas, 3 g de carbohidratos, 0 g de fibra dietética, 0 mg de colesterol, 0 mg de sodio

MI DIETA SOUTH BEACH

SOY LA PRUEBA VIVIENTE DEL VÍNCULO QUE EXISTE ENTRE LA DIABETES, LA PÉRDIDA DE PESO Y LA SALUD CARDÍACA.

Probé todas las dietas habidas y por haber, tanto las de moda como las recetadas por los médicos, y todas me decepcionaron. Ninguna se ajustaba a mi vida cotidiana normal, por lo que terminaba abandonándolas muy pronto por mucho que me esforzara por seguirlas. A los 57 años de edad pesaba 279 libras (127 kg), tomaba medicamentos y me ponía inyecciones diarias de insulina para controlar la diabetes del tipo II que padezco desde hace 10 años. Desde que empecé con la dieta South Beach mi salud ha mejorado en muy corto tiempo. Las 25 libras (11 kg) de peso que he perdido y la sensación de controlar mi vida mejor no son más que beneficios secundarios.

Antes de la dieta South Beach, intenté la de *Weight Watchers* con mi hija y me fue bastante bien, pues perdí 8 libras (4 kg) en 8 ó 9 semanas, pero luego volví a subir 5 libras (2 kg) durante las 2 semanas siguientes. ¡Vaya decepción! A esas alturas empecé a creer que era la típica persona con "sobrepeso inevitable" que no perdería nunca más de 10 libras (5 kg).

Entonces entré al foro de mensajes de *Prevention.com* y me inspiró lo que la gente comentaba sobre la dieta South Beach. Me pesé sólo 4 días después de haber comenzado con la dieta y descubrí que había bajado 8 libras (4 kg). ¡Me puse supercontenta! ¡A los 3 días tuve una cita con mi enfermera que ejerce la medicina (*nurse practitioner*) y había bajado 1.5 libras (680 g) más! Me quitó dos de mis medicamentos y me dijo que si mi glucosa permanecía dentro de los límites normales podría ir dejando poco a poco la insulina. Ese día salí flotando de su consultorio.

Desde que empecé la dieta me he quedado con la Primera Fase; volví a agregar fruta pero nada de pasta, pan o arroz. Es bueno saber que podría comerlos si quisiera, pero me gusta cómo me siento así.

Si bien he sufrido algunos reveses menores, tengo pensado continuar tal como lo estoy haciendo hasta bajar a 175 libras (79 kg). Realmente ya no me parece tan lejos ni imposible.

En términos generales, el número concreto de libras que he perdido puede ser importante, pero sólo es una pequeñísima manifestación de los cambios en mi salud que realmente he vivido. Soy la prueba viviente del vínculo que existe entre la diabetes, la pérdida de peso y la salud cardíaca. —*CHERYL O.*

PESCADO, MARISCOS Y AVES

CONSUMIR PESCADO PRÁCTICAMENTE SE HA CONVERTIDO EN UNA FORMA DE AUTOMEDICACIÓN, GRACIAS A TODOS LOS ARTÍCULOS PERIODÍSTICOS SOBRE LOS BENEFICIOS QUE EL SALMÓN, EL ATÚN Y DEMÁS PESCADOS TIENEN PARA LA SALUD. ES TOTALMENTE CIERTO QUE COMER TRES O CUATRO VECES A LA SEMANA LOS PESCADOS LLAMADOS "GRASOS" (TAMBIÉN LA CABALLA/ESCOMBRO/MACARELA O LAS SARDINAS) PUEDE AYUDAR A PREVENIR LOS ATAQUES CARDÍACOS. LOS ÁCIDOS GRASOS OMEGA-3 QUE ESTOS PESCADOS CONTIENEN EVITAN QUE LAS PLAQUETAS SANGUÍNEAS FORMEN BOLAS PEGAJOSAS QUE BLOQUEEN LAS ARTERIAS.

DE MANERA SEMEJANTE TODOS NOS HEMOS CONVERTIDO EN GRANDES AFICIONADOS A LA CARNE BLANCA DEL POLLO, SIN EL PELLEJO, Y A LA DEL PAVO (CHOMPIPE), POR RAZONES DE CONTROL DE PESO Y SALUD CARDIOVASCULAR. . . SIN SACRIFICAR NADA CUANDO SE TRATA DE COMER BIEN.

LA DIETA SOUTH BEACH REFLEJA SU ORIGEN EN FLORIDA PRINCIPALMENTE A TRAVÉS DE LAS RECETAS DE PESCADO Y MARISCOS. HEMOS INCLUIDO EN ESTE LIBRO UNA RECETA EXCELENTE DE CEVICHE Y UNA DE PERCA (PERCHA) QUE PUEDEN ADAPTARSE A CUALQUIER FILETE DE PESCADO.

(NOTA: SI NO CONOCE ALGUNOS DE LOS TÉRMINOS UTILIZADOS PARA LOS ALIMENTOS MENCIONADOS EN ESTE CAPÍTULO, VÉASE EL GLOSARIO EN LA PÁGINA 347).

Sabrosas tortitas de cangrejo con salsa cremosa de pimiento

Si bien puede emplear carne de cangrejo de lata si la tiene en la despensa (alacena, gabinete), la fresca es mucho mejor para estas tortitas. Cuando las combine con la salsa cremosa de pimiento asado que llevan encima, seguramente querrá prepararlas una y otra vez.

Salsa cremosa de pimiento

- 2 pimientos (ajíes, pimientos morrones) rojos enteros asados de frasco, escurridos
- ½ taza de mayonesa
  Pimienta negra molida

Tortitas de cangrejo

- 1 cucharadita de aceite de oliva extra virgen
- ½ cebolla finamente picada
- 1 tallo de apio finamente picado
- 1 clara de huevo
- 2 cucharadas de nueces molidas
- 2 cucharadas de perejil italiano picado
- 2 cucharadas de mayonesa
- 1 cucharada de jugo de limón

- 1½ cucharaditas de un sazonador de mariscos (*crab boil seasoning*) como *Old Bay*
- 2 cucharaditas de salsa *Worcestershire*
- ½ cucharadita de mostaza en polvo
- ¼ cucharadita de semilla de apio, triturada
- ½ cucharadita de pimentón (paprika) molida
- 1 libra (450 g) de carne de cangrejo (jaiba), desmenuzada y escurrida
- ½ cucharadita de salsa de chile (salsa de ají picante, salsa de pimiento picante, *hot pepper sauce*)
- 1 taza de pan de trigo integral fresco rallado (molido)
  Una ramitas de perejil italiano para adornar

Para preparar la salsa: Muela los pimientos asados en un procesador de alimentos o una licuadora (batidora). Añada la mayonesa y la pimienta negra al gusto y procese brevemente para incorporarlas. Pase la salsa a un tazón (recipiente) pequeño.

Para preparar las tortitas de cangrejo: Ponga el aceite a calentar a fuego mediano–alto en una sartén antiadherente mediana. Agregue la cebolla y el apio y fríalos 5 minutos o hasta que queden suaves. Páselos a un tazón grande.

Incorpore la clara de huevo, las nueces, el perejil, la mayonesa, el jugo de limón, el sazonador de mariscos, la salsa *Worcestershire*, la mostaza en polvo, la semilla de apio y el pimentón. Mézclelo todo bien con un tenedor. Incorpore la carne de cangrejo y la salsa de chile. Revuélvalo todo muy bien. Haga 8 tortitas. Ponga el pan rallado en un tazón poco hondo. Pase las tortitas por el pan rallado hasta recubrirlas por completo.

Rocíe una sartén antiadherente grande con aceite en aerosol y póngala a calentar a fuego mediano-alto. Agregue las tortitas de cangrejo y fríalas unos 2 minutos. Tape la sartén y fríalas 1 minuto más o hasta que se doren por abajo. Rocíe las tortitas por encima con aceite en aerosol y voltéelas. Fríalas 2 minutos más, sin tapar, hasta que se doren. Si no cupieron todas en la sartén, fría las restantes de la misma forma. Para servir las tortitas, distribuya puntitos de salsa sobre el plato a su alrededor. Adórnelas con el perejil.

Rinde 4 porciones

VISTAZO NUTRICIONAL

Por porción: 470 calorías, 34 g de grasa, 5 g de grasa saturada, 24 g de proteínas, 17 g de carbohidratos, 2 g de fibra dietética, 115 mg de colesterol, 800 mg de sodio

THE LOEWS MIAMI BEACH HOTEL

1601 Collins Avenue, Miami Beach

CHEF EJECUTIVO: MARC EHRLER

THE LOEWS MIAMI BEACH HOTEL FUE EL PRIMERO EN INAUGURARSE EN LA ZONA HOTELERA DE LA AVENIDA COLLINS. AYUDÓ A PONER LAS BASES PARA EL RENACIMIENTO DE MIAMI BEACH.

Mahi mahi a la parrilla y ensalada con vinagreta de aceite de oliva y limón

PRIMERA FASE

1 filete de *mahi mahi* (de 7 onzas/200 g)

Aceite de oliva extra virgen

Sal

Pimienta

1 taza de lechuga con repollo, desmenuzada a mano

1 taza de hojas de *arugula*

1 pepino pequeño en rodajas

½ taza de alcachofas adobadas (remojadas) de frasco

¼ taza de pimiento (ají, pimiento morrón) rojo picado

2 cucharaditas de pimiento amarillo finamente picado

¼ taza de cebolla morada en rodajas delgadas

1 cucharada de albahaca fresca picada en trozos grandes

1 cucharada de aceite de oliva extra virgen

2 cucharadas de jugo de limón fresco

Sal

Pimienta negra

Precaliente la parrilla (*grill*) de gas, de brasas o eléctrica.

Ponga el *mahi mahi* en un plato pequeño. Esparza aceite de oliva sobre el pescado y sazónelo con sal y pimienta. Póngalo en la posición que corresponda a las 10 en un reloj y cocínelo unos 2½ minutos. Entonces muévalo a la posición que corresponde a las 2 en un reloj. Áselo otros 2½ minutos y voltéelo. Repita las instrucciones para asar el otro lado del pescado hasta que quede bien cocido.

Mezcle la lechuga, la *arugula* (un tipo de lechuga italiana), el pepino, las alcachofas, los pimientos rojo y amarillo, la cebolla y la albahaca en un tazón (recipiente) mediano. Incorpore el aceite de oliva y el jugo de limón y mezcle todo muy bien. Salpimiente al gusto. Acomode la ensalada en una fuente de servir (bandeja, platón) y coloque el *mahi mahi* asado encima.

Rinde 1 porción

VISTAZO NUTRICIONAL

Por porción: 386 calorías, 15 g de grasa, 2 g de grasa saturada, 42 g de proteínas, 21 g de carbohidratos, 8 g de fibra dietética, 145 mg de colesterol, 231 mg de sodio

Ceviche

El método peruano y ecuatoriano de "cocer" el pescado con el jugo ácido de una fruta se escribe "ceviche", "seviche" o "cebiche". Muchos están convencidos de que esta técnica culinaria maravillosamente ligera y sencilla fue inventada por los incas.

1 libra (450 g) de *mahi mahi* o de cualquier otro pescado blanco fresco de carne firme, lavado y picado en cubitos pequeños

½ taza de jugo de limón verde (lima) fresco

1 diente de ajo machacado

¼ a ½ cucharadita de salsa de chile (salsa de ají picante, salsa de pimiento picante, *hot pepper sauce*)

Sal

Pimienta negra de molido grueso

1 cebolla grande finamente picada

1 pimiento (ají, pimiento morrón) rojo cortado en tiras

1 tallo de apio finamente picado

½ taza de cilantro fresco picado

Ponga el pescado en un tazón (recipiente) grande de vidrio. Incorpore el jugo de limón verde, el ajo y la salsa de chile y espolvoréelo todo con sal y pimienta negra. Tape el tazón y métalo 1 hora al refrigerador. Agregue la cebolla, el pimiento, el apio y el cilantro. Tape el tazón nuevamente y métalo otra hora al refrigerador.

Sírvalo frío en copas de *martini* para presentarlo elegantemente.

Rinde 4 porciones

VISTAZO NUTRICIONAL

Por porción: 131 calorías, 1 g de grasa, 0 g de grasa saturada, 22 g de proteínas, 9 g de carbohidratos, 2 g de fibra dietética, 83 mg de colesterol, 123 mg de sodio

Cangrejo *Royale*

Al degustar este cangrejo suculento y sustancioso, baje la intensidad de las luces y prenda las velas para sentirse como si estuviera cenando en un café de la calle Royale de París.

2 tazas (8 onzas/224 g) de carne de cangrejo (jaiba) cocida, escurrida y desmenuzada

1 taza (4 onzas/112 g) de queso *Cheddar* de grasa reducida, rallado

¼ taza de pan de trigo integral rallado (molido)

¼ taza de mayonesa

¼ taza de leche semidescremada al 1 por ciento

1 tallo de apio picado

2 cucharadas de pimiento (*pimiento*), picado

2 cucharadas de pimiento (ají, pimiento morrón) verde, picado

1 cucharadita de cebolla instantánea picada en trocitos

1 cucharadita de jugo de limón

1 pizca de pimienta negra molida

1 pizca de sal

Precaliente el horno a 350°F (178°C).

Ponga la carne de cangrejo, el queso, el pan rallado, la mayonesa, la leche, el apio, el pimiento, el pimiento verde, la cebolla, el jugo de limón, la pimienta negra y la sal en un tazón (recipiente) grande. Revuélvalo todo muy bien. Pase la mezcla a 2 pequeñas fuentes para hornear (refractarios).

Hornee el cangrejo 15 minutos o hasta que se dore ligeramente y quede bien caliente.

Rinde 4 porciones

VISTAZO NUTRICIONAL

Por porción: 322 calorías, 22 g de grasa, 8 g de grasa saturada, 22 g de proteínas, 8 g de carbohidratos, 1 g de fibra dietética, 96 mg de colesterol, 546 mg de sodio

De la carta de. . .

MACALUSO'S

1747 Alton Road, Miami Beach

CHEF: MICHAEL D'ANDREA

MACALUSO'S ES EL ÚNICO RESTAURANTE DE MIAMI QUE SIRVE COMIDA CASERA ITALIANA AL ESTILO DEL CONDADO NEOYORQUINO DE STATEN ISLAND. EL MENÚ SE ARMA EN TORNO A LAS RECETAS REUNIDAS POR LA FAMILIA DEL *CHEF* D'ANDREA A LO LARGO DE TRES GENERACIONES Y TODOS LOS INGREDIENTES ESTÁN FRESQUÍSIMOS.

Lubina asada a lo Staten Island

PRIMERA FASE

3 cucharadas de aceite de oliva extra virgen

4 dientes de ajo

10 a 12 onzas (280 a 336 g) de lubina (robalo, corvina) chilena cultivada, limpia

¼ cucharadita de sal

¼ cucharadita de pimienta

½ cucharadita de pimentón (paprika)

¼ cucharadita de pimienta roja molida

1 cucharadita de perejil italiano fresco picado

½ cucharadita de albahaca fresca

½ limón

Precaliente el horno a 500°F (262°C).

Muela muy bien el aceite y el ajo en una licuadora (batidora).

Ponga el pescado en un tazón (recipiente) mediano. Vierta la mezcla del aceite sobre el pescado. Adobe (remoje) el pescado unos 30 minutos.

Saque el pescado del tazón y colóquelo en una charola pequeña para el asador del horno, que sea aproximadamente 1" (2.5 cm) más grande que el pescado. Sazónelo con la sal, la pimienta, el pimentón y la pimienta roja.

Mezcle el perejil y la albahaca en un tazón pequeño. Espolvoree esta mezcla sobre el pescado. Exprima el limón sobre el pescado.

Hornéelo de 25 a 30 minutos.

Rinde 2 porciones

VISTAZO NUTRICIONAL

Por porción: 340 calorías, 24 g de grasa, 3½ g de grasa saturada, 27 g de proteínas, 4 g de carbohidratos, 0 g de fibra dietética, 60 mg de colesterol, 390 mg de sodio

Salmón a las cinco especias

En la vida a veces queremos experimentar las cosas todas juntas. Los chinos nos dieron esta oportunidad al crear el polvo de cinco especias. Esta mezcla de hinojo, clavo, canela, anís estrella y granos de pimienta estilo szechuan nos permite saborear lo ácido, lo amargo, lo dulce, lo picante y lo salado al mismo tiempo. Si nunca ha probado el polvo de cinco especias quizá prefiera reducir la cantidad a la mitad para evitar sobrecargar a su paladar de puro sabor.

1½ cucharaditas de ralladura fina de limón verde (lima)

3 cucharadas de jugo de limón verde fresco

2 cucharaditas de aceite de oliva extra virgen

4 cucharaditas de jengibre fresco, finamente picado

1 cucharadita de polvo chino de cinco especias

½ cucharadita de sustituto de azúcar

1 libra (456 g) de salmón en rebanadas (*salmon steaks*) partido en 4 trozos de igual tamaño

8 tazas de hojas pequeñas frescas de espinaca

2 dientes de ajo machacados

Mezcle la ralladura y el jugo de limón verde, 1 cucharadita del aceite, el jengibre, el polvo de cinco especias y el sustituto de azúcar en una fuente de 2 cuartos de galón (1.8 l) de capacidad. Agregue el salmón y voltéelo para recubrirlo bien. Tape la fuente y métala 30 minutos al refrigerador.

Mezcle cuidadosamente la espinaca, el ajo y la cucharadita restante de aceite en una fuente de 3 cuartos de galón (2.7 l) de capacidad resistente al horno de microondas. Cubra la fuente con envoltura autoadherente de plástico y métala 2 minutos al horno de microondas, hasta que la espinaca se marchite. Escúrrala y manténgala tibia.

Unte una parrilla de asador con una ligera capa de aceite. Precaliente la parrilla (*grill*) de gas, de brasas o eléctrica a fuego mediano-alto.

Saque el salmón del adobo (marinado) y colóquelo sobre la parrilla del asador. Úntelo con más adobo. Tape el asador y ase el salmón unos 4 minutos. Destape el asador, voltee el salmón y úntelo otra vez con el adobo. Tape el asador y ase el salmón unos 4 minutos más o hasta que se desmenuce fácilmente. Deseche el adobo restante.

Para servir el salmón, divida la espinaca de manera uniforme entre 4 platos y coloque el salmón en el centro de los lechos de espinaca.

Rinde 4 porciones

VISTAZO NUTRICIONAL

Por porción: 251 calorías, 15 g de grasa, 3 g de grasa saturada, 24 g de proteínas, 5 g de carbohidratos, 2 g de fibra dietética, 67 mg de colesterol, 213 mg de sodio

Salmón asado con salsa cremosa de limón

Este plato fuerte de salmón engañosamente sencillo incluye una salsa al limón muy sustanciosa que sin duda causará gran impresión. Para asegurar los mejores resultados, use jugo de limón fresco que usted mismo haya exprimido.

1	cucharada de aceite de oliva extra virgen
1	diente de ajo picado en trocitos
¼	taza de jugo de limón
2	cucharadas de alcaparras
1	cucharadita de sazonador de limón y pimienta
½	taza de crema agria descremada
1½	libras (680 g) de filete de salmón

Precaliente el horno a 350°F (178°C). Rocíe una bandeja de hornear con aceite antiadherente en aerosol.

Ponga el aceite a calentar a fuego mediano en una cacerola pequeña. Agregue el ajo y fríalo 1 minuto. Baje el fuego a lento. Incorpore el jugo de limón, las alcaparras y el sazonador de limón y pimienta y cocínelo todo unos 5 minutos. Añada la crema agria y cocínela unos 5 minutos o hasta que la salsa esté bien caliente.

Mientras tanto, coloque el salmón sobre la bandeja de hornear ya preparada. Hornéelo 20 minutos o justo hasta que el pescado quede opaco. Sírvalo acompañado de la salsa.

Rinde 4 porciones

VISTAZO NUTRICIONAL

Por porción: 368 calorías, 22 g de grasa, 4 g de grasa saturada, 35 g de proteínas, 5 g de carbohidratos, 0 g de fibra dietética, 100 mg de colesterol, 383 mg de sodio

Mero con pacanas

El empanado (empanizado) de estos filetes adobados (remojados) incluye hojuelas de cereal integral. Al asarse a fuego muy alto en la sartén y agregarse una pequeña cantidad de pacanas tostadas, este pescado muy bajo en grasa adquiere un sabor delicioso.

- 3   cebollines (cebollas de cambray), picados
- 3   cucharadas de Salsa *teriyaki* al estilo South Beach (véase la página 177)
- 1   diente de ajo grande, picado en trocitos
- 1   cucharadita de jengibre fresco finamente picado
- 4   filetes de mero (de más o menos 4 onzas/112 g cada uno)
- ¾   taza de pacanas (*pecans*) finamente molidas
- ½   taza de hojuelas de un cereal integral, trituradas de manera no muy fina
- ¼   taza de pacanas tostadas y picadas
- 1   cucharadita de pimienta negra molida
- 2   cucharadas de albahaca fresca picada

Mezcle los cebollines, la salsa *teriyaki*, el ajo y el jengibre en una fuente para hornear (refractario) de vidrio de 9" × 9" (23 cm × 23 cm). Coloque los filetes de mero en el adobo (marinado) y voltéelos para recubrirlos por ambos lados. Tape la fuente y métala al refrigerador de 1 a 2 horas.

Mezcle las pacanas molidas, las hojuelas de cereal, las pacanas tostadas y la pimienta en un molde para pay (tarta, *pie*). Saque el mero del adobo. Deseche el adobo. Pase cada filete por la mezcla, volteándolos para recubrirlos por todos lados.

Rocíe una sartén antiadherente grande con aceite en aerosol y póngala a calentar a fuego mediano-alto. Agregue el mero y fríalo 3 minutos o hasta que se dore por debajo. Rocíe los filetes por encima con aceite en aerosol, voltéelos y fríalos 3 minutos más o hasta que al tocarlos se desmenucen fácilmente. Espolvoréelos con la albahaca.

Rinde 4 porciones

VISTAZO NUTRICIONAL

Por porción: 319 calorías, 26 g de grasa, 2 g de grasa saturada, 26 g de proteínas, 12 g de carbohidratos, 4 g de fibra dietética, 42 mg de colesterol, 621 mg de sodio

De la carta de. . .

CHINA GRILL

404 Washington Avenue, Miami Beach

CHEF: KEYVAN BEHNAM

EL *CHINA GRILL* HA SIDO MUY CONCURRIDO EN MIAMI DESDE QUE ABRIÓ SUS PUERTAS EN 1995. OFRECE UNA COCINA HÍBRIDA INTERNACIONAL MUY INTERESANTE ASÍ COMO UNA EXCELENTE OPORTUNIDAD PARA OBSERVAR A PERSONAS CAUTIVANTES.

Salmón a la barbacoa

TERCERA FASE

Salmón

- 1½ libras (680 g) de filete de salmón con piel (4 filetes de 6 onzas/170 g cada uno)
- ¾ taza de salsa *barbecue* preparada
- 2 cucharadas de vinagre de vino de arroz
- 2 cucharadas de cebollines (cebollas de cambray), finamente picados
- 1 cucharadita de jengibre finamente picado

  Cebollino (cebolleta) picado para adornar

Verduras

- ½ cabeza de repollo (col) chino
- ½ cabeza de *radicchio*

- 1½ cucharaditas de aceite de oliva extra virgen
- 1 libra (450 g) de hongos ostra, picados
- ½ taza de *sake* o de vino blanco
- ¼ cucharadita de sal
- ¼ cucharadita de pimienta

Salsa china de mostaza

- 2 cucharadas de mayonesa
- 1 pizca de mostaza en polvo
- ⅛ cucharadita de mostaza *Dijon*
- ¾ cucharadita de vinagre de vino de arroz
- 1½ cucharaditas de cebollín finamente picado

  Sal

  Pimienta

Para preparar el salmón: Precaliente la parrilla (*grill*) de gas, de brasas o eléctrica.

Déjele la piel al salmón si así lo desea.

Licúe la salsa *barbecue*, el vinagre, el cebollín y el jengibre en una licuadora (batidora).

Ponga el salmón a asar al grado de cocción que desee y úntelo con la mezcla de la salsa *barbecue* de vez en cuando. (Si le gusta con piel, póngalo primero a asar con la piel hacia abajo hasta que esta quede crujiente, luego voltéelo y sígalo untando con la mezcla de la salsa *barbecue*).

Para preparar las verduras: Sáqueles el centro duro tanto al repollo como al *radicchio*. Córtelos en rebanadas delgadas. Ponga a calentar a fuego alto una sartén para sofreír (saltear). Añada el aceite y sofría el repollo, el *radicchio* y los hongos brevemente. (Deben conservarse crujientes). Antes de sacar las verduras de la sartén, viérteles encima el *sake* o el vino blanco. Agregue la sal y la pimienta.

Para preparar la salsa china de mostaza: Licúe la mayonesa, la mostaza en polvo, la mostaza *Dijon*, el vinagre y el cebollín, así como sal y pimienta al gusto, en una licuadora (batidora).

Para servir el salmón: Coloque las verduras sofritas al centro de cada plato. Ponga cinco puntos de la salsa china de mostaza alrededor de las verduras. Coloque el salmón encima de las verduras. Espolvoree los platos con el cebollino picado.

Rinde 4 porciones

VISTAZO NUTRICIONAL

Por porción: 510 calorías, 27 g de grasa, 4 g de grasa saturada, 41 g de proteínas, 19 g de carbohidratos, 4 g de fibra dietética, 105 mg de colesterol, 720 mg de sodio

Lubina hawaiana cocida

Si no puede conseguir la carnosa y suculenta lubina hawaiana, también conocida como hapu'upu'u, *sustitúyala por la lubina carnosa que esté disponible donde usted vive. Puede pedirle a su pescadero que le guarde un poco de caldo de pescado, o prepararlo usted mismo con un cubo de consomé de pescado. Ya que sólo necesitará ¼ de taza, puede guardar la ¾ taza restante para otro plato. O bien simplemente sustituya el consomé por la misma cantidad de agua.*

1	*Hapu'upu'u* u otra lubina (robalo, corvina) carnosa (8 onzas/224 g)
¼	taza de vino blanco seco
¼	taza de caldo de pescado o agua
1	hoja de laurel
½	diente de ajo picado en trocitos
2	tomates (jitomates) italianos pequeños (*plum tomatoes*), partidos a la mitad
2	cebollines (cebollas de cambray) picados
1	ramito de tomillo fresco
1	pizca de hilos de azafrán

Ponga la lubina en el centro de una sartén antiadherente grande. Cúbrala con el vino y el caldo de pescado y póngala a calentar a fuego mediano hasta que el líquido empiece a emanar calor. Agregue la hoja de laurel, el ajo, los tomates, el cebollín, el tomillo y el azafrán. Tape la sartén y cueza el pescado unos 10 minutos.

Ponga la lubina en una fuente de servir (bandeja, platón) y cúbrala con el líquido en que se cocinó. Rodéela con los tomates y el cebollín. Saque y deseche la hoja de laurel antes de servir el pescado.

Rinde 2 porciones

VISTAZO NUTRICIONAL

Por porción: 164 calorías, 22 g de grasa, 0 g de grasa saturada, 22 g de proteínas, 6 g de carbohidratos, 2 g de fibra dietética, 48 mg de colesterol, 150 mg de sodio

Lenguado al estilo de Bombay

La cocina de Bombay se conoce por sus salsas cremosas y el aroma acre de sus especias. También puede utilizar este adobo (marinado) para unas pechugas de pollo deshuesadas y sin pellejo; en este caso, simplemente aumente el tiempo de cocción a 20 minutos.

1	taza de yogur natural sin grasa
1	oucharadita de *curry*
1	cucharadita de cardamomo en polvo
1	cucharadita de pimentón (paprika)
1	cucharadita de cilantro seco
1½	libras (680 g) de filete de lenguado sin piel
	Sal
	Pimienta negra molida

Ponga el yogur, el *curry*, el cardamomo, el pimentón y el cilantro en una licuadora (batidora) o procesador de alimentos. Mezcle los ingredientes.

Ponga el lenguado en una fuente rectangular para hornear (refractario). Cúbralo con la mezcla del yogur. Tape la fuente y métala al refrigerador de 2 a 3 horas, volteando los filetes más o menos cada 30 minutos.

Precaliente el horno a 350°F (178°C). Hornee el lenguado unos 10 minutos o hasta que al tocarlo se desmenuce fácilmente. Salpimiente al gusto.

Rinde 4 porciones

VISTAZO NUTRICIONAL

Por porción: 160 calorías, 2 g de grasa, 0 g de grasa saturada, 29 g de proteínas, 6 g de carbohidratos, 1 g de fibra dietética, 70 mg de colesterol, 300 mg de sodio

Pargo de Florida

El pargo es uno de los pescados más populares del sur de la Florida. Sólo pescándolo usted mismo podría disfrutar este plato más.

2 libras (900 g) de pargo (huachinango, chillo) o de cualquier lubina, limpio

3 cucharadas de aceite de oliva extra virgen

⅛ cucharadita de sal

⅛ cucharadita de pimienta negra molida

¼ cebolla finamente picada

¼ taza de apio finamente picado

2 cucharadas de pimiento (ají, pimiento morrón) verde, finamente picado

1 cebollín (cebolla de cambray) picado

½ taza de piñones tostados

2 cucharadas de perejil finamente picado

2 cucharadas de almendras picadas en trozos grandes y tostadas

3 rodajas delgadas de tomate (jitomate)

3 rodajas delgadas de cebolla

3 rodajas delgadas de limón verde (lima)

Sal

Pimienta

El jugo de ¼ limón verde

Precaliente el horno a 350°F (178°C).

Frote el pescado ligeramente con 1 cucharada del aceite y espolvoréelo por dentro y por fuera con la sal y la pimienta negra.

Ponga las otras 2 cucharadas restantes del aceite a calentar en una sartén pequeña. Agregue la cebolla, el apio, el pimiento y el cebollín picados y fríalos unos 3 minutos, revolviendo de vez en cuando, o hasta que la cebolla se haya marchitado. Incorpore los piñones, el perejil y las almendras. Rellene el pescado con esta mezcla y átelo con cordón de cocina (*kitchen string*). Coloque el pescado sobre un pedazo de papel aluminio y encima acomode, superponiéndolas, rebanadas alternadas de tomate, cebolla y limón verde. Salpimiente el pescado y espárzale encima el jugo de limón verde. Levante las orillas del papel aluminio y séllelo.

Hornee el pescado 30 minutos o hasta que al tocarlo se desmenuce fácilmente. Sírvalo acompañado de *Coleslaw* (página 152).

Rinde 4 porciones

VISTAZO NUTRICIONAL

Por porción: 402 calorías, 19 g de grasa, 3 g de grasa saturada, 50 g de proteínas, 6 g de carbohidratos, 2 g de fibra dietética, 84 mg de colesterol, 162 mg de sodio

Pargo con salsa de aguacate

Este plato queda perfecto con la dieta South Beach dado que combina un pescado magro (bajo en grasa) con las grasas apropiadas del aguacate (palta). Encontrará los ingredientes de la Salsa de aguacate así como la forma de prepararla en la receta del Chili vegetariano con salsa de aguacate en la página 306.

2 tazas de agua

1 cebolla mediana cortada en rebanadas separadas en ruedas

¼ limón verde (lima) en rodajas

1 diente de ajo, machacado

2 cucharadas de perejil picado

4 granos de pimienta negra machacados

½ cucharadita de tomillo seco, desmoronado

½ cucharadita de orégano seco, desmoronado

1 pargo (huachinango, chillo) entero, limpio (aproximadamente 2 libras/900 g)

1 cucharadita de sal

1 limón partido en cuatro

1 limón verde partido en cuatro

Unas ramitas de albahaca, para adornar

Ponga el agua, la cebolla, las rodajas de limón verde, el ajo, el perejil, los granos de pimienta, el tomillo y el orégano en una cacerola para pescado (*fish poacher*) o una sartén grande. Deje que el agua rompa a hervir a fuego mediano-alto, baje el fuego a lento, tape la cacerola y deje que hierva suavemente unos 5 minutos.

Espolvoree el interior del pescado ligeramente con la sal. Colóquelo sobre una estopilla (bambula, manta de cielo, *cheesecloth*) y dóblela para cubrir el pescado. Ponga el pescado sobre la parrilla en la cacerola para cocer pescado y sumérjala en el líquido hirviente. Si no hay suficiente líquido para cubrir el pescado, ponga a hervir más agua y viértala sobre el pescado hasta cubrirlo casi por completo. Tape la cacerola y cocine el pescado unos 30 minutos o hasta que al tocarlo se desmenuce fácilmente. Pase el pescado a una fuente de servir (bandeja, platón) y tápelo con papel aluminio. Métalo al refrigerador hasta que esté frío.

Para servir el pescado, córtelo horizontalmente y sáquele las espinas. Acomode los cuartos de limón y de limón verde alrededor del pescado y distribuya la Salsa de aguacate encima. Sírvalo con más salsa, si así lo desea. Adórnelo con el perejil.

Rinde 4 porciones

VISTAZO NUTRICIONAL

Por porción: 254 calorías, 3 g de grasa, 1 g de grasa saturada, 47 g de proteínas, 7 g de carbohidratos, 2 g de fibra dietética, 84 mg de colesterol, 153 mg de sodio

Atún cítrico con alambres de frutas

Los alambres siempre tienen éxito en cualquier barbacoa. En este caso combinan el intenso sabor de los cítricos con unos jugosos pequeños tomates para acompañar un suculento atún adobado. ¿Qué mejor pretexto para sacar la parrilla?

1 lata de 8 onzas (224 g) de piña (ananá) en trozos en jugo

2 cucharadas de salsa de soya *light*

1 cucharadita de aceite de sésamo (ajonjolí)

2 cucharaditas de jengibre fresco finamente picado

¼ cucharadita de pimienta roja molida

1 diente de ajo picado en trocitos

1 libra (450 g) de filetes de atún (*tuna steaks*) de ¾" a 1" (2 cm a 2.5 cm) de grosor

1 naranja (china) nável (ombliguera), pelada y cortada en 8 trozos

4 tomates (jitomates) pequeños

Escurra el jugo de la piña en una taza de medir y ponga aparte los trozos de la fruta. Al jugo agréguele agua para un total de ¾ taza de líquido. Añada la salsa de soya, el aceite, el jengibre, la pimienta roja molida y el ajo. Mezcle todo. Reserve 2 cucharadas de este adobo (marinado). Vierta la mezcla restante en una bolsa de plástico con cierre. Agregue el atún y selle la bolsa. Agite bien para recubrir el pescado. Déjelo por lo menos 30 minutos en el refrigerador.

Mientras el atún se esté adobando (remojando), inserte los trozos de piña, los trozos de naranja y los tomates en alambres (pinchos).

Rocíe una parrilla de asador con aceite en aerosol. Precaliente la parrilla (*grill*) de gas, de brasas o eléctrica a fuego mediano.

Coloque el pescado sobre la parrilla ya preparada y áselo, untándolo con el adobo que reservó, durante 5 minutos de cada lado o hasta que al tocarlo se desmenuce fácilmente.

Durante los últimos 3 minutos del tiempo de cocción, coloque los alambres sobre la parrilla. Áselos durante 3 minutos, volteándolos y untándolos con el adobo que reservó, hasta que estén calientes.

Rinde 4 porciones

VISTAZO NUTRICIONAL

Por porción: 187 calorías, 2 g de grasa, 1 g de grasa saturada, 26 g de proteínas, 15 g de carbohidratos, 2 g de fibra dietética, 53 mg de colesterol, 347 mg de sodio

Perca sofrita a la almendra

A esta perca sofrita le va muy bien el maravilloso sabor de la almendra.

1   taza de leche semidescremada al 1 por ciento

1   huevo batido

1½ tazas de hongos en rebanadas

½   taza de almendras con sabor a humo de nogal americano (*hickory smoke-flavored almonds*), picadas

3   cucharadas + 3 cucharadas de aceite de oliva extra virgen

2   cucharadas de perejil picado

1   cucharada de jugo de limón

2   libras (900 g) de filetes de perca (percha) o mero

Bata a mano la leche y el huevo en un tazón (recipiente) pequeño. Mezcle los hongos, las almendras, 3 cucharadas de aceite, el perejil y el jugo de limón en un tazón grande.

Precaliente el horno a 400°F (206°C).

Ponga las 3 cucharadas restantes de aceite a calentar a fuego mediano en una sartén antiadherente grande.

Pase el pescado por la mezcla del huevo. Ponga el pescado en la sartén y fríalo de 3 a 5 minutos o hasta que se dore. Voltee el pescado, póngalo en una fuente para hornear (refractario) antiadherente y hornéelo 5 minutos. Limpie la sartén con una toalla de papel. Ponga la mezcla de la almendra en la sartén mientras el pescado se esté horneando y ásela, revolviéndola con frecuencia, durante 5 minutos.

Para servir el pescado, póngalo en una fuente de servir (bandeja, platón) y distribuya la mezcla de la almendra encima de él.

Rinde 4 porciones

VISTAZO NUTRICIONAL

Por porción: 270 calorías, 18 g de grasa, 2½ g de grasa saturada, 25 g de proteínas, 4 g de carbohidratos, 1 g de fibra dietética, 75 mg de colesterol, 130 mg de sodio

Atún a la parrilla glaseado a la *teriyaki*

Este atún le hará agua la boca. Asado a la perfección y untado con un audaz glaseado que recuerda a la salsa teriyaki, *esta receta le encantará a toda la familia.*

¼ taza de salsa de soya *light*

3 cucharadas de vino de jerez seco o consomé de pollo

1 cucharada de jengibre fresco rallado

3 dientes de ajo picados en trocitos

4 filetes de atún (de 5 onzas/140 g cada uno)

1 mango grande, pelado y cortado en triángulos

1 pimiento (ají, pimiento morrón) rojo picado en cuatro trozos a lo largo

En un tazón (recipiente) pequeño, mezcle la salsa de soya, el vino de jerez o consomé, el jengibre y el ajo. Divida el adobo (marinado) entre 2 tazones medianos poco hondos. Ponga el atún en un tazón y el mango y el pimiento en el otro. Voltee el atún, el mango y el pimiento para recubrirlos por ambos lados. Tape los tazones y métalos 15 minutos al refrigerador.

Rocíe una parrilla (*grill*) de gas, de brasas o eléctrica o la parrilla de la charola del asador del horno con aceite en aerosol. Precaliente la parrilla o el asador del horno a fuego mediano.

Coloque el atún, el mango y el pimiento sobre la parrilla ya preparada. Deseche el adobo del tazón con el atún. Ase el atún, bañándolo de vez en cuando con el adobo del tazón del mango, 4 minutos de cada lado o hasta que quede apenas opaco y el mango y el pimiento estén bien calientes y glaseados.

Rinde 4 porciones

VISTAZO NUTRICIONAL

Por porción: 207 calorías, 2 g de grasa, 1 g de grasa saturada, 33 g de proteínas, 12 g de carbohidratos, 2 g de fibra dietética, 67 mg de colesterol, 509 mg de sodio

De la carta de. . .

BARTON G THE RESTAURANT

1427 West Avenue, Miami Beach

CHEF: TED MÉNDEZ

AL OFRECER UNA COCINA FINA Y ADEMÁS INGENIOSA,
BARTON G THE RESTAURANT HACE DE CADA COMIDA
UNA EXPERIENCIA ÚNICA.

Mariscos de la olla

TERCERA FASE

1	ramito de tomillo, picado
1	hoja de laurel
1	taza de zanahoria picada
1	taza de apio picado
1	taza de cebolla picada
½	taza de chalotes en rodajas
3	corazones de alcachofa con sus tallos
2	cucharadas de aceite de oliva extra virgen
3	cucharadas de margarina sin transgrasas o mantequilla
1½	tazas de habichuelas verdes (ejotes) y amarillas (ejotes amarillos, *wax beans*) mixtas, cortadas en diagonal y blanqueadas
2	colas de langosta que no sean de aguas frías, partidas (de 6 onzas/170 g cada una)

12	gambas o langostinos frescos
4	camarones extragrandes
½	taza de albahaca picada
5	*zucchinis* (calabacitas) pequeños en rodajas
1	taza de puerro (poro) picado en juliana
1	taza de hinojo picado en juliana
1	cucharada de especias para encurtir (*pickling spice*)
16	onzas (480 ml) de caldo de camarón (preparado con caparazones hervidos de mariscos
4	ramitas de albahaca
	El jugo de 1 limón

Ponga el tomillo, la hoja de laurel, la zanahoria, el apio, la cebolla, el chalote y las alcachofas a caramelizar en el aceite a fuego lento en una cacerola. Agregue 1 cucharada de la margarina o mantequilla y siga friendo las verduras a fuego lento de 25 a 35 minutos o hasta que las alcachofas queden suaves. Saque las alcachofas, cuele el líquido de cocción y guárdelo. Corte las alcachofas en pequeños triángulos.

Recaliente el líquido de cocción en una olla atractiva de hierro o de barro. Agregue las habichuelas y caliéntelas 2 minutos. Incorpore las 2 cucharadas restantes de margarina o mantequilla, batiendo a mano, y luego agregue la langosta, las gambas o los langostinos, los camarones y la albahaca picada. Tape la olla muy bien y deje que hierva de 6 a 8 minutos. Retírela del fuego y manténgala tapada unos 4 minutos más.

Ponga el *zucchini*, el puerro y el hinojo en una canastilla de vaporera. Agregue las especias para encurtir. Cocine las verduras a fuego lento en el caldo de camarón hasta que queden suaves, de 3 a 5 minutos. Reparta las verduras entre platos hondos para sopa. Acomode los mariscos sobre las verduras y agregue las ramitas de albahaca. Esparza encima el jugo de limón.

Saque la hoja de laurel antes de servir el plato.

Rinde 4 porciones

VISTAZO NUTRICIONAL

Por porción: 390 calorías, 18 g de grasa, 6 g de grasa saturada, 28 g de proteínas, 33 g de carbohidratos, 10 g de fibra dietética, 110 mg de colesterol, 740 mg de sodio

Lenguado relleno de mariscos

No se espante por el número de los ingredientes en esta receta. Este plato elegante se prepara rápidamente; es más, con facilidad puede hacerlo con anticipación.

Lenguado relleno

- 1 cucharadita de aceite de oliva extra virgen
- 2 dientes de ajo picados en trocitos
- ½ taza de hinojo picado
- 4 cebollines (cebollas de cambray) picados
- 2 cucharadas de perejil italiano picado
- 1½ cucharaditas de albahaca seca
- 3 cucharadas de chalote picado
- 8 onzas (224 g) de camarones grandes pelados, desvenados y cortados en tres partes
- 4 onzas (112 g) de vieiras (escalopes) de bahía (*bay scallops*)
- 1 taza de pan de trigo integral fresco rallado (molido)
- 1 huevo batido
- 1 cucharada de jugo de limón
  Pimienta negra molida
- 4 filetes de lenguado (de más o menos 6 onzas/168 g cada uno)
- 1 taza de vino blanco

Salsa de azafrán

- 1 cucharadita de aceite de oliva extra virgen
- 1 diente de ajo picado en trocitos
- ⅛ cucharadita de hilos de azafrán, machacados
- 2 cucharadas de agua caliente
- ½ cucharadita de mostaza *Dijon*
- ½ cucharaditas de alcaparras, enjuagadas y escurridas
- 1 cucharada de crema agria descremada
  Sal
  Pimienta negra molida
- 1 cucharada de perejil italiano picado (opcional)

Para preparar el lenguado relleno: Precaliente el horno a 400°F (206°C).

Ponga el aceite a calentar a fuego mediano en una sartén antiadherente grande. Agregue el ajo, el hinojo, el cebollín, el perejil, la albahaca y 2 cucharadas del chalote. Fríalo todo 4 minutos o justo hasta que el hinojo se suavice. Agregue los camarones y las vieiras y fríalos unos 2 minutos o hasta que queden opacos y bien cocidos.

Pase la mezcla a un tazón (recipiente) grande e incorpore el pan rallado, el huevo y el jugo de limón. Espolvoréelo con la pimienta.

Coloque el lenguado, con la piel hacia arriba, sobre una tabla para picar o bien una encimera limpia. Divida el relleno en 4 porciones iguales. Ponga el relleno en el centro de cada filete y enróllelos.

Rocíe una fuente para hornear (refractario) de 1 cuarto de galón (0.9 l) de capacidad con aceite en aerosol. Espolvoree la fuente con la cucharada restante de chalote y coloque los filetes sobre el chalote con la orilla abierta hacia abajo. Vierta el vino alrededor de los filetes. Cúbralos con un trozo de papel encerado.

Hornee el pescado unos 15 minutos o hasta que quede opaco y al tocarlo se desmenuce fácilmente. Retírelo de la fuente para hornear y manténgalo caliente sobre una fuente de servir (bandeja, platón) tapada. Reserve el líquido de cocción.

Para preparar la salsa de azafrán: Ponga el aceite a calentar a fuego mediano en una sartén antiadherente pequeña. Agregue el ajo y fríalo 1 minuto. Mezcle el azafrán con el agua en una taza y agréguelo a la sartén. Incorpore la mostaza, las alcaparras y el líquido en que se coció el pescado. Déjelo al fuego hasta que el líquido se reduzca a más o menos ⅔ taza. Retire la sartén del fuego e incorpore la crema agria, batiendo a mano. Sazone con la sal y la pimienta. Vierta la salsa sobre los filetes y espolvoréelos con el perejil, si lo está usando.

Rinde 4 porciones

VISTAZO NUTRICIONAL

Por porción: 373 calorías, 8 g de grasa, 2 g de grasa saturada, 52 g de proteínas, 11 g de carbohidratos, 2 g de fibra dietética, 248 mg de colesterol, 369 mg de sodio

LE BERNARDIN

787 Seventh Avenue, Ciudad de Nueva York

CHEF: ERIC RIPERT

LE BERNARDIN ES EL MEJOR RESTAURANTE ESPECIALIZADO EN MARISCOS DE LA ciudad de NUEVA YORK, y su distinguido *CHEF*, Eric Ripert, participa cada año en el SOUTH BEACH WINE AND FOOD FESTIVAL.

Mero con *bok choy* joven y vinagreta de soya y jengibre

TERCERA FASE

12	cabezas de *bok choy* joven (unas 2 libras/900 g)	½	cucharadita de jugo de limón verde (lima) fresco
	Sal	1	pizca pequeña de pimienta roja molida
1	cucharada de jengibre finamente picado en cubitos	¼	taza de agua
2	cucharadas de chalotes finamente picados en cubitos	2	cucharadas de mantequilla sin sal
			Sal fina de mar
1	cucharada de salsa de ostra		Pimienta blanca recién molida
2	cucharadas de vinagre de vino de jerez	2	cucharadas de aceite de *canola*
4	cucharadas de aceite de *canola*	4	filetes de mero (de más o menos 7 onzas/196 g cada uno)
1	cucharada de salsa de soya *light*	1	cucharada de semillas de sésamo (ajonjolí) tostadas

Ponga una olla grande llena de agua a hervir. Córteles el extremo de las raíces a las cabezas de *bok choy* (repollo chino), separe las hojas y lávelas muy bien. Póngale sal al agua y agregue el *bok choy*. Blanquéelo hasta que quede apenas cocido, más o menos 1½ minutos. Sumérjalo de inmediato en un tazón (recipiente) de agua con hielos hasta que se enfríe. Escúrralo y déjelo aparte.

Ponga el jengibre y el chalote en un tazón; batiendo a mano, incorpore la salsa de ostra y el vinagre. Incorpore, batiendo a mano, el aceite de *canola*, la salsa de soya, el jugo de limón verde y la pimienta roja. Ponga esta vinagreta aparte.

Ponga la ¼ taza de agua a hervir en una cacerola grande a fuego alto. Incorpore la mantequilla, batiendo a mano, y baje el fuego a medianoalto. Salpimiente el *bok choy*, agréguelo a la cacerola y cuézalo hasta que esté bien caliente, unos 2 minutos.

Mientras tanto, divida las 2 cucharadas de aceite de *canola* entre dos sartenes antiadherentes de 10" (25 cm). Póngalas a calentar a fuego alto justo hasta que el aceite empiece a humear. Salpimiente el mero por ambos lados. Ponga 2 filetes de mero en cada sartén y sofríalo (saltéelo) hasta que el pescado se dore por abajo, unos 3 minutos. Voltéelo y sofríalo unos 3 minutos más o hasta que al apretarlo con un tenedor se desmenuce fácilmente.

Saque el *bok choy* de la sartén con una cuchara calada (espumadera) y acomódelo al centro de cada uno de cuatro platos extendidos. Encima coloque el mero. Bata la vinagreta ligeramente a mano y distribúyala alrededor del *bok choy*. Esparza las semillas de sésamo sobre la vinagreta y sirva el plato de inmediato.

Rinde 4 porciones

VISTAZO NUTRICIONAL

Por porción: 470 calorías, 30 g de grasa, 6 g de grasa saturada, 42 g de proteínas, 7 g de carbohidratos, 2 g de fibra dietética, 90 mg de colesterol, 440 mg de sodio

Camarones a lo Nueva Orleans

He aquí una forma más rápida de disfrutar este plato tradicional de camarones oriundo de la cuna del jazz, Nueva Orleans. Sírvalo acompañado de arroz integral caliente para una cena rápida durante la Segunda Fase de la dieta. Si gusta puede sustituir los camarones por vieiras (escalopes, sea scallops).

2 rebanadas de tocino de pavo (chompipe) o de tocino canadiense

1 cebolla picada

½ pimiento (ají, pimiento morrón) verde, picado

1 tallo de apio picado

1 diente de ajo picado en trocitos

1 lata de 16 onzas (450 g) de tomate (jitomate) picado

1 hoja de laurel

½ cucharadita de pimienta negra molida

1 cucharadita de salsa *Worcestershire*

1 cucharadita de salsa de chile (salsa de ají picante, salsa de pimiento picante, *hot pepper sauce*)

1 libra (450 g) de camarón mediano, pelado y desvenado

Ponga el tocino a calentar a fuego mediano en una sartén grande hasta que quede crujiente. Páselo a un plato cubierto con una toalla de papel para escurrir la grasa. Desmorónelo una vez que se haya enfriado. Reserve 1 cucharada de grasa de la sartén y deseche la demás.

Ponga esa grasa del tocino a calentar a fuego mediano y fría la cebolla, el pimiento y el apio unos 5 minutos o hasta que queden suaves. Incorpore el ajo y fríalo 1 minuto. Incorpore el tomate (con su jugo), la hoja de laurel, la pimienta negra, la salsa *Worcestershire* y la salsa de chile. Deje que rompa a hervir. Baje el fuego a lento y deje que todo hierva a fuego lento durante 20 minutos. Agregue los camarones y el tocino y cocínelos unos 10 minutos o hasta que los camarones queden opacos. Saque y deseche la hoja de laurel antes de servir el plato.

Rinde 4 porciones

VISTAZO NUTRICIONAL

Por porción: 185 calorías, 4 g de grasa, 1 g de grasa saturada, 26 g de proteínas, 12 g de carbohidratos, 3 g de fibra dietética, 177 mg de colesterol, 329 mg de sodio

SMITH & WOLLENSKY

1 Washington Avenue, Miami Beach

CHEF: ROBERT MIGNOLA

EL RESTAURANTE *SMITH & WOLLENSKY* GOZA DE GRAN FAMA A NIVEL NACIONAL POR SUS BISTECS, PERO ESTA ENSALADA DEMUESTRA QUE SU MENÚ CONTIENE ALGO PARA TODO EL MUNDO.

Ensalada de espárragos, cangrejo y toronja

SEGUNDA FASE

Ensalada

12 espárragos *jumbo*; recorte los tallos, pele hasta que tengan unas 3" (7.5 cm) de grosor en la base y cocínelos al vapor hasta que queden apenas cocidos y sigan muy verdes y crujientes y póngalos a enfriar en el refrigerador

2 tazas de germinados de hoja verde para ensalada

½ libra (225 g) de carne de cangrejo (jaiba) "colosal" (*colossal lump crabmeat*), revisado para sacar los trocitos de caparazón

12 gajos de toronja (pomelo)

1 pimiento (ají, pimiento morrón) rojo picado

½ taza de Vinagreta cítrica

2 cucharadas de cebollino (cebolleta), picado en trocitos

Vinagreta cítrica

1 cucharadita de mostaza *Dijon*

1 cucharada de jugo de limón

1 cucharada de jugo de limón verde (lima)

1 cucharada de jugo de naranja (china)

⅓ taza de aceite de oliva extra virgen

   Sal

   Pimienta

Para preparar la ensalada: Coloque 3 espárragos sobre cada plato.

Ponga ½ taza de germinados encima de los espárragos en cada plato para servirle de lecho a la carne de cangrejo. Divida la carne de cangrejo en 4 porciones iguales y colóquela encima de los germinados. Acomode los gajos de toronja alrededor del cangrejo. Esparza el pimiento encima.

Esparza con la Vinagreta cítrica. Espolvoree con el cebollino.

Para preparar la Vinagreta cítrica: Mezcle la mostaza, el jugo de limón, el jugo de limón verde y el jugo de naranja en un tazón (recipiente) pequeño de vidrio o de acero inoxidable. Incorpore el aceite poco a poco, batiendo a mano. Salpimiente al gusto.

Rinde 4 porciones

VISTAZO NUTRICIONAL

Por porción: 260 calorías, 20 g de grasa, 3 g de grasa saturada, 13 g de proteínas, 9 g de carbohidratos, 0 g de fibra dietética, 30 mg de colesterol, 490 mg de sodio

Bacalao fresco con granos de pimienta y puerro

La pimienta quebrada intensifica el sabor de unos filetes suaves de bacalao, mientras que el puerro sofrito (salteado) con ajo y limón da la guarnición perfecta.

½ cucharadita de pimienta negra en granos, recién quebrada

½ cucharadita de semilla de hinojo, triturada finamente

4 filetes de bacalao fresco (de más o menos 5 onzas/140 g cada uno)

1 cucharada de aceite de oliva extra virgen

3 puerros (poros) medianos, sólo la parte blanca, picados en rodajas delgadas

3 cebollines (cebollas de cambray), finamente picados

2 dientes de ajo picados en trocitos

2 cucharaditas de harina de trigo integral

¼ taza de vino blanco

¼ taza de consomé de pollo

2 cucharadas de leche semidescremada al 1 por ciento

Precaliente el horno a 375°F (190°C).

Espolvoree la pimienta y las semillas de hinojo sobre los filetes de ambos lados, oprimiéndolas para que se adhieran bien. Ponga el pescado aparte.

Ponga el aceite a calentar a fuego mediano en una sartén resistente al horno. Agregue los puerros, el cebollín y el ajo y fríalos 4 minutos, revolviéndolos con frecuencia, hasta que estén suaves. Incorpore la harina y fríala 1 minuto. Añada el vino, el consomé y la leche y deje que rompan a hervir. Retire la sartén del fuego.

Ponga el pescado encima de la mezcla del puerro en la sartén y hornéelo 10 minutos o hasta que se desmenuce fácilmente al tocarlo. Sírvalo cubierto con la mezcla de los puerros.

Rinde 4 porciones

VISTAZO NUTRICIONAL

Por porción: 203 calorías, 5 g de grasa, 1 g de grasa saturada, 27 g de proteínas, 10 g de carbohidratos, 2 g de fibra dietética, 61 mg de colesterol, 157 mg de sodio

Pollo caribeño al horno con mango

Todas las especias tradicionales que se utilizan para el jerk *jamaicano aparecen en esta receta. Prepare este pollo durante la Segunda Fase y disfrute un auténtico manjar isleño.*

2	chiles jalapeños partidos a la mitad y sin semilla (use guantes de plástico al tocarlos)
½	cebolla partida a la mitad
2	dientes de ajo picados en trocitos
1	rebanada (de ¼"/5 mm de grosor) de jengibre fresco pelado
1	cucharada de aceite de oliva extra virgen
1	cucharada de vinagre de vino blanco

1	cucharadita de sazonador *jerk*
1	cucharadita de pimienta de Jamaica (*allspice*)
¼	cucharadita de sal
4	mitades de pechuga de pollo deshuesadas y sin pellejo
½	mango, pelado y picado finamente
1	cucharada de cilantro fresco picado

Precaliente el horno a 450°F (234°C). Rocíe un molde para hornear de 13" (33 cm) × 9" (23 cm) con aceite en aerosol.

Ponga los chiles, la cebolla, el ajo, el jengibre, el aceite, el vinagre, el sazonador *jerk*, la pimienta de Jamaica y la sal en un procesador de alimentos. Procese todo hasta dejarlo picado muy finamente, parando la máquina de vez en cuando para desprender la mezcla de los lados del recipiente.

Unte las pechugas de pollo por ambos lados con la mezcla del chile. Coloque las pechugas de pollo en el molde para hornear ya preparado, con el lado despellejado hacia arriba.

Hornéelo 30 minutos o hasta que un termómetro introducido en la parte más gruesa de la pechuga marque 170°F (77°C) y los jugos salgan transparentes.

Ponga el pollo sobre platos y esparza el mango encima. Espolvoréelo con el cilantro.

Rinde 4 porciones

VISTAZO NUTRICIONAL

Por porción: 186 calorías, 5 g de grasa, 1 g de grasa saturada, 28 g de proteínas, 6 g de carbohidratos, 1 g de fibra dietética, 68 mg de colesterol, 264 mg de sodio

Pollo al coco

Si Bali es la isla superlativa, entonces esta cena reproduce el sabor superlativo de Bali. El pollo cocinado con leche de coco (Opor Ayam) es un auténtico clásico de la cocina indonesa. Lo único que hicimos fue utilizar la carne blanca del pollo en lugar de la pierna o el alón tradicionales. A veces las tradiciones recientes son mejores que las antiguas.

2 cucharadas de aceite de oliva extra virgen

1 libra (450 g) de pechuga de pollo picada en tiras

1 cucharada de consomé de pollo

1 cebolla mediana picada

2 dientes de ajo picados en trocitos

¾ cucharadita de cilantro seco

1 cucharadita de jengibre fresco rallado

1 cucharadita de cáscara de limón, finamente rallada

⅛ cucharadita de comino molido

1 pizca de cúrcuma (azafrán de las Indias, *turmeric*) molida

1 taza de leche de coco *light* (sin azúcar)

2 cucharadas de nueces de macadamia, finamente picadas

1 cucharadita de sustituto de azúcar

¼ cucharadita de pimienta roja molida

1 cucharada de pasta de tamarindo (se consigue en los supermercados de alimentos indios y otras especialidades)

2 cucharaditas de agua

Cebollín (cebolla de cambray) picado, para adornar

Ponga el aceite a calentar a fuego mediano-alto en una sartén grande. Agregue el pollo y fríalo 5 minutos por cada lado o hasta que se dore y ya no esté rosado al centro. Pase el pollo a un plato y póngalo aparte.

Caliente el consomé en la misma sartén. Agregue la cebolla, el ajo, el cilantro, el jengibre, la ralladura de limón, el comino y la cúrcuma y fríalo todo 5 minutos o hasta que la cebolla esté suave pero sin dorarse. Incorpore la leche de coco, la nuez, el sustituto de azúcar y la pimienta roja.

Devuelva el pollo a la sartén, tápela y déjelo hervir suavemente 10 minutos o hasta que el pollo esté bien cocido.

Pase el pollo a un plato y manténgalo caliente. No deseche la salsa de la sartén.

Mezcle la pasta de tamarindo y el agua en un tazón (recipiente) pequeño. Incorpore esta mezcla a la salsa en la sartén y deje que hierva suavemente hasta que se espese y la cantidad equivalga más o menos a 1 taza.

Reparta el pollo a partes iguales entre 4 platos. Cúbralo con la salsa y adórnelo con el cebollín.

Rinde 4 porciones

VISTAZO NUTRICIONAL

Por porción: 360 calorías, 25 g de grasa, 14 g de grasa saturada, 28 g de proteínas, 10 g de carbohidratos, 3 g de fibra dietética, 66 mg de colesterol, 60 mg de sodio

Pollo con aliño de limón verde

Este pollo al estilo de la cocina Tex-Mex *de los Estados Unidos sin duda será del gusto de toda la familia.*

Aliño (aderezo) de limón verde

⅓ taza de jugo de limón verde (lima) fresco

¼ taza de cilantro fresco picado

1 cucharada de cebollín (cebolla de cambray), picado

1 cucharada de aceite de oliva extra virgen

1 cucharadita de sustituto de azúcar

½ cucharadita de sal

Pollo

4 mitades de pechuga de pollo deshuesadas y sin pellejo, aplanadas con un mazo hasta alcanzar un grosor de ½" (1 cm)

2 aguacates (paltas) medianos, pelados y deshuesados

1 cucharada de jugo de limón fresco

2 cucharaditas de salsa picante

1 cucharadita + 1 cucharada de aceite de oliva extra virgen

1 pimiento (ají, pimiento morrón) rojo mediano, finamente picado

1 diente de ajo picado en trocitos

¼ taza de almendras tostadas en rebanadas

2 cucharadas de harina de trigo integral

Para preparar el aliño: Mezcle el jugo de limón verde, el cilantro, el cebollín, el aceite, el sustituto de azúcar y la sal en un tazón (recipiente) grande.

Para preparar el pollo: Mezcle el pollo con 3 cucharadas del aliño de limón verde en una fuente grande de vidrio. Tápelo y métalo 10 minutos al refrigerador.

Machaque los aguacates con 2 cucharadas del aliño de limón verde en un tazón mediano. Incorpore el jugo de limón y la salsa picante. Reserve el aliño restante de limón verde.

Ponga 1 cucharadita de aceite a calentar en una sartén antiadherente grande. Agregue el pimiento y fríalo 6 minutos, revolviéndolo de vez en cuando, hasta que se suavice y se dore levemente. Incorpore el ajo y fríalo 30 segundos. Páselo a un tazón grande y añada la almendra.

Saque el pollo del aliño y séquelo cuidadosamente con toallas de papel. Espolvoree la harina sobre el pollo de ambos lados.

Ponga la cucharada restante de aceite a calentar a fuego mediano-alto en una sartén grande. Agregue el pollo y fríalo 6 minutos de cada lado o hasta que un termómetro introducido en la parte más gruesa marque 170°F (77°C) y los jugos salgan transparentes. Coloque el pollo sobre 4 platos y reparta la mezcla de pimiento de manera uniforme encima. Esparza el aliño reservado sobre cada porción. Sirva el aguacate machacado como guarnición.

Rinde 4 porciones

VISTAZO NUTRICIONAL

Por porción: 429 calorías, 27 g de grasa, 4 g de grasa saturada, 33 g de proteínas, 19 g de carbohidratos, 10 g de fibra dietética, 68 mg de colesterol, 382 mg de sodio

BOLO RESTAURANT & BAR

23 E. 22nd Street, Ciudad de Nueva York

CHEF: BOBBY FLAY

BOBBY FLAY ES OTRO GRAN *CHEF* QUE PARTICIPA EN EL SOUTH BEACH WINE AND FOOD FESTIVAL. EN NUEVA YORK SUS RESTAURANTES SIEMPRE SON MUY CONCURRIDOS.

Pollo con especias a la española con salsa de mostaza y chalote

PRIMERA FASE

Salsa de mostaza y chalote

- ½ taza de vinagre añejo de vino blanco
- 3 cucharadas de mostaza *Dijon*
- 1 taza de aceite de oliva extra virgen

  Sal

  Pimienta negra recién molida
- ½ taza de chalotes cortados en rodajas finas
- 3 cucharadas de perejil liso finamente picado

Especias a la española

- 3 cucharadas de pimentón (paprika) español o común
- 1 cucharada de semillas de comino, molidas
- 1 cucharada de semillas de mostaza, molidas
- 2 cucharaditas de semillas de hinojo, molidas
- 2 cucharaditas de pimienta negra de molido grueso
- 2 cucharaditas de sal kósher

Pollo

- 8 pechugas de pollo con hueso, corte francés (véase la nota)

  Aceite de oliva extra virgen

  Sal

  Especias a la española (izquierda)

  Perejil picado para adornar

Para preparar la salsa: Bata a mano el vinagre y la mostaza *Dijon* en un tazón (recipiente) grande. Incorpore el aceite poco a poco, batiendo a mano, hasta emulsionarlo (mezclarlo bien), y salpimiente al gusto. Incorpore el chalote y el perejil.

Para preparar las especias a la española: Bata a mano el pimentón, el comino, las semillas de mostaza y de hinojo, la pimienta y la sal en un tazón pequeño, y póngalo aparte.

Para preparar el pollo: Caliente la parrilla (*grill*) de gas, de brasas o eléctrica a fuego mediano. Unte las pechugas de pollo con el aceite de oliva. Sazone cada pechuga de pollo con la sal, por ambos lados. Frote cada pechuga de pollo del lado de la piel con las especias a la española y colóquelas sobre la parrilla, con el lado condimentado hacia abajo. Áselas de 5 a 6 minutos o hasta que queden ligeramente quemadas y se haya formado una costra. Voltee las pechugas de pollo, cierre la tapa y sígalas asando de 6 a 7 minutos o justo hasta que queden cocidas. Sirva un poco de Salsa de mostaza y chalote sobre una fuente de servir (bandeja, platón) y coloque las pechugas de pollo encima. Adórnelas con el perejil picado y sirva la salsa restante aparte.

Nota: "Corte francés" significa realizar un corte a lo largo del hueso del pollo, exponiendo la carne.

Rinde 8 porciones

VISTAZO NUTRICIONAL

Por porción: 357 calorías, 24 g de grasa, 4 g de grasa saturada, 19 g de proteínas, 5 g de carbohidratos, 2 g de fibra dietética, 43 mg de colesterol, 779 mg de sodio

Pollo tropical glaseado

El jugo de piña y la miel, acompañados de un toque de mostaza y pimienta roja, le brindan a este plato una deliciosa fuerza dulce y condimentada. Puede preparar el glaseado de antemano, convirtiendo esta receta en una opción fácil para una ajetreada noche de entre semana.

1	taza de consomé de pollo
3	cucharadas de concentrado de jugo de piña (ananá), descongelado
1	cucharada de mostaza *Dijon* con granos
1	diente de ajo picado en trocitos
1	cucharadita de salvia fresca, finamente picada
½	cucharadita de mostaza en polvo
1	pizca de pimienta roja molida
1	cucharada de miel
1	libra (450 g) de pechuga de pollo deshuesada y sin pellejo

Deje que el consomé de pollo rompa a hervir a fuego mediano-alto en una cacerola pequeña y hiérvalo hasta que se reduzca a ¼ taza. Agregue el jugo, la mostaza *Dijon*, el ajo, la salvia, la mostaza en polvo, la pimienta roja y la miel. Deje que rompa a hervir nuevamente, baje el fuego a lento y déjelo hervir suavemente otros 5 minutos, revolviéndolo de vez en cuando. Retire la cacerola del fuego. Use el glaseado de inmediato o métalo al refrigerador hasta que lo quiera utilizar.

Rocíe una parrilla (*grill*) de gas, de brasas o eléctrica con aceite en aerosol. Precaliente la parrilla 10 minutos a fuego mediano-alto.

Ase el pollo unos 4 minutos. Voltéelo y áselo otro minuto más. Unte el pollo con el glaseado de piña y mostaza. Áselo otros 4 minutos, untándolo con el glaseado, hasta que un termómetro introducido en la parte más gruesa marque 170°F (77°C) y los jugos salgan transparentes.

Rinde 4 porciones

VISTAZO NUTRICIONAL

Por porción: 161 calorías, 2 g de grasa, 1 g de grasa saturada, 27 g de proteínas, 7 g de carbohidratos, 0 g de fibra dietética, 66 mg de colesterol, 419 mg de sodio

Mole de pollo

Este delicioso pollo condimentado les encantará a los amantes del chocolate.

2½	libras (1,150 g) de pechuga de pollo picada en tiras
	Sal
	Pimienta negra molida
1	cebolla grande picada
1	pimiento (ají, pimiento morrón) verde grande, sin tallo ni semilla y picado
2	dientes de ajo picados en trocitos
2	cucharadas de chile en polvo
½	cucharadita de canela en polvo
½	cucharadita de clavo molido
1	lata de 14½ onzas (405 g) de tomate (jitomate) picado en cubitos
2	cucharadas de crema de cacahuate (maní) natural sin edulcorante
2	cucharadas de cacao en polvo sin edulcorante
2	cebollines (cebollas de cambray), picados

Salpimiente el pollo. Rocíe una sartén antiadherente grande con aceite de oliva en aerosol y póngala a calentar a fuego mediano-alto. Agregue el pollo y fríalo 8 minutos, volteándolo una sola vez, hasta que se dore por ambos lados. Pase el pollo a un plato grande.

Agregue la cebolla, el pimiento y el ajo a la sartén y fríalos 3 minutos o hasta que la cebolla se ponga traslúcida. Incorpore el chile en polvo, la canela y el clavo y fríalos 1 minuto. Devuelva el pollo a la sartén. Añada el tomate (con su jugo), la crema de cacahuate y el cacao en polvo y deje que rompan a hervir. Tape la sartén y hierva todo suavemente unos 25 minutos, revolviéndolo de vez en cuando, hasta que el pollo ya no esté rosado. Adórnelo con el cebollín.

Rinde 4 porciones

VISTAZO NUTRICIONAL

Por porción: 431 calorías, 8 g de grasa, 2 g de grasa saturada, 70 g de proteínas, 17 g de carbohidratos, 6 g de fibra dietética, 164 mg de colesterol, 398 mg de sodio

Pollo con especias y salsa de cilantro

La fresca salsa de cilantro es un dip *perfecto para acompañar estas ricas tiras de pollo, pero si usted lo prefiere puede cambiarla por una salsa* barbecue *sin azúcar de frasco.*

1 cucharadita de chile en polvo	1 diente de ajo
1 cucharadita de comino molido	1 chile serrano sin semilla (use guantes de plástico al tocarlo)
¼ cucharadita de sal	⅛ cucharadita de sal
1 libra (450 g) de pechuga de pollo picada en tiras	2 cucharadas de jugo de limón verde (lima)
½ taza de ramitas de cilantro	2 cucharadas de aceite de oliva extra virgen
¼ taza de ramitas de perejil	2 cucharadas de agua
¼ taza de almendras blanqueadas en rebanadas	Una ramita de cilantro, para adornar

Rocíe una parrilla (*grill*) de gas, de brasas o eléctrica o la parrilla de la charola del asador del horno con aceite en aerosol. Precaliente la parrilla o el asador del horno.

Mezcle el chile en polvo, el comino y la sal en un taza. Realice dos cortes de ½" (1 cm) de profundidad de ambos lados de las tiras de pollo. Frote el pollo con la mezcla de especias, introduciéndola en los cortes. Ponga el pollo en un molde para hornear y rocíelo con aceite en aerosol. Déjelo reposar 10 minutos.

Ponga el cilantro, el perejil, las almendras, el ajo, el chile y la sal en un procesador de alimentos. Procese todo hasta picarlo. Con el procesador funcionando, agregue el jugo de limón verde y el aceite a través del tubo para los alimentos; apague el aparato una o dos veces para desprender la mezcla de los lados del recipiente y siga procesando hasta que la salsa adquiera una consistencia uniforme. Vierta la salsa en un tazón (recipiente). Incorpore el agua, tápela y métala al refrigerador hasta que esté listo para servirlo.

Ponga el pollo sobre la parrilla ya preparada y áselo unos 15 minutos a 6" (15 cm) de la fuente de calor, volteándolo varias veces, hasta que un termómetro introducido en el centro del pollo marque 170°F (77°C) y los jugos salgan transparentes. Acompáñelo con la salsa y adórnelo con el cilantro.

Rinde 4 porciones

VISTAZO NUTRICIONAL

Por porción: 248 calorías, 13 g de grasa, 2 g de grasa saturada, 28 g de proteínas,
4 g de carbohidratos, 1 g de fibra dietética, 66 mg de colesterol, 324 mg de sodio

Pollo con alcachofas

Cada verdura tiene su día y el 16 de marzo es el Día Nacional de la Alcachofa. Sin embargo, ¡esta receta puede servirse el día que sea!

4 cucharadas de aceite de oliva extra virgen

4 mitades de pechuga de pollo deshuesadas y sin pellejo, aplanadas con un mazo hasta alcanzar un grosor de ½" (1 cm)

1 bolsa de 16 onzas (448 g) de cebollas enteras pequeñas congeladas

1 lata de 13¾ onzas (385 g) de consomé de pollo

1 cucharada de vinagre balsámico

Sal

Pimienta negra molida

1 paquete de 10 onzas (280 g) de corazones de alcachofa congelados

Ponga 2 cucharadas de aceite a calentar a fuego mediano en una sartén grande. Agregue el pollo y fríalo unos 10 minutos, volteándolo una sola vez, hasta que se dore por ambos lados. Páselo cuidadosamente a un tazón (recipiente) grande.

Ponga las otras 2 cucharadas restantes del aceite a calentar en la sartén. Agregue las cebollas y fríalas unos 5 minutos o hasta que se doren ligeramente, revolviéndolas de vez en cuando. Regrese el pollo a la sartén, agregue el consomé de pollo y el vinagre y sazónelo con sal y pimienta. Deje que rompa a hervir. Baje el fuego a lento, tape la sartén y deje que hierva suavemente unos 20 minutos. Agregue los corazones de alcachofa y cocínelos unos 10 minutos o hasta que las alcachofas estén suaves y un termómetro introducido en la parte más gruesa de una pechuga de pollo marque 170°F (77°C) y los jugos salgan transparentes.

Rinde 4 porciones

VISTAZO NUTRICIONAL

Por porción: 337 calorías, 16 g de grasa, 2 g de grasa saturada, 32 g de proteínas, 17 g de carbohidratos, 7 g de fibra dietética, 68 mg de colesterol, 529 mg de sodio

Pollo *Capri*

Este plato es tan delicioso que parecerá que estuvo cocinando todo el día, pero se prepara en 30 minutos. El pollo queda muy bien con una fresca ensalada verde acompañada de cualquier aliño (aderezo) aprobado para la dieta South Beach.

1	taza de queso *ricotta* de grasa reducida
½	cucharadita de orégano seco
¼	cucharadita de sal
¼	cucharadita de pimienta negra molida
4	mitades de pechuga de pollo deshuesadas y sin pellejo
½	cucharadita de ajo en polvo
2	cucharadas de aceite de oliva extra virgen
1	taza de tomates (jitomates) aplastados
4	rebanadas de queso *mozzarella* de grasa reducida

Ponga el queso *ricotta*, el orégano, la sal y la pimienta en una licuadora (batidora) o procesador de alimentos. Mezcle los ingredientes.

Frote el pollo con el ajo en polvo. Ponga el aceite a calentar a fuego mediano-alto en una sartén grande. Agregue el pollo y fríalo unos 12 minutos por cada lado. Coloque las pechugas de pollo una al lado de la otra en una fuente para hornear (refractario) grande y deje que se enfríen.

Precaliente el horno a 350°F (178°C).

Ponga ¼ taza de la mezcla del queso y ¼ taza de tomates sobre cada pechuga de pollo. Agregue 1 rebanada de queso *mozzarella* a cada pechuga de pollo. Hornéelo unos 20 minutos o hasta que un termómetro introducido en la parte más gruesa de una pechuga marque 170°F (77°C) y los jugos salgan transparentes.

Rinde 4 porciones

VISTAZO NUTRICIONAL

Por porción: 340 calorías, 15 g de grasa, 5 g de grasa saturada, 44 g de proteínas, 6 g de carbohidratos, 1 g de fibra dietética, 115 mg de colesterol, 470 mg de sodio

Alambres chinos de pollo condimentado

Estos alambres sensacionales quedan excelentes fríos o calientes. Sírvalos con arroz integral caliente y como guarnición una ensalada de germinados de hoja verde frescos para completar la comida.

2 cucharadas de jugo de naranja (china)

1½ cucharadas de salsa *hoisin*

1 cucharada de *Catsup* a lo South Beach (véase la página 177) o de *catsup* (*ketchup*) sin azúcar

1 cucharada de vinagre de arroz

1 cucharada de salsa picante china preparada con ajo

1 cucharadita de salsa de soya *light*

1 cucharadita de aceite de sésamo (ajonjolí) tostado

1 cucharadita de ralladura de naranja

1½ libras (680 g) de pechuga de pollo deshuesada y sin pellejo, cortada en trozos de 1" (2.5 cm)

Mezcle el jugo de naranja, la salsa *hoisin*, la *catsup*, el vinagre, la salsa picante, la salsa de soya, el aceite y la ralladura de naranja en una bolsa de plástico con cierre de 1 cuarto de galón (0.9 l) de capacidad. Agregue el pollo. Cierre la bolsa muy bien y voltéela para recubrir bien el pollo. Meta el pollo al refrigerador durante por lo menos 2 horas, volteando la bolsa de vez en cuando.

Rocíe una parrilla (*grill*) de gas, de brasas o eléctrica o la parrilla de la charola del asador del horno con aceite en aerosol. Precaliente la parrilla o el asador del horno.

Ensarte los trozos de pollo en 6 alambres (pinchos, brochetas) de metal. Coloque los alambres sobre la parrilla ya preparada y áselos sobre las brasas calientes unos 5 minutos por lado o hasta que el pollo ya no esté de color rosado. Si va a usar el asador del horno, ase el pollo a 4 pulgadas (10 cm) de la fuente de calor durante 7 minutos por lado o hasta que un termómetro introducido en la parte más gruesa marque 170°F (77°C) y los jugos salgan transparentes.

Rinde 6 porciones

VISTAZO NUTRICIONAL

Por porción: 150 calorías, 2 g de grasa, 1 g de grasa saturada, 26 g de proteínas, 4 g de carbohidratos, 0 g de fibra dietética, 66 mg de colesterol, 282 mg de sodio

Pollo al jengibre

El sabor ligeramente picante y tirando a cítrico y el maravilloso aroma del jengibre constituyen una auténtica delicia al mezclarse con la salsa teriyaki.

- 1 trozo de 6" (15 cm) de jengibre fresco, pelado y cortado en pedazos de 1" (2.5 cm)
- 2 dientes de ajo
- 2 cucharadas de aceite de oliva extra virgen
- ½ taza de Salsa *teriyaki* al estilo South Beach (véase la página 177)
- 2 a 3 libras (900 a 1,350 g) de pechuga de pollo con el hueso
  Sal
  Pimienta negra molida

Precaliente el horno a 450°F (234°C).

Ponga el jengibre, el ajo y el aceite en una licuadora (batidora) o un procesador de alimentos. Procese todo hasta picarlo finamente. Con el aparato funcionando, agregue la salsa *teriyaki* hasta que la mezcla adquiera una textura parecida a la de la mostaza.

Ponga el pollo en un tazón (recipiente) grande poco hondo y cúbralo con la mezcla del jengibre. Tápelo y métalo 10 minutos al refrigerador.

Coloque el pollo en una charola para el asador del horno y sazónelo con sal y pimienta. Hornéelo hasta que el pollo esté perfectamente cocido, unos 20 minutos. Baje la temperatura del horno a 350°F (178°C). Hornee el pollo unos 25 minutos más o hasta que un termómetro introducido en la parte más gruesa marque entre 170° y 175°F (77° y 79°C) y los jugos salgan transparentes.

Rinde 4 porciones

VISTAZO NUTRICIONAL

Por porción: 468 calorías, 11 g de grasa, 2 g de grasa saturada, 61 g de proteínas, 7 g de carbohidratos, 0 g de fibra dietética, 197 mg de colesterol, 862 mg de sodio

Pollo con almendras frito al horno

No tiene que freír el pollo para que le sepa a frito. Este plato se prepara en el horno y el toque de sabor que le agregan las almendras lo completa a la perfección.

1 taza de pan de trigo integral rallado (molido)

¼ taza (1 onza/28 g) de queso parmesano rallado

¼ taza de almendras finamente picadas

2 cucharadas de perejil picado

1 diente de ajo machacado

1 cucharadita de sal

¼ cucharadita de tomillo seco

1 pizca de pimienta negra molida

¼ taza de aceite de oliva extra virgen

2 libras (950 g) de pechuga de pollo deshuesada y sin pellejo, aplanada con un mazo hasta alcanzar un grosor de ½" (1 cm) y cortada en 12 trozos

Una ramita de perejil italiano para adornar

Precaliente el horno a 400°C (206°C).

Ponga el pan rallado, el queso, las almendras, el perejil, el ajo, la sal, el tomillo y la pimienta en un tazón (recipiente) mediano. Revuélvalo todo muy bien.

Vierta el aceite en un plato poco hondo. Pase el pollo primero por el aceite y luego por la mezcla del pan rallado. Colóquelo en un molde poco hondo para hornear.

Hornéelo unos 25 minutos o hasta que un termómetro introducido en el centro de una pieza marque 170°F (77°C) y los jugos salgan transparentes. (No vaya a voltear el pollo mientras se hornea). Adórnelo con el perejil.

Rinde 6 porciones

VISTAZO NUTRICIONAL

Por porción: 383 calorías, 16 g de grasa, 4 g de grasa saturada, 41 g de proteínas, 15 g de carbohidratos, 1 g de fibra dietética, 91 mg de colesterol, 730 mg de sodio

Pollo a las cinco especias

El jengibre, la salsa de soya y el polvo chino de cinco especias le dan su aire asiático a esta cena condimentada. Si nunca ha probado el polvo de cinco especias quizá prefiera reducir la cantidad a la mitad para que resulte menos picante.

3 cucharadas de vino de jerez seco

2 cucharadas de salsa de soya *light*

1 cucharada de sustituto de azúcar morena (mascabado) en almíbar (sirope, miel) o 2 cucharadas de sustituto granulado de azúcar morena (véase la nota)

1 cucharadita de jengibre fresco finamente picado

1 diente de ajo picado en trocitos

½ cucharadita de polvo chino de cinco especias

4 mitades de pechuga de pollo deshuesadas y sin pellejo

1 cucharadita de maicena

1 cucharada de agua fría

2 cebollines (cebollas de cambray) cortados en rodajas finas, para adornar

Mezcle el vino de jerez, la salsa de soya, el sustituto de azúcar morena, el jengibre, el ajo y el polvo de cinco especias en una fuente poco honda resistente al microondas, de 1½ cuartos de galón (1.4 l) de capacidad. Agregue el pollo y voltéelo para recubrirlo bien. Cúbralo con envoltura autoadherente de plástico, pique la envoltura varias veces para dejar escapar el vapor y métalo unos 5 minutos al horno de microondas con el horno en *high*. Voltee el pollo y hornéelo unos 5 minutos más, o hasta que un termómetro introducido en la parte más gruesa de una pechuga marque 170°F (77°C) y los jugos salgan transparentes. Coloque el pollo sobre una fuente de servir (bandeja, platón). No deseche los jugos que quedaron en la fuente para hornear.

En una taza, disuelva la maicena en el agua e incorpórela a los jugos en la misma fuente. Cúbrala con envoltura autoadherente de plástico, pique la envoltura varias veces para dejar escapar el vapor y métala 1½ minutos al horno de microondas con el horno en *high*. Revuelva la salsa y viértala sobre el pollo. Espolvoree el cebollín encima para adornar.

Nota: El sustituto de azúcar morena en almíbar (*brown sugar syrup*) de la marca *Splenda* se consigue en www.naturesflavors.com, mientras que el sustituto de azúcar morena *Sugar Twin* puede comprarse en la tienda así como en www.lowcarb.com.

Rinde 4 porciones

VISTAZO NUTRICIONAL

Por porción: 165 calorías, 2 g de grasa, 0 g de grasa saturada, 28 g de proteínas, 6 g de carbohidratos, 0 g de fibra dietética, 68 mg de colesterol, 384 mg de sodio

DORAKU

1104 Lincoln Road, Miami Beach

CHEF: HIROYUKI "HIRO" TERADA

Doraku significa "alegría de" en japonés, y en este restaurante de *sushi* y sake de la calle Lincoln hay mucho por qué alegrarse. El menú también ofrece una selección de platos asiáticos a la parrilla.

Ave saludable

PRIMERA FASE

¼ taza de salsa de soya *light*

¼ taza de agua

2 dientes de ajo finamente picados

1 cucharada de jengibre picado

1 gallina de Cornualles de 1 libra (450 g), cortado en cuartos

2 cucharaditas de aceite de sésamo (ajonjolí)

3 trozos de espárragos

Mezcle la salsa de soya, el agua, el ajo y el jengibre en un tazón (recipiente). Ponga la gallina de Cornualles en la mezcla y deje que se adobe (remoje) durante 1 hora.

Precaliente una sartén para sofreír (saltear) o una charola para parrilla (*grill*) de gas, de brasas o eléctrica.

Dore la gallina por todos lados a fuego mediano-alto. Colóquela en un molde para hornear.

Precaliente el horno a 400°F (206°C).

Realice un largo corte a través del pellejo exterior de la gallina. Úntela con cl accite de sésamo. Hornéela de 15 a 20 minutos o hasta que un termómetro introducido en la parte más gruesa marque entre 170° y 175°F (77° y 79°C) y los jugos salgan transparentes.

Quítele el pellejo a la gallina.

Cocine los espárragos 1½ minutos al vapor, dejándolos crujientes.

Sirva la gallina con los espárragos, virtiendo los jugos de la sartén sobre ambos.

Rinde 1 porción

VISTAZO NUTRICIONAL

Por porción: 400 calorías, 18 g de grasa, 3½ g de grasa saturada, 53 g de proteínas, 4 g de carbohidratos, 1 g de fibra dietética, 235 mg de colesterol, 1,283 mg de sodio

Pollo horneado al sésamo

El sabor suave a frutos secos de las semillas de sésamo realzan este pollo a la perfección.

1 huevo ligeramente batido

2 cucharadas de aceite de *canola*

1 cucharadita de aceite de sésamo tostado

1 cucharada de agua

1 cucharada de salsa de soya *light*

½ cucharadita de sal

¼ cucharadita de pimienta negra molida

2 cucharadas de salvado de avena sin cocer

¼ taza de semillas de sésamo (ajonjolí)

1½ libras (680 g) de pechuga de pollo deshuesada y sin pellejo, cortada en trozos de 2" (5 cm)

Precaliente el horno a 350°F (178°C).

Mezcle el huevo, el aceite de *canola*, el aceite de sésamo, el agua, la salsa de soya, la sal y la pimienta en un tazón (recipiente) poco hondo.

Mezcle el salvado de avena y la semilla de sésamo en un tazón pequeño.

Pase el pollo primero por la mezcla del huevo y luego por la del salvado. Ponga el pollo en un molde antiadherente para hornear de 11" (28 cm) × 7" (18 cm).

Hornéelo 30 minutos o hasta que el pollo ya no esté de color rosado al centro y un termómetro introducido en el centro de una pieza marque 170°F (77°C) y los jugos salgan transparentes.

Rinde 4 porciones

VISTAZO NUTRICIONAL

Por porción: 339 calorías, 16 g de grasa, 2 g de grasa saturada, 43 g de proteínas, 5 g de carbohidratos, 2 g de fibra dietética, 152 mg de colesterol, 568 mg de sodio

Pollo asado a la frambuesa

¡Esta receta ofrece un delicioso sabor casero veraniego! Si bien puede utilizar frambuesas congeladas, las frescas saben mejor. Aproveche la cosecha de su propio jardín o cómprelas en un mercado local.

½ taza de vinagre de frambuesa

½ taza de vino tinto

¼ taza de salsa *Worcestershire*

4 dientes de ajo picados en trocitos

1 cucharadita de pimienta negra

2 libras (900 g) de pechuga de pollo deshuesada y sin pellejo

4 tazas de arroz integral y silvestre cocido estilo *pilaf* (*brown and wild rice pilaf*)

Unas ramitas de berro o perejil, para adornar

Unas frambuesas frescas o congeladas (en este último caso, sin almíbar/sirope y descongeladas), para adornar

Mezcle el vinagre, el vino, la salsa *Worcestershire*, el ajo y la pimienta en una fuente para hornear (refractario) grande de vidrio. Coloque el pollo en la fuente y voltéelo para recubrirlo por ambos lados. Tape la fuente y déjela 1 hora en el refrigerador, volteando el pollo una sola vez a los 30 minutos.

Rocíe una parrilla (*grill*) de gas, de brasas o eléctrica con aceite en aerosol. Precaliéntela.

Ase el pollo a fuego mediano-alto unos 15 minutos, volteándolo una sola vez a la mitad del tiempo y untándolo frecuentemente con el adobo (marinado), hasta que un termómetro introducido en la parte más gruesa marque 160°F (71°C) y los jugos salgan transparentes.

Acomode el pollo sobre una fuente de servir (bandeja, platón) encima del arroz caliente y adórnelo con los berros o el perejil y las frambuesas.

Rinde 8 porciones

VISTAZO NUTRICIONAL

Por porción: 280 calorías, 5 g de grasa, 1 g de grasa saturada, 29 g de proteínas, 26 g de carbohidratos, 1 g de fibra dietética, 66 mg de colesterol, 234 mg de sodio

Cacerola de pollo y berenjena

El pollo, las sustanciosas verduras y un toque delicioso de queso se combinan de manera gloriosa en esta cacerola (guiso). Arme este plato con anticipación y hornéelo al día siguiente, o prepare el doble de la cantidad indicada y congele la mitad para disponer de una comida fácil otro día cualquiera.

1 berenjena, pelada y cortada en 12 rodajas	1 pimiento (ají, pimiento morrón) verde grande, picado
2 cucharadas de queso parmesano o *asiago* rallado	½ taza de hongos, cortados en rebanadas
½ cucharadita de ajo en polvo o 1 diente de ajo picado en trocitos	¾ cucharadita de sazonador de hierbas tipo italiano
¾ libra (340 g) de pechuga de pollo deshuesada y sin pellejo, picada	¼ cucharadita de pimienta negra molida
1 lata de 14½ onzas (405 g) de tomate (jitomate), picado en cubitos	¼ taza (1 onza/28 g) de queso *mozzarella* de grasa reducida rallado
1 cebolla mediana picada	

Precaliente el asador del horno.

Acomode las rodajas de berenjena en una sola capa sobre una bandeja de hornear antiadherente. Rocíelas con aceite en aerosol. Áselas unos 2 minutos a 4" (10 cm) de la fuente de calor, o hasta que se doren. Voltee las rodajas de berenjena y rocíelas nuevamente con aceite en aerosol. Espolvoréelas con el queso parmesano o *asiago* y el ajo. Áselas 1 minuto más o hasta que se doren. Póngalas aparte.

Rocíe una sartén antiadherente con aceite en aerosol y póngala a calentar 1 minuto a fuego mediano-alto. Agregue el pollo y fríalo unos 5 minutos o hasta que ya no esté de color rosado, revolviéndolo con frecuencia. Incorpore los tomates (con su jugo), la cebolla, el pimiento, los hongos, el sazonador tipo italiano y la pimienta negra, revolviendo todo para deshacer los tomates. Deje que el líquido rompa a hervir. Baje el fuego a lento y deje que todo hierva suavemente 5 minutos.

Precaliente el horno a 375°F (192°C).

Rocíe una fuente para hornear (refractario) de 8" (20 cm) con aceite en aerosol. Coloque 6 rodajas de berenjena en el fondo de la fuente. Cúbralas con la mezcla del pollo. Acomode las 6 rodajas restantes de berenjena sobre el pollo. Espolvoréelas con el queso *mozzarella*. Cubra la fuente con papel aluminio y prosiga a hornear la cacerola, o bien métala al refrigerador hasta el día siguiente. También puede envolverla con papel aluminio, identificar el contenido pegándole una etiqueta y congelarla hasta por 3 semanas.

Hornee la cacerola tapada durante 30 minutos o hasta que quede bien caliente. Para preparar la cacerola congelada, hornéela 50 minutos a 375°F (192°C) o hasta que quede bien caliente.

Rinde 4 porciones

VISTAZO NUTRICIONAL

Por porción: 205 calorías, 3 g de grasa, 1 g de grasa saturada, 26 g de proteínas, 19 g de carbohidratos, 6 g de fibra dietética, 55 mg de colesterol, 395 mg de sodio

Pollo relleno de "suflé"

Este plato ligero y esponjado de pollo será del agrado de todo el mundo.

1 paquete de 12 onzas (335 g) de suflé congelado de espinaca de la marca *Stouffer's*, sin descongelar

4 pechugas de pollo deshuesadas y sin pellejo, aplanadas con un mazo hasta alcanzar un grosor de ¼" (6 mm)

2 cucharadas de aceite de oliva extra virgen

2 dientes de ajo cortados en rodajas

1 taza de consomé de pollo

2 cucharadas de jugo de limón

1 cucharadita de mostaza *Dijon*

Sal

Pimienta negra molida

1 cucharada de perejil picado, para adornar

Unas rodajas de limón, para adornar

Una ramita de perejil, para adornar

Precaliente el horno a 350°F (178°C).

Use un cuchillo serrado para picar el suflé de espinaca horizontalmente en 4 trozos de igual tamaño. Ponga un trozo de suflé sobre una mitad de cada pechuga aplanada. Doble la otra mitad de cada pechuga de pollo sobre el relleno y sujete las orillas con palillos de madera.

Ponga el aceite a calentar a fuego mediano-alto en una sartén grande. Agregue el ajo y fríalo unos 3 minutos o hasta que se dore. Deseche el ajo. Ponga las pechugas de pollo en la sartén y fríalas unos 7 minutos por cada lado, hasta que se doren bien por ambos lados.

Pase las pechugas de pollo a una fuente resistente al horno. Hornéelas unos 30 minutos o hasta que un termómetro introducido en la parte más gruesa marque 170°F (77°C) y los jugos salgan transparentes.

Mientras el pollo se esté horneando, agregue el consomé, el jugo de limón, la mostaza *Dijon*, la sal y la pimienta a la sartén grande. Deje que la mezcla rompa a hervir. Baje el fuego a lento, tape la sartén y deje que hierva suavemente unos 20 minutos o hasta que la salsa se reduzca más o menos a la mitad.

Para servir el pollo, saque y deseche los palillos de madera. Acomode el pollo sobre una fuente de servir (bandeja, platón) caliente y báñelo con la salsa. Adórnelo con el perejil picado, el limón y la ramita de perejil.

Rinde 4 porciones

VISTAZO NUTRICIONAL

Por porción: 308 calorías, 15 g de grasa, 3 g de grasa saturada, 32 g de proteínas, 9 g de carbohidratos, 1 g de fibra dietética, 136 mg de colesterol, 719 mg de sodio

Pollo *paprikash* con crema

Es posible que esta forma de preparar el pollo sea una de las más conocidas.
Se trata de un plato arraigado profundamente en la tradición culinaria de la
Europa oriental. Si quiere utilizar una pasta normal en lugar de la de trigo
integral, puede hacerlo de vez en cuando como cena propia de la Tercera Fase.

8	onzas (225 g) de *linguine* de trigo integral
4	mitades de pechuga de pollo deshuesadas y sin pellejo, cortadas en trozos pequeños
½	cucharadita de sal
¼	cucharadita de pimienta negra molida
1	cebolla grande picada
1	diente de ajo picado en trocitos
¾	taza de consomé de pollo
2	cucharaditas de pimentón (paprika) molido
1½	tazas de cabezuelas de brócoli
1	taza de crema agria descremada

Prepare el *linguine* de acuerdo con las indicaciones del envase. Escúrralo y
tápelo para mantenerlo caliente.

Mientras tanto, salpimiente el pollo.

Rocíe una sartén antiadherente grande con aceite en aerosol y póngala
a calentar a fuego mediano. Agregue el pollo y fríalo de 7 a 8 minutos,
revolviéndolo constantemente, hasta que los trozos empiecen a dorarse.
Páselo a un plato y póngalo aparte.

Agregue la cebolla, el ajo y 3 cucharadas del consomé a la sartén. Fríalo todo unos 5 minutos, revolviéndolo con frecuencia, hasta que la cebolla quede suave. (Agregue más consomé si hace falta para evitar que los ingredientes se peguen).

Incorpore el pimentón y siga friendo 1 minuto. Incorpore el consomé restante y luego agregue el pollo y el brócoli. Deje que rompa a hervir. Baje el fuego, tape la sartén y deje que hierva unos 20 minutos o hasta que las verduras queden suaves.

Incorpore la crema agria a la mezcla del pollo. Déjelo a fuego lento de 1 a 2 minutos, revolviéndolo constantemente, hasta que quede bien caliente. (No permita que hierva). Sirva el pollo encima del *linguine*.

Rinde 4 porciones

VISTAZO NUTRICIONAL

Por porción: 450 calorías, 10 g de grasa, 5 g de grasa saturada, 39 g de proteínas, 51 g de carbohidratos, 4 g de fibra dietética, 92 mg de colesterol, 301 mg de sodio

Hamburguesas de pavo y arroz silvestre

A casi todo el mundo le encanta una buena hamburguesa. ¡Qué lástima que hagan tanto daño! Esta receta es la solución al problema.

1 taza de arroz silvestre (*wild rice*)

1 libra de pechuga de pavo (chompipe) molida

2 cucharadas de Salsa *barbecue* al estilo South Beach (vea la receta en la página 176)

1 huevo batido

4 cubos (de 1"/2.5 cm cada uno) de queso *Cheddar* de grasa reducida

Precaliente el horno a 350°F (178°C).

Prepare el arroz silvestre de acuerdo con las indicaciones del envase.

Mezcle el pavo, el arroz silvestre, la salsa *barbecue* y el huevo en un tazón (recipiente) grande. Divida la mezcla del pavo en 4 partes iguales y moldee 4 tortitas, colocando un cubo de queso al centro de cada una.

Ponga una sartén antiadherente grande a calentar a fuego mediano-alto. Agregue las tortitas y séllelas por ambos lados. Ponga las tortitas en un molde antiadherente para hornear y hornéelas unos 10 minutos o hasta que un termómetro introducido en el centro de una de ellas marque 165°F (74°C) y la carne ya no esté de color rosado.

Rinde 4 porciones

VISTAZO NUTRICIONAL

Por porción: 430 calorías, 15 g de grasa, 6 g de grasa saturada, 40 g de proteínas, 31 g de carbohidratos, 3 g de fibra dietética, 140 mg de colesterol, 330 mg de sodio

MI DIETA SOUTH BEACH

VER CÓMO DESAPARECÍAN LAS LIBRAS ME LLENÓ DE ENERGÍA.

Empecé con la dieta South Beach justo antes del Día de Acción de Gracias. Significó un desafío empezar cuando faltaba muy poco para la época navideña, pero había llegado al punto de tener que escoger entre ponerme a dieta o comprarme un guardarropa nuevo. Cuando supe de la dieta South Beach decidí intentarla. No me imaginaba que fuera a convertirse en un programa para toda la vida.

Después de perder las primeras 9 libras (4 kg) en sólo 2 semanas, terminé bajando un total de 25 (11 kg). Lo más que llegué a pesar fueron 160 libras (73 kg); ahora peso 135 (61 kg), y la talla 10 me queda muy bien.

No diría que la Primera Fase me resultó sencilla, porque me encantan los carbohidratos y realmente extrañaba el arroz, el pan y la pasta. Sin embargo, el hecho de haber perdido 9 libras de entrada me dio mucho aliento y me facilitó evitar esos alimentos.

A la hora del desayuno, a mi esposo y a mí nos encantan nuestros *omelettes*, particularmente con cebolla, espárragos y un poco de queso. El almuerzo es fácil: una bolsa de ensalada verde acompañada de algunas proteínas que hayan sobrado de la cena, quizá salmón o pollo que hayamos asado a la parrilla la noche anterior. Mi merienda favorita es una manzana *Granny Smith* con un poco de crema de cacahuate (maní).

Una de mis cenas favoritas es ponerle a una pequeña cantidad de pasta de trigo integral un poco de salchicha de pavo (chompipe) baja en grasa, tomate (jitomate) picado en cubitos y espinacas y meterlo al horno. ¡Queda riquísimo! El postre de queso *ricotta* es delicioso y a veces comemos un poco de helado bajo en azúcar. Como un gusto especial, les agrego un poco de chocolate oscuro rallado a estos postres.

Lo que me encanta es que con este plan no hay que dejar de comer fuera, sólo aprender a modificar las selecciones que se realizan. A mi marido le fascina conocer buenos restaurantes. Incluso en los restaurantes italianos simplemente pido una orden doble de verduras en lugar de la pasta y no me salgo de la dieta.

Es fabuloso no sufrir ya esos "bajones de azúcar"; mi nivel de energía se mantiene más constante. Es fácil disfrutar este plan. —*SHARON L.*

CARNES

En este capítulo es donde la dieta South Beach menos parece un régimen para bajar de peso. Usted encontrará en él muchas recetas de carne roja, por el simple hecho de que la carne de res no tiene que ser poco saludable ni engordar, a pesar de todo lo que nos han hecho creer. Así es sobre todo si usted se limita a los cortes más bajos en grasa, como el *ROUND STEAK* (*TOP* o *BOTTOM*), el *SIRLOIN*, el *ROUND TIP*, el *TENDERLOIN* (*FILET MIGNON*) o el *TOP LOIN*. No contienen un exceso de grasa saturada. Además, la carne de res brinda hierro y cinc, y necesitamos ambos. Lo mejor es que el bistec sabe rico y saciará su hambre mucho mejor que un gran plato de pasta. Siempre evite los cortes más grasos, como el *BRISKET*, el bistec de costilla o el *RIB EYE*.

Y si disfruta la carne de cordero o de cerdo, puede seguir haciéndolo con toda confianza si la prepara de acuerdo con las indicaciones de estas recetas. Asegúrese de preparar la carne de manera saludable; la puede asar al horno o a la parrilla o sofreírla (saltearla) con aceite de oliva extra virgen en lugar de mantequilla.

(*NOTA*: Si no conoce algunos de los términos utilizados para los alimentos mencionados en este capítulo, véase el glosario en la página 347).

Alambres de res con salsa de cacahuate

Parece una elección rara para sazonar la carne de res, pero ya verá que la crema de cacahuate sirve para mucho más que un simple sándwich (emparedado).

½ taza de salsa de soya *light*

2 cucharadas de sustituto granulado de azúcar morena (mascabado) (vea la nota en la página 235)

2 cucharadas de sustituto de azúcar

4 dientes de ajo machacados

1½ libras (680 g) de bistec *sirloin* de 1½" (4 cm) de grosor, cortado en trozos de 1" (2.5 cm)

½ taza de crema de cacahuate (maní) cremosa natural

¾ taza de agua

3 cucharadas de jugo de limón verde (lima)

1 cucharada de jengibre finamente picado

¼ cucharadita de pimienta roja molida

1 pimiento (ají, pimiento morrón) verde cortado en cuadritos

1 pimiento rojo cortado en cuadritos

1 cebolla grande cortada en pedazos en forma de gajos

Mezcle la mitad de la salsa de soya, 1 cucharada del sustituto de azúcar morena, 1 cucharada de sustituto de azúcar y 2 de los dientes de ajo machacados en un plato poco hondo. Agregue el bistec y revuélvalo para recubrirlo bien. Déjelo reposar unos 20 minutos, revolviéndolo una vez.

Mientras tanto ponga a calentar en una cacerola pesada a fuego alto la crema de cacahuate, el agua, el jugo de limón verde, el jengibre, la pimienta roja molida, la otra mitad de la salsa de soya, la cucharada restante de sustituto de azúcar morena, la cucharada restante de sustituto de azúcar y los 2 dientes restantes de ajo machacado. Deje que la mezcla rompa a hervir, revolviéndola constantemente. Retire la cacerola del fuego.

Rocíe una parrilla (*grill*) de gas, de brasas o eléctrica con aceite en aerosol. Precaliente la parrilla a fuego alto.

Ensarte los trozos de bistec, el pimiento verde y rojo y la cebolla en cuatro alambres (pinchos, brochetas) de metal. Colóquelos sobre la parrilla y fríalos 10 minutos, volteándolos de vez en cuando, hasta que el bistec ya no esté de color rosado y un termómetro introducido en la parte más gruesa marque 160°F (71°C) y los jugos salgan transparentes. Sírvalo acompañado de la salsa de cacahuate.

Rinde 4 porciones

VISTAZO NUTRICIONAL

Por porción: 481 calorías, 23 g de grasa, 6 g de grasa saturada, 46 g de proteínas, 23 g de carbohidratos, 4 g de fibra dietética, 104 mg de colesterol, 863 mg de sodio

Alambres de bistec y hongos

Ya sea que piense pasar el día al lado de la piscina (alberca) o en el jardín de su casa, estos alambres quedarán perfectos.

½ taza de vino tinto seco

¼ taza de aceite de oliva extra virgen

2 cucharadas de *Catsup* a lo South Beach (véase la página 177)

1 cucharada de vinagre

1 cucharadita de salsa *Worcestershire*

1 diente de ajo

1 cucharadita de sal

½ cucharadita de mejorana seca

½ cucharadita de orégano seco

2 libras (900 g) de bistec *sirloin* cortado en trozos de 2" (5 cm)

2 tazas de hongos grandes

Ponga el vino, el aceite, la *catsup* (*ketchup*), el vinagre, la salsa *Worcestershire*, el ajo, la sal, la mejorana y el orégano en un tazón (recipiente) grande y mézclelo todo muy bien. Agregue el bistec y los hongos y revuélvalos para recubrirlos bien. Tape el tazón y déjelo reposar a temperatura ambiente unos 20 minutos y luego métalo al refrigerador durante toda la noche.

Rocíe una parrilla (*grill*) de gas, de brasas o eléctrica o la parrilla de la charola del asador del horno con aceite en aerosol. Precaliente la parrilla o el asador del horno.

Escurra y deseche el adobo (marinado). Ensarte los trozos de carne y los hongos en 4 alambres (pinchos, brochetas) de metal.

Áselos a la parrilla sobre carbón caliente o en el horno a 4" (10 cm) de la fuente de calor durante 7 minutos, volteándolos de vez en cuando, hasta que la carne ya no esté rosada.

Rinde 4 porciones

VISTAZO NUTRICIONAL

Por porción: 350 calorías, 11 g de grasa, 5 g de grasa saturada, 50 g de proteínas, 5 g de carbohidratos, 1 g de fibra dietética, 138 mg de colesterol, 819 mg de sodio

Fondue de res

Si dispone de tiempo, prepare una selección de las salsas al estilo de la dieta South Beach que encontrará en este libro y sírvalas para acompañar este sabrosísimo fondue para lomo de res. Se trata de un plato perfecto para agasajar a sus invitados.

2 libras (900 g) de lomo (*tenderloin*) de res, cortado en cubos de 1" (2.5 cm)

1 receta de Salsa *teriyaki* al estilo South Beach (véase la página 177)

1 receta de Salsa de tomato a lo South Beach (véase la página 170)

1 receta de Salsa *barbecue* al estilo South Beach (véase la página 176)

1 receta de Salsa cóctel al estilo South Beach (véase la página 176)

1 receta de *Catsup* a lo South Beach (véase la página 177)

Aceite de *canola* o consomé de res o de pollo

Reparta la carne de res por partes iguales entre 4 platos individuales. Ponga las salsas en platos hondos individuales. Caliente el aceite o el consomé en una olla para fondue a aproximadamente 375°F (192°C). Utilice alambres (pinchos, brochetas) para sumergir y cocinar los cubos de lomo de res en el aceite o el consomé calientes. Luego utilice las salsas como *dip* para la carne.

Rinde 4 porciones

VISTAZO NUTRICIONAL

Por porción: 348 calorías, 16 g de grasa, 6 g de grasa saturada, 47 g de proteínas, 0 g de carbohidratos, 0 g de fibra dietética, 142 mg de colesterol, 106 mg de sodio

THE BILTMORE HOTEL

1200 Anastasia Avenue, Coral Gables, Florida

CHEF EJECUTIVO: GEOFFREY COUSINEAU

EL HISTÓRICO *BILTMORE HOTEL* DE CORAL GABLES ES UN MONUMENTO NACIONAL. SE TRATA DEL ÚNICO *RESORT* EN EL SUR DE LA FLORIDA AL QUE SE LE HA DISTINGUIDO CON ESTE HONOR.

Lomo de cordero a la parrilla con *ratatouille* griego frío de aceituna

PRIMERA FASE

Cordero

1½ libras (680 g) de lomo (*loin*) de cordero, al que le ha cortado toda la grasa visible

1 cucharadita de aceite de oliva extra virgen

2 cucharadas de *harissa paste*

Sal kósher

Pimienta negra fresca

Ratatouille

1 *zucchini* (calabacita), picado

1 *squash* amarillo, picado

1 pimiento (ají, pimiento morrón) rojo picado

1 pimiento amarillo picado

1 berenjena japonesa, picada

½ bulbo de hinojo, picado

2 onzas (56 g) de ajo fresco picado

1 cucharadita de aceite de oliva extra virgen

1 cucharada de pasta de tomate

Sal

Pimienta

1   cucharadita de romero fresco, picado

1   cucharadita de albahaca fresca, picada

1   cucharadita de orégano fresco, picado

2   onzas (60 ml) de vinagre balsámico añejo

2   onzas de aceitunas griegas sin hueso, picadas, para adornar

4   onzas (112 g) de queso *feta* desmoronado, para adornar

1   onza (30 ml) de aceite de oliva en infusión de albahaca, para adornar

8   ramitas de hinojo, para adornar

Para preparar el cordero: Frote el cordero con el aceite de oliva, la *harissa paste*, la sal kósher y la pimienta negra. Envuélvalo con envoltura autoadherente de plástico y déjelo toda la noche en el refrigerador.

Para preparar el *ratatouille*: Sofría (saltee) el *zucchini*, el *squash*, los pimientos, la berenjena, el hinojo y el ajo en el aceite de oliva hasta que queden suaves pero no recocidos. Escurra el líquido excedente e incorpore la pasta de tomate. Déjelo 1 minuto más al fuego. Sazónelo ligeramente con sal y pimienta. Agregue el romero, la albahaca, el orégano y 1 onza (30 ml) del vinagre. Pase el *ratatouille* a un tazón (recipiente) de vidrio o de acero inoxidable y déjelo toda la noche en el refrigerador.

Para servir el cordero: Precaliente la parrilla (*grill*) de gas, de brasas o eléctrica.

Ase el cordero a la temperatura que desee y déjelo reposar 10 minutos antes de rebanarlo. Pase el *ratatouille* frío a un molde redondo, oprimiéndolo con fuerza, y divídalo entre 8 platos. Si no cuenta con un molde, moldee el *ratatouille* cuidadosamente en forma de bola al centro de cada plato. Corte el cordero en rebanadas y acomódelas encima del *ratatouille*. Adórnelo con las aceitunas, el queso, el vinagre balsámico restante, el aceite de oliva en infusión de albahaca y las ramitas de hinojo.

Rinde 8 porciones

VISTAZO NUTRICIONAL

Por porción: 254 calorías, 13 g de grasa, 4 g de grasa saturada, 23 g de proteínas, 13 g de carbohidratos, 3 g de fibra dietética, 61 mg de colesterol, 349 mg de sodio

Filet mignon con tomate

Puede disfrutar este corte tierno de res en todas las fases de la dieta South Beach. En este caso se sirve cubierto de jugosos tomates adobados (remojados) en una mezcla de ajo, hierbas y salsa de soya.

2 cucharaditas de salsa de soya *light*

1½ cucharaditas de mostaza *Dijon*

1½ cucharaditas de perejil finamente picado

1 diente de ajo picado en trocitos

2 tomates (jitomates) finamente picados

2 cucharaditas de aceite de oliva extra virgen

4 bistecs *filet mignon* (de 6 onzas/168 g y 1½"/4 cm de grosor cada uno)

¼ cucharadita de sal

½ cucharadita de pimienta negra molida

Precaliente el horno a 400°F (206°C).

Mezcle la salsa de soya, la mostaza, el perejil y el ajo en un tazón (recipiente). Incorpore los tomates cuidadosamente.

Ponga el aceite a calentar a fuego alto en una sartén grande y pesada resistente al horno. Salpimiente los bistecs. Ponga los bistecs en la sartén y fríalos unos 4 minutos o hasta que se doren. Voltéelos y fríalos del otro lado durante 30 segundos. Ponga la sartén en el horno y hornéela 12 minutos o hasta que un termómetro introducido en la parte más gruesa de la carne marque 160°F (71°C) si la quiere término medio (a punto). Sírvala cubierta con los tomates.

Rinde 4 porciones

VISTAZO NUTRICIONAL

Por porción: 304 calorías, 16 g de grasa, 5 g de grasa saturada, 36 g de proteínas, 2 g de carbohidratos, 0 g de fibra dietética, 105 mg de colesterol, 389 mg de sodio

Bistec adobado

Las carnes magras no tienen por qué ser aburridas. Puede preparar unas verduras sofritas al estilo asiático para acompañar este plato fuerte. Meta los bistecs al refrigerador antes de irse a trabajar y su comida estará lista en unos 15 minutos después de llegar a casa.

½ taza de vino tinto seco

2 cucharaditas de salsa de soya *light*

1 pizca de pimienta negra molida

¼ cucharadita de orégano seco

1 libra (450 g) de *flank steak* al que le ha cortado toda la grasa visible

En un tazón (recipiente) poco hondo, mezcle el vino, la salsa de soya, la pimienta y el orégano.

Agregue el bistec y voltéelo en el adobo (marinado) para recubrirlo por ambos lados. Tápelo y déjelo toda la noche en el refrigerador, volteándolo de vez en cuando.

Cuando esté listo para prepararlo, saque el bistec del adobo, séquelo cuidadosamente con toallas de papel y deseche el adobo.

Rocíe la parrilla de una charola para asador del horno con aceite de oliva en aerosol. Precaliente el asador del horno.

Ponga el bistec sobre la parrilla ya preparada. Áselo a 4 pulgadas (10 cm) de la fuente de calor durante 5 minutos por lado o hasta que un termómetro introducido en el centro del bistec marque 160°F (71°C) si lo quiere término medio (a punto).

Para servir el bistec, córtelo en diagonal en rebanadas delgadas, de manera transversal, y colóquelo sobre una fuente de servir (bandeja, platón).

Rinde 4 porciones

VISTAZO NUTRICIONAL

Por porción: 179 calorías, 8 g de grasa, 4 g de grasa saturada, 22 g de proteínas, 0 g de carbohidratos, 0 g de fibra dietética, 54 mg de colesterol, 118 mg de sodio

Bistec a la pimienta

Esta es nuestra versión al estilo South Beach de una receta muy popular.

1 diente de ajo machacado

1½ cucharaditas de granos de pimienta negra o mixta, quebrados

4 bistecs de lomo (*tenderloin*) de res (de 4 onzas/112 g cada uno), a los que les ha cortado toda la grasa visible

¼ cebolla picada

⅔ taza de pimiento (ají, pimiento morrón) verde picado en tiras

⅔ taza de pimiento rojo picado en tiras

⅔ taza de pimiento amarillo picado en tiras

1 diente de ajo picado en trocitos

½ cucharadita de consomé de res en polvo

½ cucharadita de pimentón (paprika) molido

⅓ taza de agua

⅓ taza de leche descremada evaporada

En un tazón (recipiente) pequeño, mezcle el ajo machacado y 1 cucharadita de granos de pimienta. Espolvoree los bistecs por ambos lados con una pequeña cantidad de esta mezcla, oprimiéndola para que se les adhiera.

Rocíe una sartén antiadherente grande con aceite de oliva en aerosol y póngala a calentar a fuego mediano. Acomode los bistecs en la sartén sin encimarlos. Fríalos 10 minutos, volteándolos con frecuencia, o hasta que un termómetro introducido en el centro de un bistec marque 160°F (71°C) si lo quiere término medio (a punto). Pase los bistecs a una fuente de servir (bandeja, platón) y manténgalos calientes.

Limpie la sartén, rocíela con aceite en aerosol y póngala a calentar a fuego mediano. Agregue la cebolla, los pimientos y el ajo picado en trocitos y fríalo todo unos 5 minutos, revolviéndolo de vez en cuando. Distribuya esta mezcla sobre los bistecs.

En un tazón pequeño, mezcle el consomé en polvo, el pimentón, el agua, la leche y la ½ cucharadita restante de granos de pimienta. Vierta esta mezcla en la sartén y cocínela a fuego mediano, revolviéndola con frecuencia, hasta que se reduzca a ½ taza.

Esparza la salsa sobre cada bistec y sírvalos de inmediato.

Rinde 4 porciones

VISTAZO NUTRICIONAL

Por porción: 204 calorías, 7 g de grasa, 3 g de grasa saturada, 21 g de proteínas, 8 g de carbohidratos, 1 g de fibra dietética, 59 mg de colesterol, 72 mg de sodio

Carne *sirloin* picada a la siciliana

Este almuerzo es una nueva variante de la simple hamburguesa. Si va en la
Segunda Fase incluso puede agregar el panecillo de trigo integral.

1 diente de ajo pequeño

6 mitades de tomates (jitomates) secados al sol y envasados en aceite, escurridos y finamente picados

2 cucharadas de mayonesa

1½ libras (680 g) de bistec *sirloin* al que le ha cortado toda la grasa visible

4 rebanadas de queso *fontina*

Arugula (un tipo de lechuga italiana) para adornar

Hojas frescas de albahaca, para adornar

4 panecillos de trigo integral (Segunda o Tercera Fases)

Precaliente el horno a 400°F (206°C).

Envuelva el ajo con papel aluminio y áselo unos 30 minutos o hasta que quede muy suave. Una vez que se haya enfriado lo suficiente para tocarlo, exprima la pulpa de ajo en una taza. Agregue las mitades de tomate secado al sol y la mayonesa. Agregue el bistec y mézclelo todo muy bien.

Divida la mezcla del bistec en 4 partes iguales y forme 4 tortas.

Ponga una sartén antiadherente grande a calentar a fuego mediano. Agregue las tortitas y fríalas unos 10 minutos, volteándolas de vez en cuando, hasta que un termómetro introducido en el centro de una de ellas marque 160°F (71°C) y la carne ya no esté de color rosado. Después de voltear las tortitas por última vez, coloque una rebanada de queso sobre cada una. Una vez que el queso se haya derretido, pase las tortitas a 4 platos extendidos y adórnelas con la *arugula* y la albahaca.

Rinde 4 porciones

VISTAZO NUTRICIONAL

Por porción: 402 calorías, 22 g de grasa, 9 g de grasa saturada, 44 g de proteínas, 4 g de carbohidratos, 0 g de fibra dietética, 139 mg de colesterol, 376 mg de sodio

Bistec Diane

Usted se convertirá en "la estrella resplandeciente de la comida" al servir esta versión sencilla del clásico bistec de lomo.

4 medallones de centro de lomo (*tenderloin*) de res (de 3 onzas/84 g cada uno), a los que les ha cortado toda la grasa visible

Sal

Pimienta negra de molido grueso

5 cucharadas de margarina sin transgrasas

¼ taza de chalotes finamente picados

¼ taza de sombreretes de hongo, cortados en rebanadas de ⅛" (3 mm) de grosor

⅛ cucharadita de ajo picado en trocitos

1 cucharadita de mostaza en polvo

1 cucharada de salsa *Worcestershire*

2 cucharadas de jugo de limón

2 cucharadas de perejil picado

1 cucharada de cebollino (cebolleta) fresco

Coloque cada bistec, uno cada vez, entre 2 pedazos de papel encerado. Avanzando del centro hacia la orilla, aplánelos con un mazo para carne hasta que queden de ½" (1 cm) de grosor. Seque los bistecs con toallas de papel y salpimiéntelos.

Ponga 3 cucharadas de margarina a derretir a fuego mediano en una sartén eléctrica grande. Suba el fuego a mediano-alto y fría cada bistec unos 2 minutos por lado. Páselos a un plato.

Derrita las 2 cucharadas restantes de margarina. Agregue el chalote, los sombreretes de hongo y el ajo y fríalo todo 1 minuto, revolviéndolo constantemente. Agregue la mostaza y la salsa *Worcestershire* y revuélvalo todo bien. Regrese los bistecs a la sartén y fríalos al término que usted desee. Colóquelos sobre platos tibios. Agregue el jugo de limón, el perejil y el cebollino a la sartén y mézclelo todo muy bien. Fríalo todo 30 minutos o hasta que apenas se caliente. Vierta la salsa de manera uniforme sobre los bistecs.

Rinde 4 porciones

VISTAZO NUTRICIONAL

Por porción: 397 calorías, 21 g de grasa, 5 g de grasa saturada, 32 g de proteínas, 28 g de carbohidratos, 7 g de fibra dietética, 43 mg de colesterol, 266 mg de sodio

Guiso de res a la pimienta

La carne preparada en su jugo y sazonada con pimienta roja, chile y otros condimentos hacen de este guiso (estofado) algo especial. Se deja congelar muy bien, de modo que tal vez quiera preparar el doble de cantidad. Puede probarlo cambiando las papas y las zanahorias por batatas dulces (camotes) o incluso butternut squash. *Además, si omite las papas, este plato cabe en la Segunda Fase.*

2 cucharadas de harina de trigo integral

3 cucharaditas de chile en polvo

½ cucharadita de sal

2 libras (900 g) de *top round steak* o *bottom round steak* magro (bajo en grasa), al que le ha cortado toda la grasa visible y picado en cubos

1 cucharada de aceite de oliva extra virgen

3 cebollas en rodajas

3 dientes de ajo picados en trocitos

1 cucharadita de orégano

2 tazas de consomé de res

2 latas de 14½ onzas (405 g) cada una de tomate (jitomate) cocido (*stewed tomatoes*)

½ cucharadita de pimienta roja molida

1 papa bien lavada y picada en cubos

4 zanahorias en rodajas

Mezcle la harina, 1 cucharadita de chile en polvo y la sal en una bolsa de plástico grande con cierre. Agregue la carne de res, cierre la bolsa y agítela para recubrir bien la carne.

Ponga el aceite a calentar a fuego mediano-alto en una cacerola grande. Agregue la carne y fríala unos 7 minutos o hasta que se dore, revolviéndola de vez en cuando. Agregue la cebolla, el ajo y el orégano. Baje el fuego a mediano y fríalo todo unos 5 minutos, revolviéndolo con frecuencia.

Agregue el consomé, los tomates (con su jugo), la pimienta roja y las 2 cucharaditas restantes de chile en polvo. Deje que rompa a hervir. Baje el fuego a lento, tape la cacerola y déjela al fuego durante 2 horas, revolviendo de vez en cuando, hasta que la carne casi esté suave.

Agregue la papa y la zanahoria. Tape la cacerola y déjela al fuego 30 minutos más o hasta que las verduras estén suaves.

Rinde 8 porciones

VISTAZO NUTRICIONAL

Por porción: 190 calorías, 5 g de grasa, 1½ g de grasa saturada, 24 g de proteínas, 19 g de carbohidratos, 4 g de fibra dietética, 45 mg de colesterol, 440 mg de sodio

Nueva res borgoña

Esta versión del tradicional plato francés boeuf bourguignonne es sencilla y a la vez sofisticada. La carne de res, el vino borgoña, las cebollas y los hongos son característicos de este popular plato. Como detalle novedoso, incluso hay un ingrediente sorpresa: ¡cacao en polvo sin edulcorante!

¼ taza de harina de trigo integral	1 libra (450 g) de hongos, partidos en cuatro
¼ cucharadita de sal	3 dientes de ajo picados en trocitos
¼ cucharadita de pimienta negra molida	3 tazas de vino borgoña
1½ libras (680 g) de *top round steak* o *bottom round steak*, cortado en cubos	4 tazas de consomé de res
	¼ taza de pasta de tomate
2 cucharadas de aceite de oliva extra virgen	1 cucharadita de cacao en polvo sin edulcorante
½ libra (225 g) de cebolla perla	2 hojas de laurel
	¼ taza de perejil italiano picado

En una bolsa de plástico con cierre, mezcle la harina, la sal y la pimienta. Agregue la carne de res, cierre la bolsa y agítela para recubrir bien la carne.

Ponga 1 cucharada del aceite a calentar a fuego mediano-alto en una cacerola grande. Agregue una parte de la carne, sin llenar la cacerola demasiado, y fríala 5 minutos o hasta que se dore, revolviéndola con frecuencia. Pásela a un plato y repita el paso anterior hasta terminar de freír toda la carne.

Agregue la cucharada restante de aceite a la cacerola. Agregue la cebolla, los hongos y el ajo y fríalos unos 10 minutos, revolviéndolos con frecuencia, hasta que se doren ligeramente.

Agregue el vino, el consomé, la pasta de tomate, el cacao en polvo, las hojas de laurel y la carne. Deje que rompan a hervir. Baje el fuego a lento, tape la cacerola y déjela hervir suavemente unas 2 horas. Saque y deseche las hojas de laurel. Espolvoree el plato con el perejil.

Rinde 8 porciones

VISTAZO NUTRICIONAL

Por porción: 270 calorías, 10 g de grasa, 3 g de grasa saturada, 20 g de proteínas, 11 g de carbohidratos, 2 g de fibra dietética, 45 mg de colesterol, 690 mg de sodio

Berenjena asada rellena de carne molida

La presentación de este plato se ve complicada, pero en realidad es bastante sencillo de preparar. Puede preparar la mezcla para el relleno con anticipación y rellenar las conchas de berenjena justo antes de asarlas.

2	berenjenas (de 16 onzas/450 g cada una)
2	cucharadas de aceite de oliva extra virgen
½	cebolla grande, picada
1	pimiento (ají, pimiento morrón) verde picado
2	dientes de ajo picados en trocitos
1	libra (450 g) de carne molida extramagra (baja en grasa) de res
1½	cucharaditas de orégano seco
½	taza de salsa de tomate (jitomate)
½	taza (2 onzas/56 g) de queso parmesano rallado
¼	cucharadita de sal
¼	cucharadita de pimienta negra molida

Precaliente el horno a 400°C (206°C).

Con un tenedor, pinche cada berenjena 2 ó 3 veces y colóquelas sobre una bandeja de hornear. Áselas 20 minutos, volteándolas una o dos veces, o justo hasta que queden suaves. Una vez que se hayan enfriado lo suficiente para tocarlas, píquelas a la mitad a lo largo y sáqueles la pulpa, dejando conchas de ½" a ¾" (1 a 2 cm) de grosor. Déjelas aparte. Pique la pulpa y déjela escurrir en un colador en el fregadero (lavaplatos).

Ponga 1 cucharada de aceite a calentar a fuego mediano en una sartén grande. Agregue la cebolla y el pimiento y fríalos unos 8 minutos, revolviéndolos de vez en cuando, o hasta que queden suaves. Agregue el ajo y la carne de res y fríalo todo unos 5 minutos, revolviéndolo para desmoronar la carne, hasta que ya no esté de color rosado. Incorpore la pulpa de berenjena, el orégano y la salsa de tomate. Baje el fuego a lento y deje que la mezcla se cocine 15 minutos, revolviéndola de vez en cuando, hasta que se espese. Incorpore ¼ taza del queso, la sal y la pimienta negra.

Coloque las conchas de berenjena sobre una bandeja de hornear y reparta la mezcla de la carne a partes iguales entre ellas. Espolvoréelas con la ¼ taza restante de queso y esparza encima la cucharada restante de aceite. Áselas 15 minutos o hasta que se doren ligeramente por encima.

Rinde 4 porciones

VISTAZO NUTRICIONAL

Por porción: 342 calorías, 17 g de grasa, 6 g de grasa saturada, 31 g de proteínas, 21 g de carbohidratos, 7 g de fibra dietética, 71 mg de colesterol, 677 mg de sodio

Albóndigas con tomate y *zucchini*

Aproveche este plato completo para agregar varias porciones de verduras a su alimentación del día. Sírvalo en platos hondos acompañado de un pan integral de corteza gruesa o encima de un fettucine de trigo integral.

½ libra (225 g) de carne molida extramagra (baja en grasa) de res o de pavo (chompipe)

¼ taza de pan de trigo integral rallado (molido)

¼ taza de sustituto líquido de huevo o 1 huevo

¾ cucharadita de pimienta negra molida

½ cucharadita de sazonador de hierbas tipo italiano

6 cucharadas de queso parmesano rallado

1 cebolla finamente picada

2 dientes de ajo picados en trocitos

2 *zucchinis* (calabacitas) partidos a la mitad a lo largo y cortados en rodajas

1 *squash* amarillo partido a la mitad a lo largo y cortado en rodajas

1 lata de 16 onzas (450 g) de tomate (jitomate) italiano picado

1 lata de 16 onzas de tomate machacado

¼ taza de albahaca fresca picada

Una ramita de albahaca, para adornar

Revuelva en un tazón (recipiente) grande la carne de res o de pavo, el pan rallado, el sustituto de huevo o el huevo, ½ cucharadita de la pimienta, el sazonador italiano y 4 cucharadas del queso. Forme bolas del tamaño de nueces.

Rocíe una sartén antiadherente grande con aceite en aerosol y póngala a calentar a fuego mediano. Agregue las albóndigas que quepan en la sartén y fríalas 15 minutos o hasta que se doren y ya no estén de color rosado por dentro. Páselas a un tazón, dejando el jugo de la carne en la sartén. Repita hasta terminar de freír todas las albóndigas.

En la misma sartén, a fuego mediano-alto, ponga la cebolla y el ajo a freír 5 minutos en la grasa y el jugo de las albóndigas, hasta que la cebolla quede suave. Incorpore el *zucchini*, el *squash* amarillo, los tomates picados (con su jugo), los tomates machacados, la ¼ cucharadita restante de pimienta, las 2 cucharadas restantes de queso y las albóndigas. Espere a que la mezcla hierva. Baje el fuego a lento, tape la sartén y deje que hierva 20 minutos. Incorpore la albahaca picada. Adorne los platos con la ramita de albahaca.

Rinde 4 porciones

VISTAZO NUTRICIONAL

Por porción: 280 calorías, 20 g de grasa, 5 g de grasa saturada, 23 g de proteínas, 25 g de carbohidratos, 6 g de fibra dietética, 88 mg de colesterol, 646 mg de sodio

Pan de carne South Beach con verduras

El arroz integral ayuda a mantener húmedo este pan de carne y le agrega un agradable sabor a frutos secos que las versiones tradicionales no tienen.

1 cucharada de aceite de oliva extra virgen o aceite vegetal

1 cebolla picada

½ pimiento (ají, pimiento morrón) rojo, picado

½ pimiento verde, picado

½ libra (225 g) de carne molida extramagra (baja en grasa) de res

½ libra de pechuga de pavo (chompipe) molida

1 taza de salsa gruesa tipo mexicano

1 huevo batido

¾ cucharadita de sal

½ cucharadita de pimienta negra molida

1 diente de ajo picado en trocitos

½ taza de arroz integral cocido

Precaliente el horno a 350°F (178°C).

Ponga el aceite a calentar a fuego mediano en una sartén pequeña. Agregue la cebolla y el pimiento rojo y verde y fríalos 5 minutos o hasta que queden suaves.

Mezcle las carnes de res y de pavo, la salsa, el huevo, la sal, la pimienta negra y el ajo en un tazón (recipiente) grande. Incorpore las verduras y el arroz. Pase la mezcla a un molde redondo para hornear y moldéela en forma de un pan rectangular.

Hornéelo 45 minutos o hasta que un termómetro introducido en el centro del pan de carne marque 160°F (71°C) y la carne ya no esté de color rosado.

Rinde 6 porciones

VISTAZO NUTRICIONAL

Por porción: 225 calorías, 10 g de grasa, 3 g de grasa saturada, 17 g de proteínas, 10 g de carbohidratos, 1 g de fibra dietética, 79 mg de colesterol, 366 mg de sodio

Pizza de carne

Todo el mundo conoce la pizza amore. *Al fin y al cabo, con esta receta el amor siempre será a primera vista.*

1 libra (450 g) de carne molida extramagra (baja en grasa) de res

½ taza de leche descremada en polvo

½ taza de pan de trigo integral rallado (molido)

1 cucharadita de sal

½ cucharadita de pimienta negra molida

1 diente de ajo machacado

1 taza (4 onzas/112 g) de queso *mozzarella* de grasa reducida rallado

2 cucharadas de pasta de tomate

½ taza de agua

1 lata de 4 onzas de hongos rebanados, sin escurrir

1 cucharadita de orégano

2 cucharadas de cebolla finamente picada

⅓ taza (1½ onzas/42 g) de queso parmesano rallado

Precaliente el horno a 350°F (178°C).

Mezcle la carne de res, la leche, el pan rallado, la sal, la pimienta y el ajo en un tazón (recipiente) mediano. Revuelva bien. Pase la mezcla a un molde para pastel (pay, tarta, *pie*) de 9" (23 cm).

En el mismo tazón, mezcle el queso *mozzarella*, la pasta de tomate, el agua, los hongos (con su jugo), el orégano y la cebolla; revuélvalo todo muy bien. Con esta mezcla, cubra la de la carne en el molde. Espolvoréela con el queso parmesano.

Hornee la pizza de 35 a 40 minutos o hasta que la carne ya no esté de color rosado.

Rinde 4 porciones

VISTAZO NUTRICIONAL

Por porción: 382 calorías, 18 g de grasa, 8 g de grasa saturada, 38 g de proteínas, 17 g de carbohidratos, 2 g de fibra dietética, 61 mg de colesterol, 1,221 mg de sodio

SMITH & WOLLENSKY

1 Washington Avenue, Miami Beach

CHEF: ROBERT MIGNOLA

EL RESTAURANTE SMITH & WOLLENSKY SE ENCUENTRA EN EL EXTREMO SUR DE MIAMI BEACH, FRENTE A FISHER ISLAND Y CON VISTAS SOBRE LA BAHÍA. EL PANORAMA ES ESPECTACULAR.

Filet mignon a la parrilla con chimichurri de ajo asado y chipotle

PRIMERA FASE

Filet Mignon

4   filets mignons (de más o menos 6 onzas/168 g cada uno)

Sal

Pimienta negra recién molida

Chimichurri de ajo asado y chipotle (vea la receta a la derecha)

Chimichurri de ajo asado y chipotle

1   cabeza de ajo

1   chipotle en adobo

¼   taza de aceite de oliva extra virgen

¼   taza de perejil liso finamente picado

Sal

Pimienta negra recién molida

Para preparar el *filet mignon*: Precaliente la parrilla (*grill*) de gas, de brasas o eléctrica.

Salpimiente los bistecs. Ase los bistecs a la parrilla al grado de cocción que desee (de 4 a 6 minutos por cada lado si los quiere término medio/a punto). Esparza con el chimichurri. El chimichurri queda muy bien con cualquier plato de res, cerdo, pollo o incluso pescado a la parrilla.

Para preparar el chimichurri: Precaliente el horno a 325°C (164°C).

Recorte ¼" (6 mm) de la punta de la cabeza de ajo para revelar los dientes, envuélvala de manera suelta con papel aluminio y hornéela unos 45 minutos, hasta que el ajo se dore ligeramente y quede muy suave. Déjelo enfriar a temperatura ambiente y luego oprima la cabeza para extraer el ajo asado.

Mezcle el ajo con el chipotle en una licuadora (batidora) o un procesador de alimentos, vaya agregando el aceite poco a poco y luego incorpore el perejil y sazónelo con la sal y la pimienta.

Nota: Los chiles chipotles son muy picantes. Aumente o disminuya la cantidad al gusto.

Rinde 4 porciones

VISTAZO NUTRICIONAL

Por porción: 420 calorías, 25 g de grasa, 6 g de grasa saturada, 39 g de proteínas, 7 g de carbohidratos, 0 g de fibra dietética, 115 mg de colesterol, 390 mg de sodio

Lasaña mexicana

Pruebe esta lasaña cuando tenga antojo de comida al estilo mexicano.

1 libra (450 g) de carne molida extramagra (baja en grasa) de res o de pechuga de pavo (chompipe)

½ cebolla grande, picada

1 diente de ajo grande picado en trocitos

1½ taza de requesón semidescremado al 1 por ciento

1 taza de crema agria descremada

1 frasco de 4 onzas (112 g) de chiles verdes picados

½ taza de cilantro picado (opcional)

2 cucharaditas de comino molido

⅛ cucharadita de sal

2½ tazas de salsa

4 tortillas de harina integral (con un diámetro de 6"/15 cm), partidas a la mitad

1¼ taza (5 onzas/140 g) de queso *Monterey Jack* de grasa reducida rallado

Precaliente el horno a 350°F (178°C).

Rocíe una fuente para hornear de 13" (33 cm) × 9" (23 cm) con aceite en aerosol.

Rocíe una sartén antiadherente grande con aceite en aerosol y póngala a calentar a fuego mediano. Agregue la carne molida de res o de pavo y fríala unos 5 minutos o hasta que ya no esté de color rosado, revolviéndola con frecuencia.

Pase la carne molida de res o de pavo a un tazón (recipiente) mediano. Limpie la sartén con una toalla de papel. Rocíela con aceite en aerosol. Póngala a calentar a fuego mediano. Añada la cebolla y el ajo. Tape la sartén y fría todo unos 7 minutos o hasta que se dore ligeramente, revolviéndolo de vez en cuando. Agregue a la carne de res o pavo que está en el tazón.

Ponga el requesón, la crema agria, los chiles, el cilantro (si lo está usando), el comino y la sal en un tazón mediano.

Extienda 1 taza de la salsa en el fondo de la fuente para hornear. Agregue 2 de las tortillas de manera uniforme sobre la salsa. Distribuya la mitad del la mezcla del requesón sobre las tortillas. Cúbralas con la mitad de la mezcla de la carne molida de res o de pavo. Cúbralas con 1 taza de la salsa restante y ½ taza del queso *Monterey Jack*. Repita lo anterior con las tortillas, la mezcla del requesón y la mezcla de carne molida de res o de pavo restantes. Esparza encima la salsa restante y ¾ taza de queso *Monterey Jack*.

Horneéla 30 minutos o hasta que quede bien caliente. Tápela ligeramente con papel aluminio si el queso se está dorando muy rápido.

Rinde 8 porciones

VISTAZO NUTRICIONAL

Por porción: 250 calorías, 8 g de grasa, 4 g de grasa saturada, 24 g de proteínas, 24 g de carbohidratos, 3 g de fibra dietética, 50 mg de colesterol, 840 mg de sodio

NORMAN'S

21 Almeria Avenue, Coral Gables, Florida

CHEF: NORMAN VAN AKEN

EL MENÚ DE *NORMAN'S* PRESENTA PLATOS QUE SE CARACTERIZAN POR SU INGENIOSA MEZCLA DE SABORES EXTRAÍDOS DE LAS COCINAS LATINA, NORTEAMERICANA, CARIBEÑA Y ASIÁTICA, MISMA QUE COMÚNMENTE SE CONOCE COMO "COCINA DEL NUEVO MUNDO". ESTAS DELICIOSAS CHULETAS DE CERDO SON UN EJEMPLO PERFECTO DE ELLO.

Chuletas de cerdo condimentadas a la boliviana

PRIMERA FASE

Chícharos (guisantes) partidos

2½ cucharadas de aceite de oliva extra virgen

2 dientes de ajo picados en trocitos

½ cebolla, finamente picada

2 tallos de apio finamente picados

1 zanahoria finamente picada

1 cucharadita de pimienta roja molida

1 cucharadita de comino molido

4 tazas de consomé de pollo

1 trozo de jamón ahumado de pierna (*smoked ham hock*)

1 hoja de laurel, partida a la mitad

1 paquete de 12 onzas (336 g) de chícharos partidos

Chuletas de cerdo

1½ cucharadas de comino molido

3 cucharaditas de cardamomo molido

3 cucharaditas de cilantro en polvo (*ground coriander*)

½ cucharada de pimienta roja molida

3 cucharadas de ralladura de limón

½ cucharada de sal kósher

½ cucharada de pimienta

6 chuletas de lomo de cerdo (*loin pork chops*), de 1½" (4 cm) de grueso

3 cucharadas de aceite de ajo asado o aceite de oliva extra virgen

Para preparar los chícharos: Ponga el aceite de oliva a calentar a fuego mediano-lento en una cacerola mediana. Una vez que esté caliente, incorpore el ajo y fríalo 30 segundos. Suba el fuego a mediano-alto y agregue la cebolla, el apio y la zanahoria. Cuando empiecen a dorarse, añada la pimienta roja y el comino. Revuelva y agregue el consomé de pollo, el jamón, la hoja de laurel y los chícharos. Deje que la mezcla rompa a hervir suavemente, baje el fuego a lento y déjela unos 45 minutos al fuego, hasta que los chícharos estén cocidos. Saque y deseche la hoja de laurel. Machaque la mezcla de los chícharos partidos. Se irá espesando conforme se enfríe.

Para preparar la carne: Precaliente el horno a 350°F (178°C).

Mezcle el comino, el cardamomo, el cilantro en polvo, la pimienta roja, la ralladura de limón, la sal y la pimienta. Ponga las chuletas en una bolsa de plástico con cierre. Espolvoree las chuletas por ambos lados con la mezcla de las especias y frótelas con ella.

Ponga una sartén a calentar a fuego mediano-alto. Agregue el aceite y selle las chuletas por ambos lados. Conforme se vayan dorando, colóquelas sobre una bandeja de hornear pequeña y termínelas de cocer en el horno hasta el grado de cocción deseado.

Nota: Me gusta adornar este plato con rebanadas de aceitunas rellenas y gajos de limón.

Rinde 6 porciones

VISTAZO NUTRICIONAL

Por porción: 453 calorías, 20 g de grasa, 4 g de grasa saturada, 28 g de proteínas, 42 g de carbohidratos, 11 g de fibra dietética, 36 mg de colesterol, 800 mg de sodio

Lomo de cerdo a la salvia y al romero

Abrir el lomo de cerdo con un corte mariposa para rellenarlo y luego volverlo a cerrar es una forma excelente de llenar la carne de sabor. Esta receta es perfecta para cuando tenga invitados.

Relleno

- 2 cucharadas de perejil picado
- 1½ cucharadas de hojas frescas picadas de salvia o de tomillo
- 1 cucharada de romero fresco, picado
- 3 dientes de ajo picados en trocitos
- 3 cucharadas de aceite de oliva extra virgen
- 2 cucharaditas de mostaza *Dijon*
- ¼ cucharadita de sal
- ¼ cucharadita de pimienta negra molida

Lomo de cerdo (*pork loin*)

- 1 lomo de cerdo sin hueso (*center loin pork roast*) (más o menos 2 libras/900 g)
- ¾ cucharadita de sal
- ½ cucharadita de pimienta negra molida
- 1 cucharada de aceite de oliva extra virgen

  Hojas frescas de salvia, para adornar

  Unas ramitas de romero, para adornar

Para preparar el relleno: Ponga el perejil, la salvia o el tomillo, el romero, el ajo, el aceite, la mostaza, la sal y la pimienta en un tazón (recipiente) pequeño.

Para preparar el lomo: Precaliente el horno a 350°F (178°C).

Abra el lomo en un corte mariposa. Espolvoree la parte superior del lomo en corte mariposa con la mitad de la sal y la pimienta. Extienda el relleno de manera uniforme sobre el lomo, dejando un borde de ½" (1 cm) a lo largo de la orilla donde realizó el primer corte.

Empezando desde la orilla opuesta, enrolle el lomo para envolver el relleno. Amárrelo cada 1½" (4 cm) con cordón de cocina (*kitchen string*) para que conserve su forma.

Frote el lomo con el aceite y espolvoréelo con la sal y la pimienta restantes. Póngalo en una olla (charola) pequeña para asar sobre la parrilla del centro del horno. Áselo por 1 hora o hasta que un termómetro introducido

en el centro de la carne marque 155°F (68°C) y los jugos salgan transparentes. Déjelo reposar 10 minutos antes de rebanarlo. Para evitar que las rebanadas se abran, sujete la carne con palillos de madera cada ¼" (6 mm) a lo largo de la orilla donde termina el rollo. Rebánelo horizontalmente entre los palillos de madera y el hilo. Quítele el hilo de cocina antes de servirlo. Adórnelo con las hojas de salvia y las ramitas de romero.

Rinde 6 porciones

VISTAZO NUTRICIONAL

Por porción: 306 calorías, 19 g de grasa, 5 g de grasa saturada, 31 g de proteínas, 1 g de carbohidratos, 0 g de fibra dietética, 97 mg de colesterol, 506 mg de sodio

TIMO

17624 Collins Avenue, Sunny Isles, Florida

CHEF EJECUTIVO: TIM ANDRIOLA

La carta de *Timo*, cuyo nombre significa "tomillo" en italiano, refleja los sabores de Italia en particular y del Mediterráneo en general.

Filete de cerdo asado con garbanzos, pimientos asados y almejas

SEGUNDA FASE

½ taza de jugo de naranja (china)

1 cucharada de jugo de limón verde (lima)

¼ taza + 2 cucharadas de aceite vegetal

2 cucharadas de mostaza con granos enteros

1 cucharada de ajo picado

½ cucharada de pimentón (paprika)

1 cucharada de hojas frescas de tomillo, picadas

½ cucharada de granos de pimienta negra

1 filete de cerdo (*tenderloin*) entero (aproximadamente ¾–1 libra/340–450 g), al que le ha cortado la piel plateada y toda la grasa visible

Sal

Pimienta

1 cucharada de chalote, picado en trocitos

1 cabeza de ajo (aproximadamente 10 a 12 dientes)

¼ taza de pimiento rojo y amarillo asado (sin la piel y las semillas), picado en cubitos

2 cucharadas de *concassé* de tomate (tomates/jitomates pelados y cocidos)

1 taza de garbanzos cocidos

¾ taza de consomé de pollo

12 almejas jóvenes (*littleneck clams*)

1 cucharada de perejil picado

Ponga el jugo de naranja, el jugo de limón verde, ¼ taza del aceite vegetal, la mostaza, el ajo picado, el pimentón, el tomillo y los granos de pimienta en un tazón (recipiente) grande. Sumerja la carne de cerdo en este adobo (marinado) durante un mínimo de 6 a 8 horas, de preferencia toda la noche. Saque la carne del adobo y séquela cuidadosamente con toallas de papel. Sazónela con la sal y la pimienta.

Precaliente el horno a 350°F (178°C).

Ponga las 2 cucharadas del aceite vegetal a calentar a fuego mediano-alto en una sartén pesada para sofreír (saltear) que sea resistente al horno. Sofría el chalote y la cabeza de ajo de 3 a 5 minutos o hasta que se doren ligeramente. Agregue la carne de cerdo, dórela de manera uniforme y métala de 10 a 15 minutos al horno.

Saque la sartén del horno. Saque la carne de la sartén y póngala a reposar unos minutos en un lugar tibio. Ponga el pimiento, el tomate, los garbanzos y el consomé a calentar a fuego mediano en la misma sartén para sofreír y espere a que empiecen a hervir suavemente. Agregue las almejas y tape la sartén muy bien. Cuando las almejas se abran, repártalas sobre 4 platos. Agregue el perejil a la sartén para sofreír y salpimiente al gusto. Ponga la mezcla de los garbanzos en el centro de cada plato. Corte la carne de cerdo en rebanadas de ¼" (6 mm) de grueso y acomódela encima de los garbanzos.

Rinde 4 porciones

VISTAZO NUTRICIONAL

Por porción: 492 calorías, 27 g de grasa, 3 g de grasa saturada, 35 g de proteínas, 29 g de carbohidratos, 5 g de fibra dietética, 87 mg de colesterol, 543 mg de sodio

Chuletas de cerdo al ajo y a la soya

Al lado de estas riquísimas chuletas de cerdo ase unas verduras frescas cortadas en trozos, para un banquete irresistible al aire libre. El pimiento, la cebolla dulce y el zucchini *(calabacita) serían muy buenas opciones.*

4 chuletas de lomo deshuesadas del centro, a las que les ha cortado toda la grasa visible

1 cucharada de salsa de soya *light*

2 cucharaditas de ajo picado en trocitos

½ cucharadita de pimentón (paprika)

½ cucharadita de sal

¼ cucharadita de pimienta negra molida

Hierbas frescas, para adornar

Sazone las chuletas de cerdo por ambos lados con la salsa de soya, el ajo, el pimentón, la sal y la pimienta. Tápelas y métalas al refrigerador durante por lo menos 20 minutos o hasta 2 horas.

Rocíe una parrilla (*grill*) de gas, de brasas o eléctrica o la parrilla de la charola del asador del horno con aceite en aerosol. Precaliente la parrilla o el asador del horno.

Ase las chuletas a 4" (10 cm) de la fuente de calor, volteándolas una sola vez a la mitad del tiempo, hasta que un termómetro introducido en el centro de una chuleta marque 155°F (68°C) y los jugos salgan transparentes. Adórnelas con las hierbas.

Rinde 4 porciones

VISTAZO NUTRICIONAL

Por porción: 70 calorías, 2 g de grasa, 0 g de grasa saturada, 11 g de proteínas, 1 g de carbohidratos, 0 g de fibra dietética, 30 mg de colesterol, 436 mg de sodio

BLUE DOOR AT DELANO

1685 Collins Avenue, Miami Beach

CHEF: CLAUDE TROISGROS

Ubicado al interior del Hotel Delano, uno de los hoteles de moda de Miami Beach, *Blue Door at Delano* fue nombrado uno de los mejores restaurantes nuevos de los Estados Unidos en 1998 por la revista *Esquire*. En medio de la elegante decoración al estilo Art Decó, el *chef* asesor Claude Troisgros ha hecho equipo con el *chef* Damon Gordon para producir una cocina moderna de bases francesas con cierta influencia tropical.

Ternera *mignon*

TERCERA FASE

8 alcachofas pequeñas	⅓ taza de alcaparras
⅓ taza de chalote picado	⅓ taza de pasas
⅓ taza de ajo picado	Perejil picado
⅓ taza de aceite de oliva extra virgen	Sal
¼ taza de salsa de soya	Pimienta
12 medallones de ternera (de 2½ onzas/70 g cada uno)	Tomillo fresco (opcional)
½ taza de tomates (jitomates) secados al sol, picados en juliana	

Cueza las alcachofas unos 20 minutos en una cacerola con agua, hasta que queden suaves. Deje que se enfríen y luego quíteles las hojas de la punta y exteriores y pártalas en cuatro.

Sofría (saltee) el chalote y el ajo ligeramente con 3 cucharadas del aceite de oliva en una sartén para sofreír, hasta que queden suaves. Agregue la salsa de soya y deje que se reduzca un poco. Pase la salsa a otro recipiente y póngala aparte.

Sofría la ternera con el aceite de oliva restante en la misma sartén para sofreír, hasta que quede término medio (a punto). Pase la carne a un platón extendido caliente. Sofría las alcachofas, los tomates, las alcaparras y las pasas con aceite de oliva y sazónelos al gusto con el perejil, la sal y la pimienta.

Coloque 3 trozos de ternera sobre cada plato, reparta la mezcla de las alcachofas encima y por último agregue la salsa.

Adorne los platos con el tomillo, si lo está usando.

Rinde 4 porciones

VISTAZO NUTRICIONAL
Por porción: 365 calorías, 22 g de grasa, 3 g de grasa saturada, 17 g de proteínas, 32 g de carbohidratos, 12 g de fibra dietética, 32 mg de colesterol, 909 mg de sodio

Filete de cerdo al sésamo

La semilla de sésamo brinda un sabor suave y único a frutos secos a este filete de cerdo.

2	filetes magros (bajos en grasa) de cerdo (de más o menos ¾ a 1 libra/340 a 450 g cada uno)
¼	taza de aceite de oliva extra virgen
¼	taza de semilla de sésamo (ajonjolí)
1	tallo de apio picado
2	cucharadas de cebolla picada
1	taza de pan de trigo integral rallado (molido)
1	cucharadita de jugo de limón
1	cucharadita de salsa *Worcestershire*
½	cucharadita de sal
½	cucharadita de tomillo seco
⅛	cucharadita de pimienta negra molida

Precaliente el horno a 325°F (164°C).

Realice un corte profundo a lo largo de cada filete, sin partirlo por completo, y aplánelos.

Ponga el aceite a calentar a fuego mediano-alto en una sartén grande. Agregue la semilla de sésamo, el apio y la cebolla y fríalos 3 minutos, revolviéndolos con frecuencia, hasta que se doren ligeramente. Agregue el pan rallado, el jugo de limón, la salsa *Worcestershire*, la sal, el tomillo y la pimienta. Revuélvalo todo con cuidado. Extienda el relleno sobre la superficie cortada de 1 filete. Coloque el segundo filete sobre el relleno con la superficie cortada hacia abajo. Junte los filetes amarrándolos con cordón de cocina (*kitchen string*) o alambres (pinchos, brochetas). Póngalos en una olla (charola) abierta para asar.

Áselos durante 1 hora y 20 minutos o hasta que un termómetro introducido en el centro de la carne marque 155°F (68°C) y los jugos salgan transparentes. Déjelos reposar 10 minutos antes de rebanarlos.

Rinde 6 porciones

VISTAZO NUTRICIONAL

Por porción: 377 calorías, 18 g de grasa, 3 g de grasa saturada, 35 g de proteínas, 15 g de carbohidratos, 0 g de fibra dietética, 114 mg de colesterol, 442 mg de sodio

MI DIETA SOUTH BEACH

POR PRIMERA VEZ EN MI VIDA REALMENTE ENTIENDO LA EXPRESIÓN: "COME PARA VIVIR, NO VIVAS PARA COMER".

Nunca había pesado tanto como el año pasado: 248 libras (113 kg). Además, estaba tomando medicamentos contra la presión arterial alta (hipertensión), la artritis y la ansiedad, así como analgésicos por mis síntomas premenstruales. Me sentía horrible y con frecuencia me reportaba demasiado enferma para trabajar; además, me veía horrible y me ponía lo que fuera con tal de tapar toda la grasa. Siempre estaba de mal humor, irritable y deprimida, lo cual afectaba mucho a mi esposo y a mis tres hijos.

Cuando descubrí una revista en la que se hablaba de la dieta South Beach, literalmente comencé una nueva vida. Después de la Primera Fase, durante la que se desintoxica el cuerpo, observé un enorme cambio en mi paladar. Ahora se me antojan mucho las ensaladas y realmente sacian mi hambre. El yogur me sabe muy dulce y satisface mi antojo de dulce. Por primera vez realmente saboreo la comida y quedo satisfecha con una selección diferente de alimentos. Mis antojos de pasta, pastelillos y pan han desaparecido por completo.

He bajado a 206 libras (93 kg), bastante más cerca de mi meta de 135 (61 kg). También he bajado de la talla 26 a la 20. Mi dosis de medicamentos para la presión arterial y la artritis ha disminuido a casi la mitad de la que tomaba antes. Otro efecto secundario positivo ha sido una disminución de los fuertes síntomas premenstruales que tenía; seguramente se debe en parte a la soya que he agregado a mi dieta y en parte a mi nuevo estilo de vida según los lineamientos de la dieta South Beach.

Desde que empecé a bajar de peso mi familia me ha apoyado muchísimo. A mi hijo de 14 años le causa mucha impresión poder sentir mi costillas. Mi hija de 7 años me pregunta: "¿Puedes comer esto?", y le respondo: "Sí, podría comerlo, pero realmente prefiero esto, porque es más saludable". Está aprendiendo a temprana edad a tomar mejores decisiones alimenticias. Mi marido también ha sido maravilloso y cocina cuando le digo que necesito salir a caminar; camino de 3 a 5 millas (4.8 a 8 km) tres veces a la semana.

Por primera vez en mi vida realmente entiendo la expresión: "Come para vivir, no vivas para comer". Entenderlo fue lo que en realidad cambió mi predisposición mental, por no hablar de mi apariencia. —*TERRI L.*

PLATOS FUERTES VEGETARIANOS

AUNQUE USTED NO LO CREA, INCLUSO A LOS VEGETARIANOS A VECES LES HACE FALTA BAJAR DE PESO. CUANDO NO SE OBTIENEN PROTEÍNAS DE LA CARNE, SE TIENDE A RECURRIR MÁS A LOS CARBOHIDRATOS, POR LO QUE EN OCASIONES SE LLEGA A EXAGERAR EN EL CONSUMO DE ALGUNOS DE LOS CARBOHIDRATOS EQUIVOCADOS. CON LA DIETA SOUTH BEACH ES POSIBLE COMER BIEN AUN SIN INCLUIR PESCADO O CARNE.

EL *TOFU*, QUE SE HACE CON FRIJOL (HABICHUELA) DE SOYA, ES UN MARAVILLOSO ELEMENTO BÁSICO DE CUALQUIER DIETA VEGETARIANA. SE TRATA DE UNA FUENTE EXCELENTE DE PROTEÍNAS Y SIRVE COMO INGREDIENTE PRINCIPAL DE PLATOS MUY SABROSOS, TAL COMO SE APRECIA EN ESTE CAPÍTULO. LA VENTAJA CULINARIA DEL *TOFU* RADICA EN QUE ADQUIERE EL SABOR DE LOS SAZONADORES QUE SE UTILICEN, COMO EN NUESTRA RECETA DEL BRÓCOLI FRITO Y REVUELTO AL ESTILO ASIÁTICO CON *TOFU* Y TOMATES PEQUEÑOS.

TAMBIÉN HEMOS DISEÑADO PLATOS QUE SE BASAN EN LOS FRIJOLES Y LOS CEREALES INTEGRALES, COMO LA CEBADA O EL ARROZ INTEGRAL. E INCLUSO HAY UNA RECETA QUE USA *SPELT*, UN CEREAL ANTIGUO RICO EN PROTEÍNAS.

(*NOTA*: SI NO CONOCE ALGUNOS DE LOS TÉRMINOS UTILIZADOS PARA LOS ALIMENTOS MENCIONADOS EN ESTE CAPÍTULO, VÉASE EL GLOSARIO EN LA PÁGINA 347).

Verduras tailandesas fritas y revueltas al estilo asiático

Para que sea tailandesa, una receta debe incluir los cinco sabores: ¿Se distingue el picante o el condimento? ¿La sal? ¿El dulce? ¿El sabor amargo o aromático? ¿Lo agrio? De ser así, ¡la comida es tailandesa!

1 lata de 14 onzas (420 ml) de leche de coco *light* (sin azúcar)

2 dientes de ajo picados en trocitos

½ cucharadita de ralladura de limón

½ cucharadita de ralladura de limón verde (lima)

2 tazas de puntas de espárragos rebanadas

1 taza de hongos partidos a la mitad

1 pimiento (ají, pimiento morrón) rojo pequeño en rodajas

1 cabeza pequeña de *bok choy* (repollo chino), con los tallos en rebanadas y las hojas enteras

¼ taza de cacahuates (maníes) sin sal

½ cucharadita de pimienta roja molida

1 cucharada de salsa de soya *light*

1 cucharadita de jugo de limón verde fresco

1 cucharada de jugo de limón fresco

1 manojo pequeño de albahaca fresca, picada en finas tiritas

Ponga la leche de coco, el ajo y las ralladuras de limón y de limón verde en un procesador de alimentos. Pulse para procesar los ingredientes hasta obtener una pasta. Pásela a un sartén grande. Póngala a calentar a fuego mediano-alto y cocínela por 1 minuto, revolviendo constantemente. Agregue los espárragos, los hongos, el pimiento, el *bok choy*, los cacahuates y la pimienta roja molida y deje que todo hierva suavemente 10 minutos. Incorpore la salsa de soya, el jugo de limón verde, el jugo de limón y la albahaca y deje que todo hierva suavemente 5 minutos más, sin dejar de revolver.

Rinde 4 porciones

VISTAZO NUTRICIONAL

Por porción: 136 calorías, 6 g de grasa, 1 g de grasa saturada, 10 g de proteínas, 17 g de carbohidratos, 6 g de fibra dietética, 0 mg de colesterol, 317 mg de sodio

Sofrito de garbanzos y albahaca

Desde hace siglos los garbanzos son un alimento básico del Oriente y del Mediterráneo. Representan una fuente excelente de proteínas y fibra. Este plato sirve como un fabuloso plato fuerte vegetariano o como guarnición con una receta de pollo. Omitir el arroz integral lo convierte en una receta para la Primera Fase.

1 cucharada de aceite de oliva extra virgen

2 cebollas medianas en rodajas

½ cucharadita de semillas de comino

1 pimiento (ají, pimiento morrón) rojo pequeño cortado en tiras

1 cucharada de agua

3 cebollines (cebollas de cambray) picados

2 latas de 14 a 19 onzas (390 a 530 g) de garbanzos, escurridos y enjuagados

2 tazas de albahaca fresca picada

2 tazas de arroz integral cocido, caliente

Una ramita de albahaca, para adornar

Ponga el aceite a calentar a fuego mediano-alto en una sartén antiadherente grande. Agregue la cebolla y la semilla de comino y fríalas unos 7 minutos, revolviéndolas con frecuencia. Añada el pimiento y el agua. Tape la sartén, baje el fuego a lento y deje que hierva 2 minutos. Agregue los cebollines y los garbanzos y fríalos 2 minutos. Retire la sartén del fuego y agregue la albahaca. Sírvalo acompañado del arroz. Adórnelo con la albahaca.

Rinde 4 porciones

VISTAZO NUTRICIONAL

Por porción: 312 calorías, 6 g de grasa, 1 g de grasa saturada, 9 g de proteínas, 56 g de carbohidratos, 10 g de fibra dietética, 0 mg de colesterol, 310 mg de sodio

BLEAU VIEW, FONTAINEBLEAU HILTON RESORT

4441 Collins Avenue, Miami Beach

CHEF: BILL ZUPPAS

Ubicado en uno de los RESORTS más queridos de Miami, el *Bleau View* combina un ambiente europeo con el estilo de South Beach. Su cocina continental puesta al día, como este *risotto*, recurre ampliamente a los sabores y las especias de la comida mediterránea.

Risotto mediterráneo de verduras con arroz integral orgánico de grano corto

SEGUNDA FASE

- 2 tazas de habichuelas verdes (ejotes), cortadas en trozos de ½" (1 cm)
- 2 tazas de repollo (col) verde, rallado
- 2 tazas de arroz integral orgánico de grano corto
- 4 tazas de agua
- 3 cucharadas de aceite de oliva extra virgen
- 1 cebolla finamente picada
- 1 diente de ajo picado en trocitos

- 2 zanahorias picadas
- 2 tallos de apio, sin hojas y picados
- 1 tomate (jitomate) grande, sin semilla y picado
- 2 cucharadas de perejil picado

  Sal de mar

  Pimienta negra recién molida

Ponga agua a hervir en una cacerola y cocine las habichuelas verdes de 3 a 4 minutos o hasta que queden suaves. Agregue el repollo y cocínelo de 2 a 3 minutos o hasta que quede suave. Escurra las verduras y déjelas aparte.

Ponga el arroz, el agua y 1 cucharada del aceite en una olla provista de una tapa que cierre muy bien. Deje que rompa a hervir, reduzca el fuego, tape la olla y deje que hierva suavemente unos 50 minutos. Retírela del fuego y déjela reposar, tapada, 10 minutos.

Ponga las otras 2 cucharadas del aceite a calentar en una sartén grande. Sofría (saltee) la cebolla, el ajo, las zanahorias y el apio hasta que queden cocidos pero aún crujientes.

Agregue el tomate, las habichuelas verdes y el repollo y recaliéntelos.

Agregue el arroz y recaliéntelo. Retire la sartén del fuego e incorpore el perejil. Salpimiente al gusto.

Rinde 8 porciones (como guarnición)

VISTAZO NUTRICIONAL

Por porción: 250 calorías, 7 g de grasa, 1 g de grasa saturada, 5 g de proteínas, 47 g de carbohidratos, 5 g de fibra dietética, 0 mg de colesterol, 90 mg de sodio

Tofu cacciatore

Cacciatore significa "a la cazadora". Ya que no soy cazador, decidí darme gusto con tofu en lugar de faisán o conejo al finalizar una dura jornada de cacería (es decir, trabajo).

1 libra (450 g) de *tofu* firme *light*, cortado en rebanadas de ½" (1 cm) de grueso

½ cebolla mediana en rodajas

½ pimiento (ají, pimiento morrón) rojo en rodajas

½ pimiento verde en rodajas

2 cucharadas de vino blanco

1 diente de ajo grande picado en trocitos

1 cucharadita de albahaca seca

1 cucharadita de orégano

1 pizca de pimienta de Jamaica (*allspice*)

1 lata de 28 onzas (780 g) de tomate (jitomate) cocido, escurrido

2 cucharaditas de pasta de tomate

Una ramita de romero para adornar

Cubra una bandeja de hornear de 17" (43 cm) × 11" (28 cm) con toallas de papel. Coloque el *tofu* en una sola capa sobre las toallas. Cubra el *tofu* con más toallas de papel y oprímalas suavemente hasta que esté seco. Quite y deseche todas las toallas de papel y vuelva a poner el *tofu* sobre la bandeja de hornear.

Precaliente el horno a 350°F (178°C).

Rocíe una sartén grande con aceite de oliva en aerosol y póngala a calentar a fuego mediano. Agregue la cebolla y los pimientos y fríalos unos 5 minutos, revolviéndolos con frecuencia. Agregue el vino, el ajo, la albahaca, el orégano y la pimienta de Jamaica y fríalo todo 1 minuto, revolviéndolo constantemente. Agregue los tomates y la pasta de tomate. Después de que rompa a hervir, deje que hierva suavemente durante 15 minutos.

Rocíe otra sartén grande con aceite de oliva en aerosol y póngala a calentar a fuego mediano. Agregue el *tofu* y sofríalo (saltéelo) 3 minutos o hasta que se dore ligeramente por ambos lados. Coloque las rebanadas doradas de *tofu* en una fuente para hornear de 13" (33 cm) × 9" (23 cm) y cúbralas con la salsa de tomate.

Hornéelas 1 hora o hasta que queden bien calientes. Adórnelas con el romero.

Rinde 4 porciones

VISTAZO NUTRICIONAL

Por porción: 120 calorías, 1 g de grasa, 0 g de grasa saturada, 10 g de proteínas,
19 g de carbohidratos, 3 g de fibra dietética, 0 mg de colesterol, 540 mg de sodio

Brócoli frito y revuelto al estilo asiático con *tofu* y tomates pequeños

El tofu *es un ingrediente camaleónico en el sentido de que adopta los sabores de los alimentos con los que se cocina. En este caso se vuelve agridulce por el ajo, el vino de jerez y la salsa de soya. Los platos sofritos al estilo asiático se cocinan muy rápido, así que asegúrese de tener todos sus ingredientes picados y listos para echarlos a la sartén antes de empezar a cocinar.*

⅓ taza de consomé de verduras

1 cucharada de salsa de soya *light*

1 cucharada de vino de jerez seco

2 cucharadas de maicena

1 cucharada de aceite de *canola*

1 brócoli grande cortado en pequeñas cabezuelas

4 dientes de ajo picados en trocitos

1 cucharada de jengibre fresco finamente picado

4 onzas (112 g) de hongos cortados en rebanadas

1 taza de tomates (jitomates) pequeños o tomates pera amarillos, partidos a la mitad

8 onzas (225 g) de *tofu* firme, escurrido y cortado en cubos de ¼" (6 mm)

En una taza, bata a mano el consomé con la salsa de soya, el vino de jerez y la maicena. Póngalo aparte.

Ponga el aceite a calentar a fuego mediano-alto en una sartén antiadherente grande. Agregue el brócoli, el ajo y el jengibre y fríalos 1 minuto, revolviéndolos constantemente. Agregue los hongos y fríalos unos 3 minutos o hasta que queden suaves y se doren ligeramente, revolviéndolos con frecuencia.

Agregue los tomates y el *tofu* y fríalos 2 minutos, revolviéndolos con frecuencia, hasta que los tomates empiecen a desintegrarse.

Revuelva la mezcla de la maicena y agréguela a la sartén. Cocínelo todo 2 minutos, revolviéndolo, hasta que la mezcla empiece a hervir y se espese.

Rinde 4 porciones

VISTAZO NUTRICIONAL

Por porción: 151 calorías, 8 g de grasa, 1 g de grasa saturada, 10 g de proteínas, 13 g de carbohidratos, 4 g de fibra dietética, 0 mg de colesterol, 195 mg de sodio

Tofu con salsa

El chile habanero brinda mucho sabor y también picante. Si le gusta aún más picante, cámbielo por un par de chiles tepín. El tofu ahumado es una de las variantes más sabrosas, pero cada marca tiene un sabor diferente, así que tendrá que probar varias para ver cuál le gusta más.

½ libra (225 g) de *tofu* ahumado cortado en 8 rebanadas delgadas

1 tomate (jitomate) bola grande (*beefsteak tomato*), sin piel, sin semilla y finamente picado

¼ taza de aceite de oliva extra virgen

1 diente de ajo picado en trocitos

2 cucharadas de perejil picado

1 chile habanero pequeño, sin semilla y finamente picado (use guantes de plástico al tocarlo)

1 cucharadita de vinagre de vino tinto

¼ cucharadita de sustituto de azúcar

Coloque el *tofu* en una sola capa en un plato poco hondo.

Ponga el tomate, el aceite, el ajo, el perejil, el chile, el vinagre y el sustituto de azúcar en un tazón (recipiente) pequeño y bátalo todo a mano hasta mezclar muy bien todos los ingredientes.

Vierta la salsa sobre el *tofu* y déjelo adobando (remojando) 30 minutos.

Sirva 2 rebanadas de *tofu* por plato y cúbralas con la salsa.

Rinde 4 porciones

VISTAZO NUTRICIONAL

Por porción: 258 calorías, 20 g de grasa, 3 g de grasa saturada, 13 g de proteínas, 6 g de carbohidratos, 1 g de fibra dietética, 0 mg de colesterol, 245 mg de sodio

CHEF ALLEN'S

19088 NE 29th Avenue, Aventura, Florida

CHEF Y DUEÑO: ALLEN SUSSER

TAL COMO CORRESPONDE A SU UBICACIÓN EN EL SOLEADO SUR DE LA FLORIDA, EL *CHEF ALLEN'S* SIRVE ALGO QUE SU *CHEF* Y DUEÑO ALLEN SUSSER LLAMA LA "COCINA DE LA PALMERA". SE TRATA DE UNA ESPECIE DE CONCEPTO MUNDIAL DE LA COMIDA Y LAS RECETAS QUE, SEGÚN ÉL, "ALIENTA LA FUSIÓN DE INGREDIENTES EXTRAÍDOS DE MUCHAS COCINAS Y CULTURAS".

Ratatouille caribeño

TERCERA FASE

2 cucharadas de aceite de oliva extra virgen	½ cucharada de ajo picado
1 cebolla grande picada	1 cucharadita de orégano
1 plátano (plátano macho) verde pequeño, picado	1 cucharadita de comino
1 taza de calabaza picada	1 cucharadita de granos de pimienta negra recién molidos
2 chayotes medianos, picados	1 cucharada de sal kósher
2 chiles de Anaheim medianos, sin semilla y picados	1 taza de jugo de naranja (china) recién exprimido
1 pimiento (ají, pimiento morrón) rojo mediano, sin semilla y picado	

Ponga el aceite de oliva a calentar en un caldero (caldera) de hierro para asar (*Dutch oven*) grande. Agregue la cebolla y fríala hasta que quede traslúcida. Agregue cada verdura por separado a intervalos de 2 minutos, empezando por el plátano y siguiendo con la calabaza, el chayote, el chile de Anaheim y el pimiento rojo. Revuelva bien la mezcla, procurando no aplastar ninguna de las verduras.

Sazone las verduras con el ajo, el orégano, el comino, los granos de pimienta molidos y la sal. Humedezca la mezcla con el jugo de naranja. Deje que hierva a fuego lento durante 5 minutos o hasta que las verduras queden suaves, permitiendo que todos los sabores se entremezclen, pero sin que se pierda la integridad de las verduras.

Rinde 4 porciones

VISTAZO NUTRICIONAL

Por porción: 203 calorías, 7 g de grasa, 1 g de grasa saturada, 3 g de proteínas, 35 g de carbohidratos, 6 g de fibra dietética, 0 mg de colesterol, 1,172 mg de sodio

Bolas de masa de espinaca

Estas bolas de masa con queso se sazonan con un poco de nuez moscada.

2	paquetes (de 8 onzas/225 g cada uno) de espinaca congelada picada
2	cucharaditas de sal
2	huevos
1⅔	tazas de pan de trigo integral rallado (molido)
1	cucharadita de sazonador de hierbas tipo italiano
⅔	libra (270 g) de queso *ricotta* de grasa reducida
¼	taza (1 onza/28 g) de queso parmesano rallado
3	cebollines (cebollas de cambray) picados en trocitos
⅓	taza de perejil picado
2	cucharaditas de albahaca fresca finamente picada
1	diente de ajo picado en trocitos
1	pizca de nuez moscada en polvo
1	pizca de pimienta negra molida
	Harina de trigo integral
4 a 6	cuartos de galón (4 a 5.5 l) de agua
	Salsa de tomate South Beach (véase la página 170)

Mezcle la espinaca y 1½ cucharaditas de la sal en una cacerola mediana a fuego lento. Tape la cacerola y déjela al fuego 15 minutos o hasta que la espinaca se derrita por completo. Escúrrala. Con las manos, exprima todo el agua posible.

Bata los huevos en un tazón (recipiente) grande. Agregue la espinaca, el pan rallado, el sazonador tipo italiano, el queso *ricotta*, el queso parmesano, los cebollines, el perejil, la albahaca, el ajo, la nuez moscada y la pimienta. Mezcle todo muy bien, tape el tazón y métalo 24 horas al refrigerador.

Precaliente el horno a 250°F (122°C).

Haga bolas de masa ovaladas de aproximadamente 3" (8 cm) de largo y 1½" (4 cm) de ancho, usando ⅓ taza de la mezcla para cada una. Pase cada bola de masa por la harina. No permita que las bolas se toquen entre sí conforme las vaya terminando.

Ponga el agua y la ½ cucharadita restante de sal a hervir a fuego mediano-alto en una olla grande. Agregue suficientes bolas de masa al agua para hacer una capa. Cuando suban a la superficie, cocínelas 4 minutos más. Saque las bolas de masa con una cuchara calada (espumadera) y escúrralas bien.

Rocíe una fuente para hornear (refractario) con aceite de oliva en aerosol. Coloque las bolas de masa en la fuente y métalas al horno. Cocine las demás bolas de masa de la misma forma. Cuando todas las bolas estén en el horno, ponga la salsa de tomate a calentar a fuego mediano-lento en una cacerola mediana.

Divida las bolas de masa de manera uniforme entre 4 platos y cúbralas con la salsa de tomate. Sirva la salsa restante aparte.

Rinde 4 porciones

VISTAZO NUTRICIONAL
Por porción: 290 calorías, 15 g de grasa, 9 g de grasa saturada, 20 g de proteínas, 19 g de carbohidratos, 5 g de fibra dietética, 150 mg de colesterol, 1,000 mg de sodio

Linguine con *pesto* de *arugula* y albahaca

El spelt *es un cereal de la antigüedad con un alto contenido de proteínas que está experimentando un renacimiento. Esta sabrosa pasta queda perfecta para cenar en una noche fría.*

12 onzas (330 g) de *linguine* de *spelt*

4 tazas de hojas de *arugula* (un tipo de lechuga italiana)

1 taza bien apretada de hojas de albahaca

3 a 4 dientes de ajo picados en trocitos

2 cucharadas de piñones

Sal

Pimienta negra molida

⅓ taza de aceite de oliva extra virgen

¼ taza de queso parmesano rallado

Prepare la pasta de acuerdo con las indicaciones del envase. Escúrrala y póngala en una fuente grande.

Mientras tanto, ponga la *arugula*, la albahaca, el ajo, los piñones y sal y pimienta al gusto en un procesador de alimentos. Procese los ingredientes hasta picarlos en trozos grandes.

Sin apagar el procesador de alimentos, agregue el aceite poco a poco en un chorro constante hasta que la mezcla quede molida de manera uniforme.

Mezcle la pasta con el *pesto*. Espolvoréela con el queso.

Rinde 4 porciones

VISTAZO NUTRICIONAL

Por porción: 520 calorías, 21 g de grasa, 3½ g de grasa saturada, 17 g de proteínas, 65 g de carbohidratos, 4 g de fibra dietética, 5 mg de colesterol, 100 mg de sodio

Lasaña de trigo integral con verduras

Este plato puede disfrutarse enseguida, pero al igual que con otras cacerolas (guisos) su sabor mejora al otro día.

1 cucharadita de aceite de oliva extra virgen

1 *zucchini* (calabacita) en rodajas

2 tazas (16 onzas/450 g) de queso *ricotta* de grasa reducida

1 huevo

1 cucharada de albahaca seca

¼ cucharadita de sal

⅛ cucharadita de pimienta negra molida

2 tazas de Salsa de tomate South Beach (véase la página 170) o de salsa para espaguetis baja en azúcar

9 láminas de lasaña de trigo integral, cocidas

1 paquete de 10 onzas (280 g) de espinaca congelada picada, descongelada; oprímala hasta que quede seca

¼ taza (1 onza/28 g) de queso parmesano rallado

¼ taza (1 onza) de queso *mozzarella* de grasa reducida rallado

Precaliente el horno a 350°F (178°C). Rocíe una fuente para hornear (refractario) de 13" (33 cm) × 9" (23 cm) con aceite en aerosol.

Ponga el aceite a calentar a fuego mediano en una sartén mediana. Agregue el *zucchini* y cocínelo unos 5 minutos o hasta que apenas quede suave, pero aún crujiente. Retire la sartén del fuego y póngala aparte.

Mezcle el queso *ricotta*, el huevo, la albahaca, la sal y la pimienta en un tazón (recipiente) mediano. Ponga aparte ½ taza de la Salsa de tomate South Beach.

Ponga 3 láminas de lasaña en la fuente para hornear ya preparada. Distribuya la mitad de la salsa de tomate de manera uniforme encima de la pasta. Ponga encima la mitad de la mezcla del queso *ricotta*, la mitad de la espinaca, la mitad del *zucchini* y la mitad del queso parmesano. Repita el proceso, agregando una capa con 3 láminas de lasaña y los demás ingredientes. Al final agregue las 3 láminas de lasaña restantes. Cubra la pasta con la salsa restante y espolvoréela con el queso *mozzarella*.

Cúbrala con papel aluminio y hornéela 25 minutos. Destape la pasta y hornéela 20 minutos más o hasta que quede bien caliente y eche burbujas. Déjela reposar 10 minutos antes de servirla.

Rinde 12 porciones

VISTAZO NUTRICIONAL

Por porción: 217 calorías, 7 g de grasa, 4 g de grasa saturada, 12 g de proteínas,
29 g de carbohidratos, 4 g de fibra dietética, 44 mg de colesterol, 36 mg de sodio

Chili vegetariano con salsa de aguacate

Este chili *retacado de sabores lo dejará con la duda de dónde hubiera puesto la carne de haberla querido agregar.*

Salsa de aguacate (palta)

1 aguacate de California mediano, pelado, sin semilla y finamente picado

1 tomate (jitomate) pequeño finamente picado

¼ cebolla morada finamente picada

1 diente de ajo picado en trocitos

1 cucharada de cilantro fresco picado

El jugo de 1 limón verde (lima) grande

¼ cucharadita de comino molido

¼ cucharadita de pimienta negra molida

Chili vegetariano

2 cucharaditas de aceite de oliva extra virgen

1 cebolla picada

1 pimiento (ají, pimiento morrón) rojo picado

¾ lata de 14 a 19 onzas (390 a 530 g) de frijoles (habichuelas) negros, escurridos y enjuagados

¾ lata de 14½ onzas (405 g) de tomate picado en cubitos

¾ taza de 14 onzas (420 ml) de consomé de verduras

1 lata de 4 onzas (112 g) de chiles verdes picados

2 cucharaditas de chile en polvo

2 dientes de ajo picados en trocitos

1 cucharadita de comino molido

1 cucharadita de orégano

¼ taza de crema agria descremada

1 limón verde partido en cuatro

2 cucharadas de cilantro fresco picado

12 hojuelas de pan árabe (pan de *pita*) de trigo integral (Segunda o Tercera Fases)

Para preparar la salsa de aguacate: Ponga el aguacate, el tomate, la cebolla, el ajo, el cilantro, el jugo de limón verde, el comino y la pimienta en un tazón (recipiente) grande. Revuélvalo todo con cuidado. Déjelo reposar 30 minutos.

Para preparar el *chili* vegetariano: Mientras tanto, ponga el aceite a calentar a fuego mediano–alto en un caldero (caldera) de hierro para asar (*Dutch oven*) de 6 cuartos de galón (6 l) de capacidad. Agregue la cebolla y el pimiento y fríalos 3 minutos, revolviéndolos con frecuencia. Agregue los frijoles, los tomates (con su jugo), el consomé, los chiles, el chile en polvo, el ajo, el comino y el orégano y deje que hierva suavemente durante unos 20 minutos. Sirva el *chili* con la salsa de aguacate, la crema agria y los gajos de limón verde. Espolvoréelo con el cilantro. Sirva las hojuelas de pan árabe aparte, si las está usando.

Rinde 6 porciones

VISTAZO NUTRICIONAL

Por porción: 181 calorías, 17 g de grasa, 1 g de grasa saturada, 7 g de proteínas, 25 g de carbohidratos, 15 g de fibra dietética, 0 mg de colesterol, 665 mg de sodio

Cebada con hongos

Unos carnosos y sabrosos hongos se combinan en esta receta con el sabor a frutos secos de la cebada así como con queso, para convertir el plato en una auténtica maravilla.

½ onza (14 g) de hongos *porcini* secos

1 taza de agua caliente

3 cucharadas de aceite de oliva extra virgen

4 dientes de ajo picados en trocitos

6 onzas (168 g) de sombreretes de hongo *portobello*, picados

1 manojo de cebollines (cebollas de cambray) finamente picados

2 latas de consomé de verduras

1 taza de cebada perla mediana

Sal

Pimienta negra molida

½ taza (2 onzas/56 g) de queso romano rallado

¼ taza (1 onza/28 g) de queso parmesano rallado

Ponga los hongos *porcini* a remojar en el agua caliente en un tazón (recipiente) grande. Déjelos aparte.

Ponga el aceite a calentar a fuego mediano-alto en una sartén grande. Agregue el ajo y los hongos *portobello* y fríalos unos 10 minutos, revolviéndolos de vez en cuando, hasta que empiecen a dorarse. Escurra los hongos *porcini*, píquelos en trocitos y agréguelos a la sartén. Fríalos durante 1 minuto. Agregue 2 cucharadas del cebollín, el consomé, la cebada y sal y pimienta al gusto. Deje la mezcla al fuego hasta que casi rompa a hervir. Baje el fuego a lento, tape la sartén y deje que todo hierva suavemente 12 minutos o hasta que el líquido se haya absorbido casi por completo. Retire la sartén del fuego y agregue el queso romano. Justo antes de servir el plato, agregue el cebollín restante y espolvoréelo todo con el queso parmesano.

Rinde 4 porciones

VISTAZO NUTRICIONAL

Por porción: 389 calorías, 16 g de grasa, 4½ g de grasa saturada, 13 g de proteínas, 45 g de carbohidratos, 9 g de fibra dietética, 15 mg de colesterol, 610 mg de sodio

MI DIETA SOUTH BEACH

TRATO DE PREPARAR COMIDAS QUE SEAN ATRACTIVAS DESDE EL PUNTO DE VISTA ESTÉTICO, QUE SE VEAN BONITAS.

Tengo 47 años de edad y soy soltera. Siempre he disfrutado un estilo de vida saludable y activo y me sentía muy bien hasta el año pasado, cuando una historectomía inesperada me sacó de equilibrio tanto en el sentido emocional como en el físico. Dejé de hacer ejercicio, comía los alimentos equivocados y subí unas 50 libras (23 kg) mientras me recuperaba de la intervención quirúrgica. Mi médico dejó muy claro que terminaría siendo diabética si no empezaba a cambiar algo.

Empecé con *Weight Watchers*. Era cómodo porque realizábamos reuniones (juntas) semanales en el trabajo. Luego me enteré de la dieta South Beach y ahora sigo una especie de método híbrido: como al estilo de South Beach y recibo el apoyo emocional de mi grupo de *Weight Watchers*.

La combinación me ha permitido bajar 60 libras (27 kg) hasta la fecha, pero aún no llego a mi meta de que la ropa me quede algo más chico que la talla 12. Para mí resultó clave progresar de manera lenta y constante. Me gusta la forma en que el plan South Beach está estructurado. He tenido la experiencia de que privarme significa luego comer mucho de manera compulsiva, y esta dieta le permite a uno comer lo que quiera. Antes de conocer la dieta South Beach era de las personas capaces de comer un pan francés (*baguette*) entero. Ahora como un trozo de pan francés si quiero, pero mis comidas son más equilibradas.

Otra cosa que me ha ayudado es el hecho de que trato de preparar comidas que sean atractivas desde el punto de vista estético, que se vean bonitas. Me he aficionado mucho a las verduras: ¡sus colores y texturas son asombrosas! Me doy cuenta más del aspecto visual de la comida. Cuando he creado algo que se ve bello, lo saboreo. ¡Ya no me atiborro!

Comer fuera muchas veces significa un reto, pero he notado que la gente me respeta más si digo que debo observar restricciones alimenticias, en lugar de decir que estoy a dieta.

Para mí, el asunto de controlar mi peso ya no gira en torno al deseo de lograr la delgadez de una modelo ni de atraer a cierto tipo de hombre, sino a la meta de mantener un índice de masa corporal saludable, evitar enfermedades relacionadas con la obesidad, como la diabetes, y disfrutar de una larga vida. La vida es un regalo, y mantenerme en forma es el mejor regalo que puedo darme a mí misma. —*SUSAN W.*

MACALUSO'S

1747 Alton Road, Miami Beach

CHEF: MICHAEL D'ANDREA

La *ESCAROLA* CON FRIJOLES (HABICHUELAS) ES UN PLATO ITALIANO CLÁSICO QUE ENCAJA A LA PERFECCIÓN EN ESTA AMISTOSA *TRATTORIA*, MUY POPULAR ENTRE LOS HABITANTES DE MIAMI BEACH.

Escarola con frijoles al estilo de Macaluso's

PRIMERA FASE

¼ taza de aceite de oliva extra virgen

5 dientes de ajo picados en trocitos

½ cucharadita de sal

½ cucharadita de pimienta

1 pizca de pimienta roja molida

3 cabezas de *escarola* cortadas en trozos de 2 a 3" (5 a 7.5 cm)

½ taza de frijoles (habichuelas/habas/alubias) blancos italianos *cannellini* marca *Progresso*

2 cucharadas de queso romano *Percorino* (opcional)

Ponga el aceite, el ajo, la sal, la pimienta y la pimienta roja molida a calentar a fuego mediano en una olla grande. No permita que el ajo se dore. Agregue la *escarola* y revuélvala hasta que esté medio cocida. Agregue los frijoles con su jugo. Suba el fuego a mediano–alto sólo el tiempo suficiente para calentar los frijoles, de 1 a 2 minutos.

Retire la olla del fuego. Agregue el queso, si lo está usando.

Rinde 4 porciones

VISTAZO NUTRICIONAL

Por porción: 210 calorías, 11 g de grasa, 1½ g de grasa saturada, 8 g de proteínas, 23 g de carbohidratos, 11 g de fibra dietética, 0 mg de colesterol, 350 mg de sodio

Verduras a la parrilla con ajo y limón

Las verduras a la parrilla siempre son un manjar especial. Déles un poco de tiempo en el adobo (marinado), para que se empapen de mucho sabor adicional. Si gusta, incluso puede prepararlas uno o dos días antes para luego asarlas rápidamente cuando así lo desee.

¼ taza de perejil liso picado

3 cucharadas de jugo de limón

2 cucharadas de aceite de oliva extra virgen

3 dientes de ajo picados en trocitos

1 cucharadita de sazonador de hierbas tipo italiano

½ cucharadita de pimienta negra molida

¼ cucharadita de sal

2 pimientos (ajíes, pimientos morrones) rojos grandes asados, cortados en tiras

6 onzas (168 g) de hongos *portobello*, cortados en rebanadas

1 cebolla morada grande partida a la mitad y cortada en rodajas de 1" (2.5 cm) de grueso

Rocíe una parrilla (*grill*) de gas, de brasas o eléctrica con aceite en aerosol. Precaliéntela a fuego mediano-alto.

Ponga el perejil, el jugo de limón, el aceite, el ajo, el sazonador tipo italiano, la pimienta negra y la sal en un tazón (recipiente) grande. Agregue los pimientos asados, los hongos y la cebolla y revuélvalo todo para recubrirlo bien. (Es posible conservar esta mezcla en el refrigerador durante un máximo de 2 días).

Coloque un cesto para verduras o malla para parrilla sobre la parrilla y pase las verduras al cesto o la malla. Áselas durante 15 minutos, volteándolas con frecuencia, o hasta que queden muy suaves y ligeramente achicharradas.

Rinde 4 porciones

VISTAZO NUTRICIONAL

Por porción: 127 calorías, 7 g de grasa, 1 g de grasa saturada, 3 g de proteínas, 14 g de carbohidratos, 3 g de fibra dietética, 0 mg de colesterol, 151 mg de sodio

Hongos *portobello* al horno con queso de cabra

Sirva estos hongos deliciosos con una ensalada verde fresca para disfrutar un espléndido almuerzo o cena.

1   taza de Salsa de tomate South Beach (véase la página 170) o de salsa para espaguetis baja en azúcar

4   sombreretes grandes de hongo *portobello*

1   paquete de 4 onzas (112 g) de queso de cabra de grasa reducida, cortado en 4 trozos

2   cucharadas de piñones finamente picados

1   cucharada de albahaca fresca picada

Una ramita de albahaca, para adornar

Precaliente el horno a 375°F (192°C).

Recubra con la salsa el fondo de una fuente para hornear (refractario) de 9" (23 cm) × 9". Acomode los sombreretes de hongo encima, con el lado de las laminillas hacia arriba. Coloque un trozo de queso de cabra sobre cada hongo. Espolvoréelos de manera uniforme con los piñones.

Hornéelos 30 minutos o hasta que queden bien calientes y echen burbujas. Espolvoréelos con la albahaca picada. Adórnelos con la ramita de albahaca.

Rinde 4 porciones

VISTAZO NUTRICIONAL

Por porción: 190 calorías, 13 g de grasa, 3½ g de grasa saturada, 9 g de proteínas, 9 g de carbohidratos, 3 g de fibra dietética, 10 mg de colesterol, 590 mg de sodio

POSTRES

Tal como ya lo señalé en mi primer libro, soy un adicto al chocolate. Es posible que esta sea una de las razones por las que la dieta South Beach permita los postres. El razonamiento es sencillo: una buena dieta debe procurar que las personas coman de manera normal, y para la mayoría de las personas esto significa disfrutar algo dulce al término de una buena comida. Nos hemos esforzado mucho en inventar unos postres espléndidos que se adecúen a los lineamientos de la dieta, para que usted no tenga que salirse de esta para satisfacer su deseo de algo dulce. La verdad es que si usa un sustituto de azúcar en lugar del azúcar verdadera se estará haciendo un gran favor, sin sacrificar nada de sabor. Si se limita a delicias como el chocolate oscuro, la fruta y el queso y evita los postres hechos con harina blanca u otros carbohidratos procesados, podrá darse este gusto diariamente y adelgazar al mismo tiempo.

(*Nota*: Si no conoce algunos de los términos utilizados para los alimentos mencionados en este capítulo, véase el glosario en la página 347).

Flan frío de café exprés

Complemente su comida con una presentación muy especial para el café: un flan simplemente delicioso hecho al horno, con el rico sabor del café exprés.

1½ tazas de leche semidescremada al 1 por ciento

2 huevos batidos

3 cucharadas de sustituto de azúcar

2 cucharaditas de café exprés instantáneo o de café descafeinado instantáneo

1 cucharadita de extracto de vainilla

Canela molida, para adornar

Unas cáscaras de limón, para adornar

Bata a mano la leche, los huevos, el sustituto de azúcar, el café exprés o café y el extracto de vainilla en un tazón (recipiente) mediano hasta incorporar bien todos los ingredientes. Vierta la mezcla en cuatro flaneras o cazuelas pequeñas de 6 onzas (180 ml) de capacidad y colóquelas en una sartén de 10" (25 cm).

Póngale agua a la sartén hasta ½" (1 cm) del borde de las flaneras. Deje que el agua rompa a hervir a fuego alto. Baje el fuego a lento, tape la sartén y déjela hervir suavemente 10 minutos. Saque las flaneras de la sartén, cúbralas con envoltura antiadherente de plástico, permitiendo que toque la superficie del flan, y métalas al refrigerador 3 horas o hasta que estén bien frías. Adórnelas con la canela y las cáscaras de limón.

Rinde 4 porciones

VISTAZO NUTRICIONAL

Por porción: 110 calorías, 3½ g de grasa, 1½ g de grasa saturada, 6 g de proteínas, 13 g de carbohidratos, 0 g de fibra dietética, 110 mg de colesterol, 80 mg de sodio

Helado romanov de queso *ricotta*

No se sabe con seguridad si la primera persona que sirvió este postre realmente haya sido Marie Careme, y al zar ruso Nicolás I, pero lo que sí es seguro es que a usted le dará gusto que hayamos creado esta versión.

2 tazas de fresas picadas en cuatro

1 cucharada de ralladura de naranja (china)

3 cucharadas de sustituto de azúcar

1¼ tazas de fresas en rebanadas

4 tazas de queso *ricotta* de grasa reducida

2 cucharadas de pistaches

Hojas de menta (hierbabuena), para adornar

Ponga las fresas partidas en cuartos, la ralladura de naranja y el sustituto de azúcar en una licuadora (batidora) o procesador de alimentos y muela todo hasta lograr una consistencia uniforme. Pase la mezcla a un tazón (recipiente) grande. Cuidadosamente incorpore las rebanadas de fresa. Tape el tazón y métalo a enfriar al refrigerador.

Cuando esté listo para servir el postre, reparta el queso *ricotta* de manera uniforme entre 4 platos hondos. Vierta cantidades iguales de la mezcla de las fresas sobre el *ricotta* y espolvoree los pistaches encima. Adorne con las hojas de menta.

Rinde 8 porciones

VISTAZO NUTRICIONAL

Por porción: 220 calorías, 11 g de grasa, 6 g de grasa saturada, 15 g de proteínas, 15 g de carbohidratos, 2 g de fibra dietética, 40 mg de colesterol, 160 mg de sodio

Fresas con un *dip* aterciopelado de chocolate

Unas fresas acompañadas de un dip *de chocolate son sencillísimas de preparar, pero a la vez muy elegantes. Para presentar este postre de manera especial, sirva el* dip *en un plato hondo de cristal transparente y colóquelo sobre un platón extendido, acomodando las fresas alrededor.*

6   cucharadas de yogur natural sin grasa

6   cucharadas de almíbar (sirope, miel) de chocolate sin azúcar

1   cucharadita de concentrado congelado de jugo de naranja (china), descongelado

2   pintas (560 g) de fresas medianas sin hojas

Bata el yogur, el almíbar de chocolate y el concentrado de jugo de naranja en un tazón (recipiente) pequeño con la procesadora de alimentos (mezcladora) a velocidad mediana. Tape el *dip* y métalo al refrigerador hasta la hora de servir. Sírvalo acompañado de las fresas.

Rinde 6 porciones

VISTAZO NUTRICIONAL

Por porción: 130 calorías, ½ g de grasa, 0 g de grasa saturada, 3 g de proteínas, 31 g de carbohidratos, 4 g de fibra dietética, 0 mg de colesterol, 45 mg de sodio

Tacitas de *wonton* con bayas frescas

La masa de wonton *se consigue en la sección de productos refrigerados de la mayoría de los supermercados (colmados). Si tiene prisa, puede cambiarla por tacitas ya preparadas de pasta hojaldrada del congelador de su supermercado.*

24 láminas de masa de *wonton* (*wonton wrappers*)

2 cucharadas de margarina sin transgrasas, derretida

⅓ taza de confitura de fresa sin azúcar

1 taza de yogur de limón sin grasa con edulcorante artificial

1¼ tazas de zarzamoras, arándanos o frambuesas frescas

Precaliente el horno a 350°F (178°C).

Forre cada moldecito de un molde antiadherente para hornear 12 *muffins* con una lámina de masa de *wonton*. Unte la masa de *wonton* con un poco de margarina. Coloque una segunda lámina de manera diagonal encima de cada una de las primeras, asegurándose de que las puntas de las láminas completen los lados de las tacitas. Unte la segunda capa de láminas de masa de *wonton* con un poco de margarina.

Hornéelas 8 minutos o hasta que se doren. Deje que se enfríen. Sáquelas del molde.

Divida la confitura de manera uniforme entre las tacitas de *wonton*.

Vierta el yogur en un tazón (recipiente) mediano e incorpore 1 taza de bayas. Reparta la mezcla del yogur de manera uniforme entre las tacitas de *wonton*. Al final agregue la ¼ taza restante de bayas.

Rinde 12 porciones

VISTAZO NUTRICIONAL

Por porción: 80 calorías, 2 g de grasa, 0 g de grasa saturada, 3 g de proteínas, 14 g de carbohidratos, 1 g de fibra dietética, 0 mg de colesterol, 120 mg de sodio

Manzanas al horno a la cereza negra

Este manjar es sencillo, fuera de lo común y delicioso al mismo tiempo.

4 manzanas para hornear

½ cucharadita de canela

¼ taza de cerezas secas o pasas

¼ taza de nueces picadas

1 taza de refresco (soda) de cereza negra de dieta

Precaliente el horno a 375°F (192°C).

Con un descorazonador de manzanas o cuchillo filoso, sáqueles el corazón a las manzanas desde el lado del tallo, pero sin perforarlas por completo. Con la parte hueca hacia arriba, coloque las manzanas en una fuente para hornear (refractario) de 9" (23 cm) × 9".

Espolvoree las manzanas con canela por dentro y por fuera. Llénelas con las cerezas o pasas y la nuez picada. Agregue un chorrito de refresco. Vierta el refresco restante en la fuente para hornear.

Hornee las manzanas 20 minutos o hasta que queden suaves.

Rinde 4 porciones

VISTAZO NUTRICIONAL

Por porción: 131 calorías, 5 g de grasa, 0 g de grasa saturada, 1 g de proteínas, 23 g de carbohidratos, 4 g de fibra dietética, 0 mg de colesterol, 10 mg de sodio

Granita de bayas

Este postre deliciosamente refrescante es perfecto para servirse después de una comida de verano.

½ taza de agua

¼ taza de sustituto de azúcar

1 bolsa de 10 onzas (280 g) de arándanos congelados

1 limón, pelado y exprimido

Cáscaras de limón, para adornar

½ taza de sustituto de crema batida bajo en grasa congelado, descongelado (opcional)

Ponga el agua y el sustituto de azúcar a calentar a fuego mediano en una olla pequeña. Deje que rompa a hervir. Hiérvala 2 minutos y ponga la olla aparte para que se enfríe a temperatura ambiente.

Ponga los arándanos, la cáscara y el jugo de limón y el almíbar (sirope) que ya se enfrió en un procesador de alimentos provisto de una cuchilla de metal. Púlselo 2 minutos o hasta que los arándanos queden molidos de manera no muy fina. Vierta la mezcla en un tazón (recipiente) pequeño de metal y revuélvalo varias veces con un tenedor para deshacer los pedazos grandes que queden. Tape el tazón con papel aluminio y métalo al congelador durante toda la noche.

Pase el postre a 6 copas, adórnelas con una cáscara de limón y ponga encima el sustituto de crema batida, si lo está usando.

Rinde 6 porciones

VISTAZO NUTRICIONAL

Por porción: 60 calorías, ½ g de grasa, ½ g de grasa saturada, 0 g de proteínas, 14 g de carbohidratos, 1 g de fibra dietética, 0 mg de colesterol, 0 mg de sodio

Postre congelado de fresa

Utilice la baya que quiera, pero por lo que más quiera no deje de preparar este postre con regularidad.

2 cucharadas de mayonesa

8 onzas (224 g) de queso crema de grasa reducida, suavizado

1 cucharada de jugo de limón

1 paquete de 10 onzas (280 g) de fresas congeladas sin edulcorante, descongeladas un poco

1 taza de sustituto de crema batida bajo en grasa congelado, descongelado

Mezcle la mayonesa y el queso crema poco a poco en un tazón (recipiente) mediano. Agregue el jugo de limón y las fresas, ¼ taza a la vez. Incorpore el sustituto de crema batida. Reparta la mezcla de manera uniforme entre 6 moldes acanalados y congélela 2 horas o hasta que quede firme. Sírvala como ensalada dulce para el postre.

Rinde 6 porciones

VISTAZO NUTRICIONAL

Por porción: 160 calorías, 12 g de grasa, 6 g de grasa saturada, 4 g de proteínas, 10 g de carbohidratos, 1 g de fibra dietética, 25 mg de colesterol, 140 mg de sodio

Helado de fresas y suero de leche

¿Habrá alguien a quien no le guste algo rico y bien frío en una noche cálida?

- 1 taza de sustituto de azúcar
- 1 taza de agua
- 2½ tazas de fresas partidas en cuatro (aproximadamente 3 tazas de fresas enteras)
- 1 taza de suero de leche

En un tazón (recipiente) grande, mezcle el sustituto de azúcar y el agua. Muela las fresas en una licuadora (batidora) o un procesador de alimentos hasta lograr una consistencia uniforme. Agregue las fresas molidas y el suero de leche a la mezcla del sustituto de azúcar e incorpore bien todos los ingredientes. Vierta la mezcla en un recipiente apropiado para el congelador. Póngalo a congelar toda la noche. Saque el helado del congelador 30 minutos antes de servirlo.

Rinde 4 porciones

VISTAZO NUTRICIONAL

Por porción: 120 calorías, ½ g de grasa, 0 g de grasa saturada, 2 g de proteínas, 27 g de carbohidratos, 1 g de fibra dietética, 5 mg de colesterol, 45 mg de sodio

Gelatina de fresa

Una vez que haya logrado su meta con la dieta South Beach, este postre será lo único que tiemble cuando usted camine hacia la mesa.

1 sobre (3 onzas/84 g) de gelatina de fresa sin azúcar

1 taza de agua hirviendo

1 paquete de 10 onzas (280 g) de fresas congeladas sin edulcorante

8 onzas (240 ml) de yogur de fresa sin grasa con edulcorante artificial

Rocíe un molde de 4 tazas de capacidad con aceite en aerosol.

Disuelva la gelatina en el agua hirviendo, en un tazón (recipiente) pequeño. Agregue las fresas y revuelva hasta que las fresas se descongelen. Ponga la gelatina a enfriar 30 minutos o hasta que se espese. Bátala con una procesadora de alimentos (mezcladora) eléctrica a velocidad mediana hasta que se vuelva espumosa. Incorpore el yogur. Vierta la mezcla en el molde ya preparado y póngala a enfriar 1½ horas o hasta que quede firme.

Rinde 4 porciones

VISTAZO NUTRICIONAL

Por porción: 70 calorías, 0 g de grasa, 0 g de grasa saturada, 3 g de proteínas, 14 g de carbohidratos, 1 g de fibra dietética, 0 mg de colesterol, 40 mg de sodio

MI DIETA SOUTH BEACH

"MI MÉDICO NO LO PUDO CREER".

Hace 2 meses mi médico me pesó en su consultorio, y pesaba 342 libras (155 kg), más que nunca en mi vida. Esa noche recibí un correo sobre la dieta South Beach y estuve a punto de borrarlo. Afortunadamente visité el sitio *web* de *Prevention.com*, y el resto es historia.

Al finalizar la Primera Fase había perdido 19 libras (9 kg). Ahora que estoy en la Segunda Fase he perdido más o menos ½ libra (225 g) diaria. No me he salido una sola vez de la dieta, y dudo que lo haga. ¡Ya bajé 35½ libras (16 kg) en sólo 61 días! Todavía no hago ejercicio, pero pienso empezar en cuanto baje de las 300 libras (136 kg).

Lo fabuloso es que se permita casi todo después de las primeras 2 semanas. Incluso la Primera Fase se basa en un gran número de comidas y meriendas. No he tenido hambre en ningún momento.

Hace poco, en la fiesta de cumpleaños de mi nieta de 6 años, para la que tengo la custodia legal, probé 3 bocados de un trozo de pastel (bizcocho, torta, *cake*). Después sufrí terriblemente por los antojos que sentí durante unas 24 horas. Quería hojuelas, pastel, galletitas y no sé cuánto más. Afortunadamente pude llenarme con alimentos permitidos; una vez que pasé ese día, volví al buen camino. Me sirvió para determinar la diferencia entre darle al cuerpo el combustible equivocado o el correcto.

En el pasado he luchado con problemas crónicos de salud, como artritis reumatoide, fatiga crónica y fibromialgia. Desde que empecé con la dieta South Beach tengo el doble de energía y mi colesterol ha bajado de 274 a 187. Puedo hacer muchas más cosas con menos dolor de las articulaciones. Dedico menos tiempo a descansar y tengo más tiempo para ayudar como voluntaria en la escuela de mi nieta. Está muy orgullosa de que pueda ir: ¡un beneficio secundario real que no esperaba!

Hace poco en mi chequeo (revisión) anual, mi médico me dijo que estaba tan impresionada por lo que he logrado que saldrá a comprar el libro para leerlo, pensando en sus otros pacientes. Revisó mi expediente médico dos veces para confirmar que estaba correcto el peso que había registrado 2 meses atrás. Realmente se trata de un estilo de vida, no de un remedio rápido. Cuando baje a 170 libras (77 kg), estaré orgullosa de poderle mostrar a mi nieta quién soy realmente. ¡Necesito toda la energía y la salud que pueda reunir para mantenerle el paso! —*APRIL G.*

Suflé de manzana y almendra

Este es otro manjar muy ligero y suave para los amantes de los postres. Usted notará que se incluyeron almendras, por su grasa tan saludable para el corazón.

3	manzanas medianas para hornear, peladas, sin corazón y partidas en trozos pequeños
¼	taza de agua
3	cucharadas de sustituto de azúcar
½	cucharadita de extracto de almendra
5	claras de huevo
¼	taza de almendras tostadas en rebanadas (opcional)

Ponga las manzanas y el agua en una cacerola de 2 cuartos de galón (1.9 l) de capacidad. Deje que rompa a hervir a fuego alto. Baje el fuego a lento, tape la cacerola y déjela hervir suavemente 10 minutos, revolviendo de vez en cuando, hasta que las manzanas queden suaves. Incorpore el sustituto de azúcar y el extracto de almendra. Retire la cacerola del fuego y métala al refrigerador 10 minutos. (Coloque la olla sobre una base para ollas calientes dentro del refrigerador).

Precaliente el horno a 425°F (220°C).

Bata las claras de huevo a punto de turrón en un tazón (recipiente) grande con una procesadora de alimentos (mezcladora) a velocidad alta. Sirviéndose de una pala de goma (hule), incorpore cuidadosamente la mezcla fría de la manzana. Pásela a una fuente para suflé de 1½ cuartos de galón (1.4 l) de capacidad.

Hornéela 15 minutos o hasta que el suflé se infle y se dore. Si las está usando, espolvoree el suflé con las almendras antes de servirlo. Sírvalo caliente.

Rinde 4 porciones

VISTAZO NUTRICIONAL

Por porción: 150 calorías, 3½ g de grasa, 0 g de grasa saturada, 6 g de proteínas, 25 g de carbohidratos, 2 g de fibra dietética, 0 mg de colesterol, 70 mg de sodio

Tarta de nuez y melocotón

Con la dieta South Beach es posible consentirse un poco de vez en cuando.
¡Buen provecho!

¾ taza de nueces de Castilla, molidas

¼ taza de margarina sin transgrasas o mantequilla

¼ taza de azúcar

2 paquetes (8 onzas/225 g) de queso crema de grasa reducida

½ taza de sustituto de azúcar

8 onzas (240 ml) de yogur de frambuesa sin grasa con edulcorante artificial

8 onzas de yogur de melocotón (durazno) sin grasa con edulcorante artificial

2 gotas de colorante amarillo

2 a 3 melocotones grandes en rebanadas

Ponga ¼ taza de nueces molidas en un tazón (recipiente) pequeño.

Ponga las nueces restantes en otro tazón pequeño y agregue la margarina o la mantequilla y el azúcar. Mézclelo todo bien con un tenedor. Cubra el fondo de un molde redondo de lados desprendibles de 8" (20 cm) con esta mezcla de nueces, oprimiéndola con firmeza.

Bata el queso crema y el sustituto de azúcar en un tazón grande con una procesadora de alimentos (mezcladora) a velocidad mediana, hasta obtener una consistencia uniforme. Pase la mitad de la mezcla del queso crema a un tazón mediano e incorpore el yogur de frambuesa, batiendo a mano. Extienda esta mezcla de manera uniforme sobre la concha de nueces. Métalo al congelador durante 1 hora o hasta que quede firme.

Agregue el yogur de melocotón y el colorante vegetal a la mezcla restante de queso crema. Tápelo y métalo al refrigerador. Una vez que la capa de frambuesa esté firme, extienda la mezcla del melocotón encima. Métalo al congelador durante 2½ horas o hasta que quede firme.

Cuando esté listo para servir la tarta, acomode las rebanadas de melocotón alrededor de la orilla y encima ponga las nueces que reservó.

Rinde 10 porciones

VISTAZO NUTRICIONAL

Por porción: 230 calorías, 15 g de grasa, 6 g de grasa saturada, 8 g de proteínas, 17 g de carbohidratos, 0 g de fibra dietética, 25 mg de colesterol, 200 mg de sodio

Postre de merengue

Este pastel (pay, tarta, pie) ligero como una nube se derretirá en su boca.

5	claras de huevo a temperatura ambiente
⅛	cucharadita de sal
¼	cucharadita de crémor tártaro
¼	taza de azúcar impalpable (azúcar glas)
1	cucharadita de extracto de vainilla
2	cucharadas de nueces finamente molidas
1	taza de sustituto de crema batida bajo en grasa congelado, descongelado
	Fresas frescas en rodajas, para adornar
	Ramitas de menta (hierbabuena), para adornar

Precaliente el horno a 275°F (136°C).

Cubra una bandeja de hornear con papel pergamino y rocíe el papel con aceite en aerosol.

Bata las claras de huevo y la sal en un tazón (recipiente) grande con una procesadora de alimentos (mezcladora) a velocidad alta, hasta que se formen picos suaves. Agregue el crémor tártaro poco a poco y luego el azúcar impalpable, 2 cucharadas a la vez, batiendo bien después de cada adición. Agregue el extracto de vainilla y bátalo todo hasta que se formen picos brillosos. Incorpore las nueces.

Forme un círculo de 7" (18 cm) sobre el papel pergamino con esta mezcla.

Horneéla 1 hora o hasta que se dore ligeramente. Apague el horno y deje que el merengue se enfríe con la puerta del horno abierta. Quítelo del papel pergamino y guárdelo en un recipiente hermético o colóquelo sobre una fuente de servir (bandeja, platón). Ponga encima el sustituto de crema batida y adórnelo con las fresas y la menta.

Rinde 4 porciones

VISTAZO NUTRICIONAL

Por porción: 110 calorías, 5 g de proteínas, 11 g de carbohidratos, 3½ g de grasa, 1½ g de grasa saturada, 0 mg de colesterol, 0 g de fibra dietética, 140 mg de sodio

Pay de chocolate con concha de crema de cacahuate crujiente

Saboree un poco de chocolate con este pay (tarta, pie) fácil de preparar. La concha, que se prepara con cereal de arroz tostado, agrega un toque crujiente que es un buen complemento para el cremoso pastel.

3   cucharadas de crema de cacahuate (maní) natural sin edulcorante

2   tazas de cereal de arroz tostado

1   sobre de 1½ onzas (42 g) de pudín (budín) instantáneo de chocolate, de calorías reducidas y sin azúcar

2   tazas de leche descremada (*fat-free milk* o *nonfat milk*)

Rocíe un molde para pastel de 8" o 9" (20 ó 23 cm) con aceite en aerosol.

Ponga la crema de cacahuate a calentar a fuego lento en una cacerola, hasta que se derrita. Retire la cacerola del fuego e incorpore el cereal. Cubra el fondo y los lados de un molde para pastel con la mezcla del cereal, oprimiéndola con firmeza. Déjela 1 hora en el congelador.

Prepare el pudín de acuerdo con las indicaciones del envase, utilizando la leche. Vierta el pudín de inmediato en la concha ya preparada. Deje el pastel en el refrigerador durante por lo menos 1 hora antes de servirlo.

Rinde 8 porciones

VISTAZO NUTRICIONAL

Por porción: 100 calorías, 2½ g de grasa, ½ g de grasa saturada, 4 g de proteínas, 16 g de carbohidratos, 0 g de fibra dietética, 0 mg de colesterol, 170 mg de sodio

Tarta de queso con chocolate

Desde hace mucho tiempo, la tarta de queso es uno de los postres favoritos de los Estados Unidos. Le encantará esta versión al estilo de la dieta South Beach, con su atractiva espiral de chocolate semiamargo. Si ya se encuentra en la Tercera Fase y no tiene dificultades para seguir la dieta, puede espolvorear la superficie del pastel con una cucharada de chispitas de chocolate semiamargo como adorno crujiente.

½ taza de galletas integrales *graham* bajas en grasa, molidas

3 tazas de queso *ricotta* de grasa reducida

4 huevos

½ taza de azúcar

½ taza de sustituto de azúcar

⅓ taza de leche descremada evaporada

2½ cuadritos de 1 onza (28 g) cada uno de chocolate semiamargo (*semisweet chocolate*), derretido

Precaliente el horno a 325°F (164°C).

Rocíe un molde redondo de lados desprendibles de 9" (23 cm) con aceite en aerosol. Espolvoree el fondo del molde con las galletas molidas.

Bata el queso en un tazón (recipiente) grande con una procesadora de alimentos (mezcladora) a velocidad mediana, hasta obtener una consistencia ligera y esponjada. Agregue los huevos, el azúcar, el sustituto de azúcar y la leche y bátalos 4 minutos o hasta obtener una consistencia uniforme. Vierta 2 tazas de la pasta resultante en un tazón pequeño e incorpore el chocolate derretido, batiendo con la procesadora de alimentos.

Vierta la pasta sin chocolate en el molde ya preparado. Encima, vierta la pasta de chocolate. Dibuje una espiral atravesando las dos pastas con un cuchillo, para crear un efecto marmoleada. Coloque el molde dentro de otro más grande al que ha agregado 1" (2.5 cm) de agua.

Hornee la tarta 45 minutos o hasta que se dore ligeramente de las orillas y el centro casi esté cuajado. Póngala a enfriar 30 minutos en una rejilla y luego déjela toda la noche en el refrigerador.

Rinde 12 porciones

VISTAZO NUTRICIONAL

Por porción: 190 calorías, 7 g de grasa, 3½ g de grasa saturada, 8 g de proteínas, 24 g de carbohidratos, 0 g de fibra dietética, 85 mg de colesterol, 100 mg de sodio

Pastel sin harina de chocolate con almendras

Es rara la persona a la que no le encante el pastel (bizcocho, torta, cake)
de chocolate. Esta versión sin harina se ve algo plana después de horneada,
¡pero el sabor no tiene nada de simple! Las almendras y el chocolate amargo
brindan muchísimo sabor con cada bocado.

6 cucharadas de margarina sin transgrasas o mantequilla sin sal

1 cucharada de cacao en polvo sin edulcorante

½ taza de almendras blanqueadas

½ taza de azúcar

3 onzas (84 g) de chocolate amargo (*bittersweet chocolate*)

½ taza de crema agria descremada

¼ taza de sustituto de azúcar

2 yemas de huevo

1 cucharadita de extracto de vainilla

¼ cucharadita de extracto de almendra (opcional)

5 claras de huevo a temperatura ambiente

¼ cucharadita de sal

1 cucharada de almendras tostadas en rebanadas (opcional)

Precaliente el horno a 350°F (178°C).

Unte un molde redondo de lados desprendibles de 9" (23 cm) de manera generosa con 2 cucharaditas de margarina o mantequilla y espolvoree con el cacao en polvo. (No retire el cacao que quede suelto; déjelo en el molde).

Ponga las almendras blanqueadas y 2 cucharadas del azúcar en un procesador de alimentos. Procese todo hasta que quede finamente molido.

Derrita el chocolate y las 4 cucharaditas restantes de mantequilla en la parte superior de una cacerola para baño María, encima de agua que apenas esté hirviendo; revuelva el chocolate de vez en cuando hasta obtener una consistencia uniforme. Retire la cacerola del fuego. Pase la mezcla del chocolate a un tazón (recipiente) grande. Agregue la mezcla de las almendras, la crema agria, el sustituto de azúcar, las yemas de huevo, el extracto de vainilla, el extracto de almendra (si lo está usando) y ¼ taza del azúcar restante. Revuélvalo todo muy bien.

Bata las claras de huevo y la sal en un tazón grande con una procesadora de alimentos (mezcladora) a velocidad alta, hasta que queden espumosas. Agregue las 2 cucharadas restantes de azúcar poco a poco, batiendo la mezcla hasta que se formen picos duros y lustrosos.

Aligere la mezcla del chocolate incorporándole la cuarta parte de las claras batidas. Incorpore cuidadosamente el resto de las claras, hasta que ya no se noten rayas blancas. Vierta la mezcla en el molde ya preparado. Alise la superficie del pastel cuidadosamente.

Hornéelo 30 minutos o hasta que el pastel haya subido, tenga la superficie seca y un palillo de madera introducido en el centro salga con unas cuantas migajas húmedas adheridas.

Coloque el molde sobre una rejilla y deje que se enfríe hasta que el pastel esté tibio. Disminuirá mucho de tamaño. Pase un cuchillo alrededor de la orilla del pastel y retire los lados del molde. Espolvoree el pastel con las almendras tostadas, si las está usando.

Rinde 12 porciones

VISTAZO NUTRICIONAL
Por porción: 150 calorías, 9 g de grasa, 0 g de grasa saturada, 5 g de proteínas, 14 g de carbohidratos, 1 g de fibra dietética, 35 mg de colesterol, 95 mg de sodio

Pastel con especias

Este pastel (bizcocho, torta, cake) con especias, que forma parte de la Tercera Fase, es una excelente alternativa para el fruit cake *o las galletitas de jengibre en la época navideña.*

1½ tazas de harina integral de trigo o de harina pastelera de otro cereal integral

1 cucharadita de polvo de hornear

1 cucharadita de bicarbonato de sodio

1 cucharadita de nuez moscada en polvo

1 cucharadita de canela en polvo

½ cucharadita de pimienta de Jamaica (*allspice*) molida

1 pizca de sal

¼ taza de sustituto de azúcar

½ taza de azúcar

2 huevos batidos

¾ taza de compota de manzana (*applesauce*) sin edulcorante

⅓ taza de aceite de *canola*

Precaliente el horno a 375°C (192°C).

Mezcle la harina, el polvo de hornear, el bicarbonato de sodio, la nuez moscada, la canela, la pimienta de Jamaica y la sal en un tazón (recipiente) grande.

En otro tazón grande, mezcle el sustituto de azúcar, el azúcar, los huevos, la compota de manzana y el aceite. Vierta la mezcla del huevo sobre la de la harina y revuélvalas muy bien. Pase la pasta a un molde para hornear de 9" (23 cm).

Hornee el pastel 45 minutos o hasta que un palillo de madera introducido en el centro salga limpio. Enfríelo dentro del molde sobre una rejilla.

Rinde 8 porciones

VISTAZO NUTRICIONAL

Por porción: 240 calorías, 11 g de grasa, 1 g de grasa saturada, 5 g de proteínas, 31 g de carbohidratos, 4 g de fibra dietética, 55 mg de colesterol, 250 mg de sodio

Tarta de queso al estilo de Nueva York

¡No hay nada mejor que una tarta de queso al estilo de Nueva York! Así que cierre los ojos e imagínese una deliciosa cena al aire libre en uno de los mejores restaurantes de la ciudad, terminando con esta cremosa maravilla.

4   tazas de queso *ricotta* de grasa reducida

3   huevos, separando las claras de las yemas

2   cucharadas de miel

¼   taza de sustituto de azúcar

3   cucharadas de maicena

1   cucharada de extracto de vainilla

⅓   taza de galletas integrales *graham* bajas en grasa, molidas

Precaliente el horno a 350°F (178°C).

Bata el queso en un tazón (recipiente) grande hasta obtener una consistencia uniforme. Incorpore las yemas de huevo, la miel, el sustituto de azúcar, la maicena y el extracto de vainilla hasta mezclar bien todos los ingredientes.

Bata las claras de huevo con batidores limpios en un tazón mediano durante 2 minutos, hasta que se formen picos suaves. Incorpore las claras de huevo a la mezcla del queso.

Rocíe un molde redondo de lados desprendibles de 9" (23 cm) con aceite en aerosol y cubra el fondo con las galletas molidas. Vierta la mezcla del queso en el molde.

Hornéela de 30 a 40 minutos o hasta que el pastel se dore y cuaje.

Rinde 10 porciones

VISTAZO NUTRICIONAL

Por porción: 180 calorías, 6 g de grasa, 3 g de grasa saturada, 10 g de proteínas, 18 g de carbohidratos, 0 g de fibra dietética, 90 mg de colesterol, 125 mg de sodio

Galletitas ligerísimas de limón

Estas deliciosas galletitas de limón dan un insuperable toque final a cualquier comida.

1¼	tazas de harina pastelera
3	cucharadas de sustituto de azúcar
3	cucharadas de azúcar impalpable (azúcar glas)
1½	cucharadas de ralladura de limón
1	cucharadita de polvo de hornear
¼	taza de margarina sin transgrasas
1	huevo batido
1	cucharada de jugo de limón fresco
1	cucharada de azúcar impalpable para espolvorear las galletitas

Ponga la harina, el sustituto de azúcar, 3 cucharadas de azúcar impalpable, la ralladura de limón y el polvo de hornear en un procesador de alimentos. Agregue la margarina y pulse de manera intermitente hasta que se formen migajas gruesas. Agregue el huevo y el jugo de limón y procese todo justo hasta que se forme una pasta.

Haga una bola con la pasta y envuélvala con envoltura autoadherente de plástico. Meta la pasta al refrigerador durante 1 hora, por lo menos, o hasta que quede firme.

Precaliente el horno a 350°F (178°C).

Rocíe una bandeja de hornear con aceite en aerosol.

Forme bolas de 1" (2.5 cm) con la pasta y colóquelas sobre la bandeja de hornear ya preparada, dejando 1" de distancia entre una y otra.

Hornéelas 10 minutos o hasta que las galletitas se doren. Quite las galletitas de la bandeja de hornear y espolvoréelas con 1 cucharada de azúcar impalpable. Enfríelas sobre una rejilla.

Rinde 24 galletitas

VISTAZO NUTRICIONAL

Por galletita: 50 calorías, 2 g de grasa, 0 g de grasa saturada, 1 g de proteínas, 8 g de carbohidratos, 0 g de fibra dietética, 10 mg de colesterol, 40 mg de sodio

Galletitas modernas de crema de cacahuate

Esta receta renueva unas galletitas tradicionales con el moderno estilo de South Beach. Son tan sabrosas que las preparará para la época navideña. . . ¡y en toda ocasión!

6	cucharadas de margarina sin transgrasas, suavizada
½	taza de crema de cacahuate (maní) cremosa natural sin edulcorante, a temperatura ambiente
¼	taza de sustituto granulado de azúcar morena (mascabado) bien apretado (vea la nota en la página 235)
¼	taza de sustituto de azúcar
1	huevo grande a temperatura ambiente, batido ligeramente
1	cucharadita de extracto de vainilla
1¼	tazas de harina de avena, cernida
¼	cucharadita de polvo de hornear
3	cucharadas de cacahuates salados, picados

Coloque la parrilla del horno en la posición media y precaliente el horno a 350°F (178°C).

Bata la margarina y la crema de cacahuate 1 minuto en un tazón (recipiente) grande con una procesadora de alimentos (mezcladora) a velocidad mediana, hasta obtener una consistencia muy uniforme. Agregue el sustituto de azúcar morena y el sustituto de azúcar y bátalos 2 minutos o hasta que estén bien incorporados y de color claro. Sin dejar de batir, incorpore poco a poco el huevo y el extracto de vainilla, hasta lograr una consistencia muy uniforme y un poco esponjada. Incorpore la harina y el polvo de hornear, batiendo hasta que se forme una pasta húmeda pero unida. Incorpore los cacahuates.

Coloque la masa a cucharadas sobre bandejas de hornear antiadherentes, dejando aproximadamente 2" (5 cm) entre una y otra. Humedezca las puntas de un tenedor en agua fría y aplaste cada una de las cucharadas de masa primero en forma horizontal y luego en forma vertical, haciendo galletitas de 2" (5 cm) de diámetro.

Hornéelas 15 minutos o hasta que se doren. Páselas a una rejilla para que se enfríen.

Rinde 24 galletitas

VISTAZO NUTRICIONAL

Por galletita: 100 calorías, 6 g de grasa, 1½ g de grasa saturada, 3 g de proteínas, 10 g de carbohidratos, 1 g de fibra dietética, 10 mg de colesterol, 65 mg de sodio

Tarta de queso al limón

La tarta de queso fue uno de los primeros placeres fabricados por el ser humano. Que siga la tradición.

1½ libras (680 g) de queso *ricotta* de grasa reducida

1½ libras de requesón de grasa reducida al 1 por ciento

½ taza + 1 cucharada de sustituto de azúcar

½ taza de azúcar

2 cucharaditas de maicena

El jugo de 1 limón

2 cucharaditas de harina

5 huevos

3 cucharaditas de extracto de vainilla

1½ tazas de crema agria descremada

Precaliente el horno a 400°F (206°C).

Rocíe un molde redondo de 10" (25 cm), de lados desprendibles, con aceite en aerosol y forre los lados con una doble capa de papel encerado de 6" (15 cm) de ancho.

Bata el queso *ricotta*, el requesón, ½ taza del sustituto de azúcar y el azúcar en un tazón (recipiente) grande con una procesadora de alimentos (mezcladora) a velocidad mediana, hasta obtener una consistencia uniforme. Sin dejar de batir, incorpore la maicena, el jugo de limón, la harina, los huevos y 2 cucharaditas del extracto de vainilla. Vierta la masa en el molde ya preparado.

Hornee la tarta 1 hora y 10 minutos o hasta que se dore por encima. Apague el horno y deje la tarta adentro 1 hora más.

Mezcle la crema agria, la cucharada restante del sustituto de azúcar y la cucharadita restante de extracto de vainilla en un tazón mediano. Extienda esta mezcla sobre la tarta de queso y devuélvala al horno durante 10 minutos o hasta que la cubierta se cuaje. Deje la tarta en el refrigerador durante 8 horas o toda la noche antes de rebanarla.

Rinde 10 porciones

VISTAZO NUTRICIONAL

Por porción: 190 calorías, 5 g de grasa, 2½ g de grasa saturada, 16 g de proteínas, 17 g de carbohidratos, 0 g de fibra dietética, 105 mg de colesterol, 330 mg de sodio

CRÉDITOS

La receta de la página 68, Alcachofas en aceite de oliva, se reproduce con el permiso de Antonio Ellek, el dueño de Pasha's, así como de Tulin Tuzel y Carla Ellek, sus *chefs*.

La receta de la página 70, Atún tártaro del restaurante Casa Tua, se reproduce con el permiso de Michele Grendene, el dueño del Casa Tua Restaurant, así como de Sergio Sigala, su *chef*.

La receta de la página 84, *Cappuccino* de hongos silvestres, se reproduce con el permiso de Shareef Malnik, el dueño de The Forge, así como de Andrew Rothschild, su *chef*.

La receta de las páginas 96 y 97, Gazpacho clásico con aguacate relleno de cangrejo, se reproduce con el permiso de Julián Serrano, el *chef* ejecutivo del restaurante Picasso.

La receta de las páginas 104 y 105, Sopa de pimiento amarillo asado con habas, se reproduce con el permiso de Andrea Curto-Randazzo y Frank Randazzo, los dueños y *chefs* del Talula Restaurant & Bar.

La receta de las páginas 114 y 115, Caldo de almejas Manhattan, se reproduce con el permiso de Jo Ann Bass, la dueña de Joe's Stone Crab, así como de André Bienvenu, su *chef*.

La receta de las páginas 126 y 127, Ensalada de hinojo con atún y queso parmesano, se reproduce con el permiso de Mandarin Oriental, la dueña de Azul, así como de Michelle Bernstein, su *chef*.

La receta de las páginas 142 y 143, Ensalada de verduras con *feta*, se reproduce con el permiso de Jonathan Eismann, el dueño y *chef* de Pacific Time.

La receta de las páginas 184 y 185, *Mahi mahi* a la parrilla y Ensalada con vinagreta de aceite de oliva y limón, se reproduce con el permiso de Charlie Hines, gerente del Preston's en el Loews Miami Beach Hotel, así como de Marc Ehrler, su *chef* ejecutivo.

La receta de las páginas 188 y 189, Lubina asada a lo Staten Island, y la de las páginas 310 y 311, *Escarola* con frijoles al estilo de Macaluso's, se reproducen con el permiso de Michael D'Andrea, dueño y *chef* de Macaluso's.

La receta de las páginas 194 y 195, Salmón a la barbacoa, se reproduce con el permiso de Jeffrey Chodorow, el dueño del China Grill, así como de Keyvan Behnam, su *chef*.

La receta de las páginas 206 y 207, Mariscos de la olla, se reproduce con el permiso de Barton G. Weiss, el dueño de Barton G The Restaurant, así como de Ted Méndez, su *chef*.

La receta de las páginas 210 y 211, Mero con *bok choy* joven y vinagreta de soya y jengibre, se reproduce con el permiso de Eric Ripert, el dueño y *chef* de Le Bernardin.

La receta de las páginas 214 y 215, Ensalada de espárragos, cangrejo y toronja, y la de las páginas 270 y 271, *Filet mignon* a la parrilla con chimichurri de ajo asado y chipotle, se reproducen con el permiso de los restaurantes Smith & Wollensky, así como de Robert Mignola, *chef* de Smith & Wollensky.

La receta de las páginas 222 y 223, Pollo con especias a la española con salsa de mostaza y chalote, se reproduce con el permiso de Bobby Flay, el dueño y *chef* de Bolo Restaurant & Bar.

La receta de las páginas 236 y 237, Ave saludable, se reproduce con el permiso de Kevin Aoki, el dueño del Doraku, así como de Hiro Terada, su *chef*.

La receta de las páginas 254 y 255, Lomo de cordero a la parrilla con *ratatouille* griego frío de aceituna, se reproduce con el permiso de Jose Vilarello y Geoffrey Cousineau, *chef* de The Biltmore Hotel.

La receta de las páginas 274 y 275, Chuletas de cerdo condimentadas a la boliviana, se reproduce con el permiso de Norman Van Aken, el dueño y *chef* de Norman's.

La receta de las páginas 278 y 279, Filete de cerdo asado con garbanzos, pimientos asados y almejas, se reproduce con el permiso de Rodrigo Martínez y Tim Andriola, los dueños de Timo.

La receta de las páginas 282 y 283, Ternera *mignon*, se reproduce con el permiso de Jeffrey Chodorow, el dueño de Blue Door at Delano, así como de Claude Troisgros, su *chef*.

La receta de las páginas 292 y 293, *Risotto* mediterráneo de verduras con arroz integral orgánico de grano corto, se reproduce con el permiso de Melanie Muss, la dueña del restaurante Bleau View en el Fontainebleau Hilton Resort, así como de Russell Martoccio, su *chef*.

La receta de las páginas 298 y 299, *Ratatouille* caribeño, se reproduce con el permiso de Allen Susser, el dueño y *chef* de Chef Allen's.

GLOSARIO

Algunos de los términos usados en este libro no son muy comunes o se conocen bajo distintos nombres en diferentes regiones de América Latina. Por lo tanto, hemos preparado este glosario para ayudarle. Para algunos términos, una definición no es necesaria, así que sólo incluimos los términos que usamos en este libro, sus sinónimos y sus nombres en inglés. Esperamos que le sea útil.

Aceite de *canola*. Este aceite proviene de la semilla de colza, la cual es baja en grasas saturadas. Sinónimo: aceite de colza.

Ají. *Vea* **Pimiento.**

Albaricoque. Sinónimos: chabacano, damasco. En inglés: *apricot*.

Alcaravea. Las semillas de esta planta se utilizan para agregarles sabor a panes, quesos, guisos (estofados), pasteles (tortas, bizcochos, cakes) y verduras. En inglés: *caraway seeds*.

Aliño. Sinónimo: aderezo. En inglés: *salad dressing*.

Arándano. Baya de color azul y sabor dulce. En inglés: *blueberry*.

Arándano agrio. Baya de color rojo y sabor agrio. En inglés: *cranberry*.

***Arugula*.** Verdura italiana con un sabor fuerte y amargo con notas de mostaza y pimienta. Se vende en algunos supermercados (colmados) y en tiendas que venden comestibles italianos. La *arugula* se usa principalmente en las ensaladas, las sopas y como guarnición a platos fuertes.

***Bagel*.** Panecillo de sabor soso con forma de rosca que se prepara al hervirse y luego hornearse. Se puede preparar con una gran variedad de sabores y normalmente se sirve con queso crema.

Batata dulce. Tubérculo cuya cáscara y pulpa tiene el mismo color naranja. No se deben confundir con las batatas de Puerto Rico (llamadas "boniatos" en Cuba), que son tubérculos redondeados con la cáscara rosada y la pulpa blanca. Sinónimos de batata dulce: boniato, camote, moniato. En inglés: *sweet potatoes*. Además, existe una variante de la batata dulce de color amarillo que se conoce como "*yam*" en inglés. En este libro distinguimos ambos refiriéndonos a las batatas dulces (camotes) anaranjadas y a los *yams*.

Berza. Un tipo de repollo cuyas hojas no forman una cabeza. Son muy nutritivas y pueden aguantar tanto temperaturas muy altas como las muy bajas. Además de ser muy popular entre los latinos, las berzas son una parte integral de la cocina del sur de los EE. UU. Sinónimos: bretón, col, posarno, repollo, tallo. En inglés: *collard greens*.

Biscuit. Un tipo de panecillo muy popular en los EE. UU.

Bisque. Una sopa sustanciosa que por lo general consiste en mariscos en puré (o a veces aves de corral) y crema.

Blanquear. Una técnica de cocina en que se sumergen alimentos en agua hirviendo, luego en agua fría con el fin de hacer la pulpa (en el caso de verduras) más firme, aflojar las cáscaras (en el caso de melocotones y tomates) y también para aumentar y fijar el sabor (en el caso de verduras antes de congelarlas).

Butternut squash. *Vea* **Squash.**

Cacahuate. Sinónimos: cacahuete, maní. En inglés: *peanut*.

Cacerola. En este libro esta palabra tiene dos significados. Cuando se habla de usar una cacerola en las indicaciones de recetas, nos referimos a un recipiente metálico de forma cilíndrica que se usa para cocinar que por lo general no es muy hondo y tiene un mango o unas asas. Sinónimo: cazuela. En inglés: *saucepan*. Cuando hablamos de una receta para una cacerola, nos referimos a un plato que se prepara al hornear alimentos en un recipiente hondo tipo cacerola. En inglés: *casserole*.

Cantaloup. Sinónimo: melón chino. En inglés: *cantaloupe*.

Cebollín. Una variante de la familia de las cebollas. Tiene una base blanca que todavía no se ha convertido en bulbo y hojas verdes que son largas y rectas. Ambas partes son comestibles. Son parecidos a los chalotes, y la diferencia se encuentra en que los chalotes son más maduros y tienen el bulbo ya formado. Sinónimos: cebolla de rábano, escalonia, cebolla de cambray, cebollino. En inglés: *scallion*.

Cebollino. Hierba que es pariente de la cebolla y de los puerros (poros). Tienen tallos verdes y brillantes con un sabor suave parecido al de la cebolla. Se consiguen frescos el año entero. Algunos hispanos le dicen "cebollín" al cebollino, por lo que debe consultar la definición de este que aparece arriba. Sinónimos: cebolletas, cebollines. En inglés: *chives*.

Cereales integrales. *Vea* **Integral.**

Chalote. Hierba que es pariente de la cebolla y los puerros (poros). Sus bulbos están agrupados y sus tallos son huecos y de un color verde vívido. De sabor suave, se recomienda agregarlo al final del proceso de cocción. Es muy utilizado en la cocina francesa. En inglés: *shallot*.

Champiñón. *Vea* **Hongo.**

Chícharos. Sinónimos: alverjas, arvejas, guisantes. En inglés: *peas*. Los pequeños se conocen como *petit pois* o *sweet peas*.

Chile. *Vea* **Pimiento.**

Chili. Un guiso (estofado) oriundo del suroeste de los Estados Unidos que consiste en carne de res molida, chiles, frijoles y otros condimentos. En este libro se recomienda omitir la carne al hacer el *chili* para que sea más saludable.

Cidrayote. *Vea Squash.*

Coleslaw. Ensalada de col (repollo) con mayonesa.

Comelotodo. Un tipo de legumbre con una vaina delgada de color verde brillante que contiene semillas pequeñas que son tiernas y dulces. Es un alimento de rigor de la cocina china. Son parecidos a los tirabeques (vea la página 355) pero la diferencia está en que las vainas de los comelotodos son más planas y sus semillas no son tan dulces como las de la otra verdura. En inglés: *snow peas*.

Corte a la juliana. Picar un alimento en tiras parecidas a fósforos (cerillos). Se usa principalmente para preparar las guarniciones de los platos.

Crema de cacahuate. Una pasta para untar hecha de cacahuates. También conocida como mantequilla de maní o de cacahuate. En inglés: *peanut butter*.

Curry. Un condimento indio utilizando en la India oriental para sazonar toda una serie de platos.

Dip. Una salsa o mezcla blanda (como el guacamole, por ejemplo), en el que se mojan los alimentos para picar, como por ejemplo: hojuelas de maíz, papitas fritas, nachos, zanahorias o apio.

Donut. Un pastelito con forma de rosca que se leuda con levadura o polvo de hornear. Se puede hornear pero normalmente se fríe. Hay muchas variedades de *donuts*; algunas se cubren con una capa de chocolate y otras se rellenan con jalea o crema.

Ejotes. *Vea* **Habichuelas verdes.**

Frijoles. Sinónimos: alubias, arvejas, caraotas, fasoles, fríjoles, habas, habichuelas, judías, porotos, trijoles. En inglés: *beans*. En este libro nos referimos a un tipo de frijoles llamados "frijoles blancos" que son más pequeños que las habas blancas (vea la página siguiente) y que en inglés se llaman "*white beans*" o "*navy beans*".

Frijoles de caritas. Frijoles pequeños de color beige con una "carita" negra. Sinónimos: guandúes, judías de caritas. En inglés: *black-eyed peas*.

Frittata. *Vea* **Omelette.**

Fruto seco. Alimento común que generalmente consiste en una semilla comestible encerrada en una cáscara. Entre los ejemplos más comunes de este alimento están las almendras, las avellanas, los cacahuates (maníes), los pistachos y las nueces. Aunque muchas personas utilizan el termino "nueces" para referirse a los frutos secos en general, en realidad "nuez" significa un tipo común de fruto seco en particular.

Galletas y galletitas. Tanto "galletas" como "galletitas" se usan en Latinoamérica para referirse a dos tipos diferentes de alimentos. El primer tipo es un barquillo delgado no dulce (en muchos casos es salado) hecho de trigo que se come como merienda o que acompaña una sopa. El segundo es un tipo de pastel (vea la definición de este en la página 353) plano y dulce que normalmente se come como postre o merienda. En este libro, usamos "galleta" para describir los barquillos salados y "galletita" para los pastelitos pequeños y dulces. En inglés, una galleta se llama "*cracker*" y una galletita se llama "*cookie*".

Gallina de Cornualles. Gallina miniatura que pesa hasta 2½ libras (1.13 kg) y tiene una proporción de carne a hueso tan baja que cada una constituye un porción.

Graham crackers. Galletitas (vea la definición de estas arriba) dulces hechas de harina de trigo integral.

Gravy. Una salsa hecha del jugo (zumo) de carne asada.

Guiso. Un plato que generalmente consiste en carne y verduras (o a veces tubérculos) que se cocina en una olla a una temperatura baja con poco líquido. Sinónimo: estofado. En inglés: *stew*.

Habas. Frijoles planos de color oscuro de origen mediterráneo que se consigue en las tiendas de productos naturales. En inglés: *fava beans*.

Habas blancas. Frijoles planos de color verde pálido originalmente cultivados en la ciudad de Lima en el Perú. Sinónimos: alubias, ejotes verdes chinos, frijoles de Lima, judías blancas, porotos blancos. En inglés: *lima beans*.

Habas blancas secas. Frijoles largos y delgados de color amarillo. En inglés: *butterbeans, wax beans*.

Habichuelas verdes. Frijoles verdes, largos y delgados. Sinónimos: habichuelas tiernas, ejotes. En inglés: *green beans* o *string beans*.

Half and half. Mezcla comercial de partes iguales de crema y leche que en los EE. UU. comúnmente se echa al café matutino.

Hongo. En este libro usamos este término para los hongos grandes como el *portobello*. Usamos "champiñones" para referirnos a la variedad pequeña y blanca, la que se conoce como "seta" en Puerto Rico. En inglés esta variedad se llama "*button mushroom*" mientras que "*mushroom*" se usa para referirse a los hongos en general.

Hummus. Una pasta hecha de garbanzos aplastados mezclados con jugo de limón, aceite de oliva, ajo y aceite de sésamo (ajonjolí). Es muy común en la cocina del Medio Oriente, donde se come con pan de pita.

Integral. Este término se refiere a la preparación de los cereales (granos) como arroz, maíz, avena, pan, etcétera. En su estado natural, los cereales tienen una capa exterior muy nutritiva que aporta fibra dietética, carbohidratos complejos, vitaminas B, vitamina E, hierro, zinc y otros minerales. No obstante, para que tengan una presentación más atractiva, muchos fabricantes les quitan las capas exteriores a los cereales. La mayoría de los nutricionistas y médicos recomiendan que comamos alimentos integrales para aprovechar los nutrientes que estos aportan. Estos productos se consiguen en algunos supermercados y en las tiendas de productos naturales. Entre los productos integrales más comunes están el arroz integral (*brown rice*), pan integral (*whole-wheat bread* o *whole-grain bread*), cebada integral (*whole-grain barley*) y avena integral (*whole oats*).

Jerk. Combinación jamaiquina de especias picantes que incluye chiles (pimientos o ajíes picantes), tomillo, ajo, cebolla, jengibre, canela y otros condimentos. Por lo general se frota en la carne de cerdo o en el pollo antes de asarlos o bien se combina con un líquido para hacer un adobo (marinado) para carnes.

Lechuga repollada. Cualquiera de los diversos tipos de lechugas que tienen cabezas compactas de hojas grandes y crujientes que se enriscan. En inglés: *iceberg lettuce.*

Lechuga romana. Variedad de lechuga con un largo y grueso tallo central y hojas verdes y estrechas. Sinónimo: lechuga orejona. En inglés: *romaine lettuce.*

London Broil. *Vea* **Round.**

Magdalena. Un especie de pastel (vea la página siguiente) pequeño que normalmente se preparar al hornear la masa en un molde con espacios individuales, parecido a los moldes para hacer panecillos. Por lo general las magdalenas son de chocolate y a veces se rellenan con crema. Sinónimos: mantecada, panquecito. En inglés: *cupcake.*

Mahi mahi. Un pescado de origen hawaiano de carne firme y sabrosa que muchas veces se venden en forma de bistec o filete.

Margarina sin transgrasas. Un tipo de margarina que no contiene transgrasas, un tipo de grasa que ha sido vinculado a las enfermedades cardíacas. Por lo general dice en los envases "*trans-free*" o "libre de transgrasas".

Melocotón. Sinónimo: durazno. En inglés: *peach.*

Merienda. En este libro, es una comida entre las comidas principales del día, sin importar ni lo que se come ni a la hora en que se come. Sinónimos: bocadillo, bocadito, botana, refrigerio, tentempié. En inglés: *snack.*

Mostaza *Dijon.* Un tipo de mostaza francesa con una base de vino blanco. En inglés: *Dijon mustard.*

Omelette. Plato a base de huevos con relleno. Para preparar un *omelette*, se baten huevos hasta que tengan una consistencia cremosa y después se cocinan en una sartén, sin revolverlos, hasta que se cuajen. Se sirven el *omelette* doblado a la mitad con un relleno (como jamón, queso, espinacas) colocado en el medio. Algunos hispanohablantes usan el término "tortilla" para referirse al *omelette*. Una *frittata* es un tipo de *omelette* en que el relleno se agrega a los huevos batidos antes de que se cocinen. Típicamente esta se hornea y no se sirve doblado.

Naranja. Sinónimo: china. En inglés: *orange.*

Palomitas de maíz. Sinónimos: rositas de maíz, rosetas de maíz, copos de maíz, cotufa, canguil. En inglés: *popcorn*.

Panqueque. Un pastel (vea la definición de este abajo) plano generalmente hecho de alforjón (trigo sarraceno) que se dora por ambos lados en una plancha o sartén engrasada.

Parrilla. Esta rejilla de hierro fundido se usa para asar diversos alimentos sobre brasas o una fuente de calor de gas o eléctrica en toda Latinoamérica, particularmente en Argentina y Uruguay. En inglés: *grill*. También puede ser un utensilio de cocina usado para poner dulces hasta que se enfríen. Sinónimo: rejilla. En inglés: *rack*.

Pastel. El significado de esta palabra varía según el país. En Puerto Rico, un pastel es un tipo de empanada servido durante las fiestas navideñas. En otros países, un pastel es una masa de hojaldre horneada que está rellena de frutas en conserva. No obstante, en este libro, un pastel es un postre horneado generalmente preparado con harina, mantequilla, edulcorante y huevos. Sinónimos: bizcocho, torta, cake. En inglés: *cake*.

Pay. Una masa de hojaldre horneada que está rellena de frutas en conserva. Sinónimos: pai, pastel, tarta. En inglés: *pie*.

Pesto. Una salsa italiana hecha de albahaca machacada, ajo, piñones y queso parmesano en aceite de oliva. Es una salsa robusta para *minestrone* o pasta.

Picado en juliana. Vea **Corte a la juliana.**

Pimiento. Fruto de las plantas *Capsicum*. Hay muchísimas variedades de esta hortaliza. Los que son picantes se conocen en México como chiles, y en otros países como pimientos o ajíes picantes. Por lo general, en este libro usamos la palabra "chile" para referirnos a los chiles picantes y pimientos morrones (ajíes) para referirnos a los pimientos rojos o verdes que tienen forma de campana, los cuales no son nada picantes. En inglés, estos se llaman *bell peppers*.

Plátano amarillo. Fruta cuya cáscara es amarilla y que tiene un sabor dulce. Sinónimos: banana, cambur, guineo y topocho. No lo confunda con el plátano verde (plátano macho), que si bien es su pariente, es una fruta distinta.

Popover. Un tipo de panecillo con una costra crujiente de color marrón y cuyo interior es blando y húmedo.

Pretzel. Golosina hecha de una pasta de harina y agua. A la pasta se la da la forma de una soga, se le hace un nudo, se le echa sal y se hornea. Es una merienda muy popular en los EE. UU.

Pumpernickel. Un tipo de pan de centeno de origen alemán; es de color oscuro y su sabor es algo agrio.

Queso azul. Un queso suave con vetas de moho comestible de color azul verdoso. En inglés: *blue cheese*.

Rábano picante. Una hierba de origen europeo cuyas raíces se utilizan para condimentar los alimentos. Se vende fresco o bien embotellado en un conservante como vinagre o jugo de remolacha (betabel). Sinónimo: raíz fuerte. En inglés: *horseradish*.

Relish. Un condimento que por lo general se hace de pepinos encurtidos, tomates verdes, verduras picadas y rábano picante (raíz fuerte); suele servirse con carnes.

Repollo. Sinónimo: col. En inglés: *cabbage*.

Requesón. Un tipo de queso hecho de leche descremada. No es seco y tiene relativamente poca grasa y calorías. En inglés: *cottage cheese*.

Round. Corte de carne de res estadounidense que abarca desde el trasero del animal hasta el tobillo. Es menos tierno que otros cortes, ya que la pierna del animal ha sido fortalecida por el ejercicio. El *top round* es un corte del *round* que se encuentra en el interior de la pierna y es el más tierno de todos los cortes de esta sección del animal. A los cortes gruesos del *top round* frecuentemente se les dice *London Broil* y a los cortes finos de esta zona se les dice *top round steak*. El *eye round* es el corte menos tierno de esta sección pero tiene un sabor excelente. Todos estos cortes requieren cocción lenta con calor húmedo.

Salsa *Worcestershire*. Nombre comercial de una salsa inglesa muy condimentada cuyos ingredientes incluyen salsa de soya, vinagre, melado, anchoas, cebolla, chiles y jugo de tamarindo. La salsa se cura antes de embotellarla.

Sándwich. Sinónimo: emparedado. En inglés: *sandwich. Vea* **Wrap.**

Shiitake. Un tipo de hongo japonés. Se consigue en las tiendas de productos naturales.

Splenda. Una marca de edulcorante artificial que se recomienda usar en lugar del azúcar.

Squash. Nombre genérico de varios tipos de calabaza oriundos de América. Los squash se dividen en dos categorías: *summer squash* (los veraniegos) y *winter squash* (los invernales). Los veraniegos tienen cáscaras finas y comestibles, una pulpa blanda, un sabor suave y requieren poca cocción. Entre los ejemplos de estos está el *zucchini*. Los invernales tienen cáscaras dulces y gruesas, su pulpa es de color entre amarillo y naranja y más dura que la de los veraniegos. Por lo tanto, requieren más tiempo de cocción. Entre las variedades comunes de los *squash* invernales están los *acorn squash*, el *spaghetti squash* y el *butternut squash*. Aunque la mayoría de los *squash* se consiguen todo el año en los EE. UU., los invernales comprados en otoño e invierno tienen mejor sabor.

Stuffing. Preparado comercial de cubitos de pan utilizado para rellenar aves como pavo, por ejemplo.

Tahini. Una pasta hecha de semillas de sésamo (ajonjolí) machacadas que se usa para sazonar platos medioorientales. A veces se combina con un poco de aceite y se unta en pan.

Tarta de queso. Un tipo de pastel (vea la página 353) hecho de requesón (o queso crema, o bien ambos), huevos, azúcar y saborizantes, como cáscara de limón o vainilla. Se sirve con una salsa de frutas o crema batida. En inglés: *cheesecake*.

Tazón. Recipiente cilíndrico sin asas usado para mezclar ingredientes, especialmente al hacer postres y panes. Sinónimos: recipiente, bol. En inglés: *bowl*.

Tempeh. Alimento parecido a un pastel (vea la definición de este en la página 353) hecha de frijoles de soya. Tiene un sabor a nuez y a levadura. Es muy común en las dietas asiáticas y vegetarianas.

Teriyaki. Tiene dos significados. Puede ser un plato japonés de carne o pollo que ha sido adobado (marinado) en una mezcla de salsa de soya, vino de arroz, azúcar, jengibre y especias antes de freírse o asarse a la parrilla. También se refiere al adobo como tal, el cual se vende en los supermercados (colmados). En este libro, por lo general el autor se refiere al adobo comercial aunque sí ofrece una receta para salsa *teriyaki* en la página 177.

Tirabeque. Una variedad de chícharos (vea la definición de estos en la página 349) en vaina que se come completo, es decir, tanto la vaina como las semillas (los chícharos). Es parecido al comelotodo (arveja china, *snow pea*), pero su vaina es más gorda que la de la arveja china y su sabor es más dulce. En inglés: *sugar snap peas*.

Tofu. Un alimento un poco parecido al queso que se hace de la leche de soya cuajada. Es soso pero cuando se cocina junto con otros alimentos, adquiere el sabor de estos.

Toronja. Sinónimos: pamplemusa, pomelo. En inglés: *grapefruit*.

Torreja. Sinónimo: tostada francesa. En inglés: *French toast*.

Trans-free. Para seguir bien la dieta South Beach, debe buscar esta frase en los paquetes de margarina o mantequilla que compre. Significa "libre de transgrasas". Las transgrasas son un tipo de grasa dañino para el corazón.

Trigo *bulgur*. Un tipo de trigo medioriental que consiste en granos que han sido cocidos a vapor, secados y molidos. Tiene una textura correosa. Se consigue en las tiendas de productos naturales. En inglés: *bulgur wheat*.

Vieiras de bahía. Mariscos pequeños caracterizado por una doble cáscara con forma de abanico. Las que se cosechan en las bahías son pequeñas pero muy valoradas por su carne dulce y de hecho son más caras que las que se cosechan en el mar. Sinónimo: escalopes. En inglés: *bay scallops*.

Waffles. Una especie de pastel hecho de una masa líquida horneada en una plancha especial cuyo interior tiene la forma de un panal. Se hornea en la plancha y se sirve con almíbar. Sinónimos: wafle, gofre.

Wrap. Un tipo de sándwich (emparedado) hecho con carne tipo de fiambre, queso, lechuga, tomate, etc., envuelto (en inglés, "*wrapped*", de ahí su nombre) en una tortilla o en un pan de pita. Debido a que los últimos contienen muchos carbohidratos y son altos en el índice glucémico, por lo general el autor recomienda hacer estos sándwiches al envolver los ingredientes en una hoja de lechuga.

Zanahorias cambray. Zanahorias pequeñas, delgadas y tiernas que son 1½" (4 cm) de largo. En inglés: *baby carrots*.

Zucchini. Tipo de calabaza con forma de cilindro un poco curvo y que es un poco más chico en la parte de abajo que en la parte de arriba. Su color varía entre un verde claro y un verde oscuro, y a veces tiene marcas amarillas. Su pulpa es color hueso y su sabor es ligero y delicado. Sinónimos: calabacita, hoco, zambo, zapallo italiano, zucchini. En inglés: *zucchini*.

ÍNDICE DE TÉRMINOS

Las referencias <u>subrayadas</u> indican que el tema se encuentra en un recuadro en la página dada. Las referencias en **negritas** indican donde se encuentra una fotografía de un plato dado.

Insulina, papel en la digestión, 5
Integral, 351
    para disfrutar los carbohidratos, 8
Investigaciones recientes, 2

J

Jamón
    Croque Monsieur, 61
    Primera Fase, 18
    Rollos de jamón, 88
    "Suflé" de jamón ahumado, 56
Jenkins, David, 6
Jerk, 351
Judías blancas *Véase* Habas blancas
Judías. *Véase* Frijoles
Jugos de frutas
    cómo surtir la despensa, 1, 3
    Primera Fase, 13
      lista de compras, 18
    Segunda Fase, 22

K

Kamut, harina de, Crepas de requesón con
    cerezas, 48–49, **49**

L

Lasaña de trigo integral con verduras, 304, **305**
Lasaña mexicana, 272–73
Leche, Primera Fase, 21
Leche de soya, 30
Lechuga
    Ensalada verde con aliño cremoso de semilla
      de amapola, 135
    Primera Fase, 21
Lechuga escarola, Ensalada de endibia rizada con
    queso azul y nueces, 133
Lechuga rellena de camarón, 66, **67**
Lechuga repollada, 351
Lechuga romana, 351
Lenguado al estilo Bombay, 197
Lenguado relleno de mariscos, 208–9
Lentejas
    Primera Fase, 21
    Sopa de pollo y lenteja roja, 118

Linguine con *pesto* de *arugula* y albahaca, 302, **303**
Lista de compras
    Primera Fase, 17–21
    Segunda Fase, 22–25
    Tercera Fase, 17
Lomo de cordero a la parrilla con *ratatouille*
    griego frío de aceituna, 254–55
London broil
    Ensalada china de carne de res y pimiento,
      134
    Véase también Round
Lubina asada a lo Staten Island, 188–89
Lubina hawaiana cocida, 196

M

Magdalena, 352
    Segunda Fase, 23
Mahi mahi a la parrilla y ensalada con vinagreta
    de aceite de oliva y limón, 184–85
Maní. *Véase* Cacahuate
Mantecada. *Véase* Magdalena
Mantequilla
    alternativas a, 27
    grasas saturadas en, 4
Mantequilla de maní (cacahuate). *Véase* Crema
    de cacahuate
Manzana
    Manzanas al horno a la cereza negra, 321
    Muffins de manzana y nuez, 38
    Segunda Fase, 23
    Suflé de manzana y almendra, 328, **329**
Mariscos, 181
    Almejas a la parrilla con *gremolata,* 71
    Bisque de langosta, 116, **117**
    colesterol en, 26–27
    cómo surtir la despensa, 16
    Mariscos de la olla, 206–7
    Primera Fase, 20
      Camarones a lo Nueva Orleans, 212, **213**
    Segunda Fase, 24
      Lenguado relleno de mariscos, 208–9
Mayonesa, 175
    Primera Fase, 19
    Segunda Fase, 23
Melocotón, 352
    Panqueques de compota de melocotón, 44–45
    Segunda Fase, 23
    Tarta de nuez y melocotón, 330, **331**
Melón chino. *Véase* Cantaloup

SOBRE EL AUTOR

El Dr. Arthur Agatston es profesor adjunto de Medicina en la Facultad de Medicina de la Universidad de Miami y ha escrito más de 100 escritos científicos. Además, ha revisado manuscritos para las principales revistas sobre medicina interna de los EE. UU., entre ellas el *New England Journal of Medicine* y el *American Journal of Cardiology*. Es autor del libro bestséller *La dieta South Beach* y se ha presentado en varios programas nacionales de televisión, entre ellos *Dateline*, *Good Morning America*, *CNN* y *20/20*. Asimismo, lo han citado como experto en salud cardíaca y alimentación en los medios de comunicación. Tiene una consulta privada en Miami Beach donde vive con su esposa Sari y sus dos hijos.